餐饮企业

文书写作·讲稿撰写·活动策划

匡仲潇 主编

化学工业出版社

·北京·

《餐饮企业文书写作·讲稿撰写·活动策划》以商场超市日常管理为主线，分为三部分：

- 餐饮企业文书写作（包括文书写作概述、文书的格式和作用、行政公文写作、通用公文写作、商务文书写作）。
- 餐饮企业讲稿撰写（包括领导讲稿撰写、撰写领导讲稿的艺术、讲话类文书写作）。
- 餐饮企业活动策划（包括营销活动策划、庆典活动策划、企业文化活动策划）。

《餐饮企业文书写作·讲稿撰写·活动策划》实用性强，着重突出可操作性，书中附有大量的范本，可帮助餐饮企业相关人员提升工作能力、提高工作效率，使之为企业的项目管理创造价值且发挥更大的作用。

图书在版编目（CIP）数据

餐饮企业文书写作·讲稿撰写·活动策划/匡仲潇主编．—北京：化学工业出版社，2018.3
ISBN 978-7-122-31317-1

Ⅰ.①餐…　Ⅱ.①匡…　Ⅲ.①饮食业-商业管理
Ⅳ.①F719.3

中国版本图书馆CIP数据核字（2018）第001820号

责任编辑：陈　蕾　　　装帧设计：尹琳琳
责任校对：王　静

出版发行：化学工业出版社（北京市东城区青年湖南街13号　邮政编码100011）
印　　装：大厂聚鑫印刷有限责任公司
710mm×1000mm　1/16　印张15¹/₄　字数262千字　2018年4月北京第1版第1次印刷

购书咨询：010-64518888（传真：010-64519686）　售后服务：010-64518899
网　　址：http://www.cip.com.cn
凡购买本书，如有缺损质量问题，本社销售中心负责调换。

定　　价：58.00元

前 言

随着消费者的生活水平不断提高，消费者对餐饮的需求不再是刚性需求，越来越多的人追求更好吃的味道，产品品牌的选择也更加多样化，企业应当脱离当初为了规模化而妥协的“不难吃”逐渐向“好吃”靠拢，为顾客提供好吃的产品、舒适的服务。餐饮企业要明确顾客用餐动机，锁定品类，追求品质，追求项目，进行市场细分化，基于良好服务的良好顾客体验、高效门店运营管理系统以及精细化管理的训练培训系统，才能实现收益最大化。

实现餐饮企业经济效益和社会效益收益的最大化，必须重视内部规范管理和市场营销的作用，把工作的重点逐步转移到内部规范、研究市场、活动策划上来。同时，作为餐饮企业的管理者，不仅要有管理能力、组织能力，还要有过硬文书写作、讲话及活动策划等能力。

文书写作的能力就是动笔和处理能力。文书是一个单位为适应市场经济的发展，及时解决内部管理问题，协调处理经济业务活动以及其他各种对内对外关系的需要，而形成的一系列规范性文体。常用文书处理工作的规范化，是一个单位管理工作规范化的基本要求，也是一个单位提高办事效率和工作质量，维护企业正常生产、工作秩序，促进一个单位发展的重要保证。一套完善、有效的文书处理制度，能将大量的管理工作系统化、规范化、标准化，使杂乱变有序、繁琐变简单、拖沓变高效，因此，文书的处理与写作显得尤为重要。本书结合星级酒店的特点，对餐饮企业常用的请示、报告、函、通知、总结、计划、会议纪要、简报等做了较为详细的描述，列举了更多典型的范例，方便读者使用。

讲稿撰写能力主要表现为对资料的分析总结能力、领导思想的领悟能力以及文字的处理能力。餐饮企业领导经常在各种场合进行讲话，所以讲稿的撰写十分重要。同样是餐饮企业应用文体，讲稿不同于文书的地方在于其是领导口述给听众的，这就要求讲稿的撰写要在文字词句的处理上使听众能够听懂，但是又要有深度，本书从多个角度对讲稿撰写做了阐述。

一个单位的活动大到企业的年会，小到员工生日都是一种企业文化，是凝聚大家的一种方式。活动的策划是以一个单位为主体，由一个单位组织策划，员工参与的团队活动，形式多种多样，比如内部运动会、单位年会、周年庆典、单位旅行，以及以宣传单位影响力为目的的公益或者城市定向等活动的组织和实施。

作为餐饮企业的管理者不仅仅要组织策划，还要积极参与各类活动，这样不仅可以加强团队凝聚力，还可以充分调动员工积极性。

基于此，我在多年工作的过程中，根据自己的经验，结合国家的相关规范政策，编写了《餐饮企业文书写作·讲稿撰写·活动策划》一书。本书脉络清晰、定义明确、资料新颖、范例翔实、涉及面广、通俗易懂、实用性强，主要包括餐饮企业文书写作、餐饮企业讲稿撰写、餐饮企业活动策划等内容。

本书由匡仲潇主编，在编写过程中，获得了许多朋友的帮助和支持，参与编写和提供帮助的还有丁红梅、王丽丽、王红、王纪芳、王月英、王群国、王建伟、陈秀琴、陈运花、陈宇、刘建忠、刘俊、刘雪花、刘云娇、李敏、李宁宁、张丽、张桂秀、张巧林、马丽平、郑时勇、罗玲、齐艳茹、赵艳荣、何春华、黄美、付玮琼，最后全书由匡仲潇统稿审核完成。在此一并表示感谢！

在本书的编写过程中，参考了很多同类书籍，同时加之编者水平有限，不足之处在所难免，还请读者提出宝贵意见和建议。

编者

目 录

第一部分　文书写作

第二部分　讲稿撰写

第三部分 活动策划

第一部分
文书写作

第一章　餐饮企业文书写作概述

第一节　餐饮企业文书的含义和种类

一、餐饮企业文书的分类

在餐饮企业的实际工作中，文书有很多种，根据其形式和用途可以大致将其划分为以下的类型。

1. 按形式来划分

以形式作为划分标准，餐饮企业文书可以大致分为以下两类，如图1-1所示。

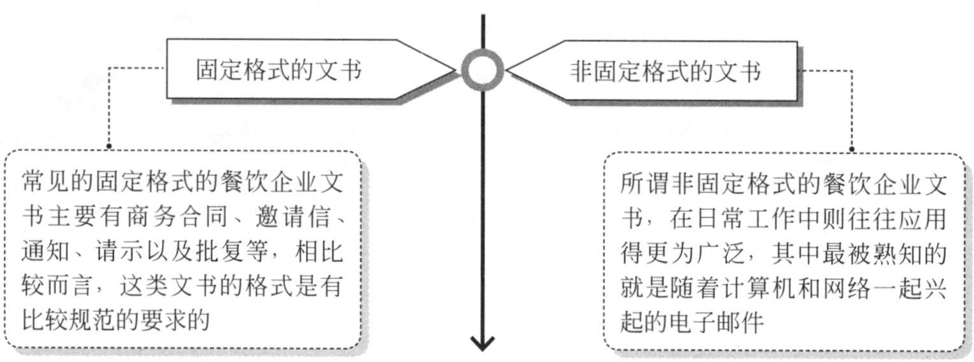

图1-1　按形式来划分文书种类

2. 按内容用途来划分

以内容或用途作为划分标准，餐饮企业文书则可以分为以下两类，具体如图1-2所示。

图1-2　按内容用途来划分文书种类

二、餐饮企业文书写作的作用

餐饮企业文书写作与其他任何文本的撰写一样，其作用和最终目的都是为了与别人进行某种形式的交流与沟通，而需要强调的一点是，沟通并不仅仅是所传递出来的信息，而是被别人理解的信息。如果理解了这一点，那么我们就可以认识到，在日常工作及生活中大家所普遍谈及的所谓“沟通的障碍”其实就是来自于简单传递的单向沟通。

因此，在餐饮企业文书写作方面最为重要的一点就是要避免陷入单向沟通的误区，时刻站在读者的角度来思考问题并形成最后的文字表现，让文书接收方能够理解自己的意图，这样才能发挥出文书的沟通作用。

三、餐饮企业文书写作的特点与要素

餐饮企业文书的写作与其他文体写作有着显著的不同，它有自己的写作特点及要素。

1.餐饮企业文书写作的特点

叶圣陶先生曾经说：“公文不一定要好文章，但必须写得一清二楚，十分明确，字稳词妥，通体通顺，让人家不折不扣地了解说的内容是什么”，这个论述其实就提到了餐饮企业文书与标准公文（如人民日报的社论等）相一致的规范性特征。

另外，唐宋八大家之一的白居易在某种意义上也是一个餐饮企业文书写作的典范，之所以这样评价，是因为白居易写文章和诗歌非常的直白和通俗易懂，少有引经据典，并不通过辞藻的堆砌来追求华丽的文风。

通过以上的比较，可以提炼出餐饮企业文书以下的特点，如图1-3所示。

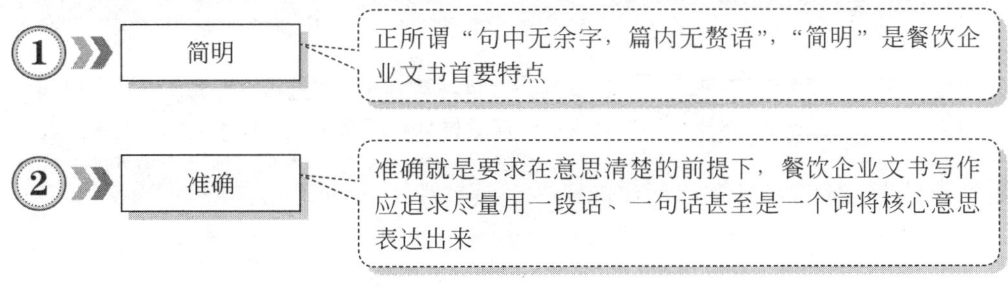

图1-3

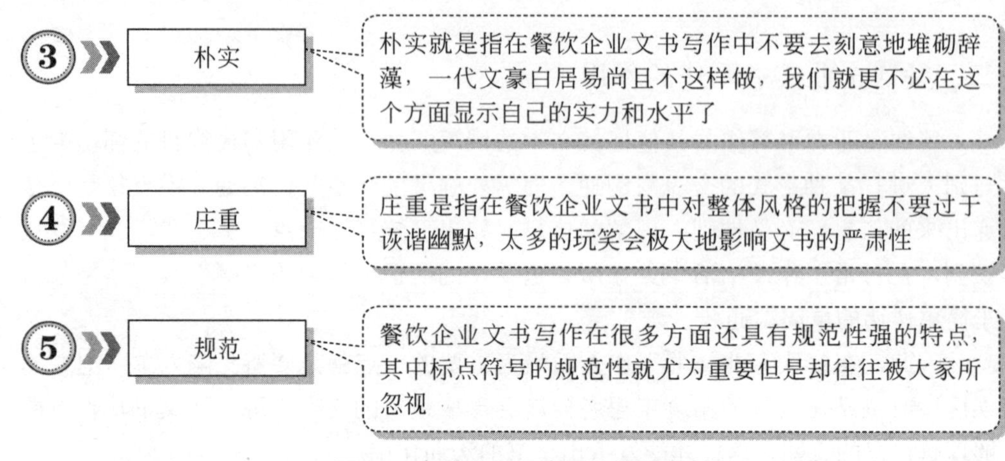

图1-3　餐饮企业文书写作的特点

2.餐饮企业文书写作的要素

餐饮企业文书写作有以下4个要素，如图1-4所示。

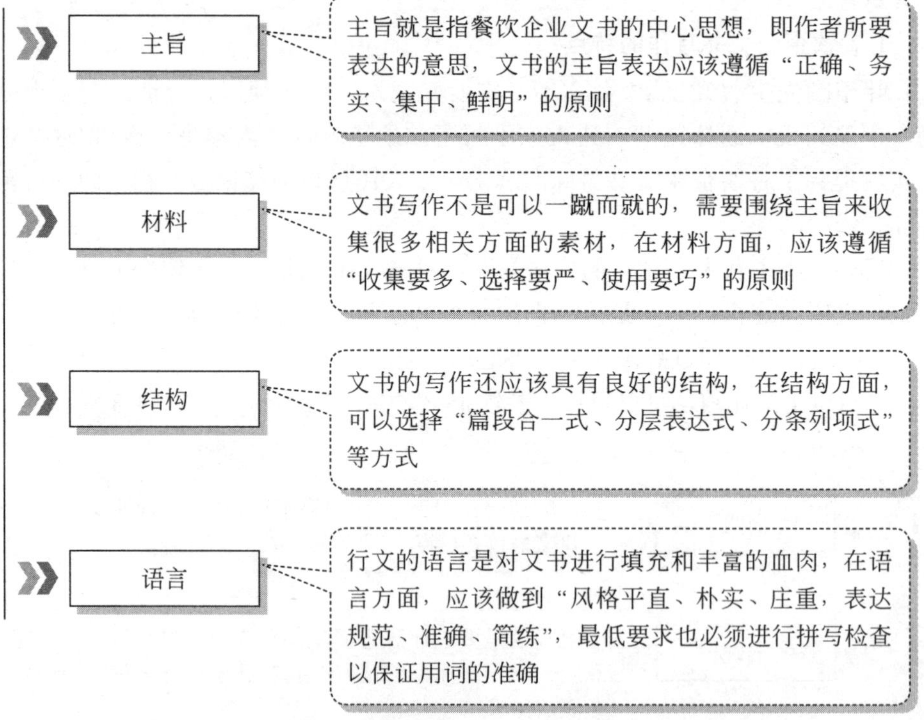

图1-4　餐饮企业文书写作的要素

第二节　餐饮企业文书写作的步骤

餐饮企业文书写作有以下六个步骤。

步骤一：制定正确的行动目标

在撰写餐饮企业文书之前，应该首先确定该文书的行动目标，即希望该文书的对象在收到文书之后采取怎样的行动，有两个要点，如图1-5所示。

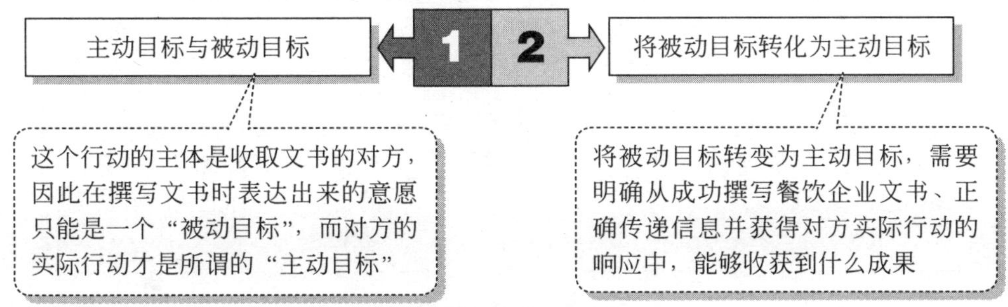

图1-5　制定行动目标的要点

步骤二：决定文书的正式程度

餐饮企业文书正式程度所表现的3个方面，如图1-6所示。

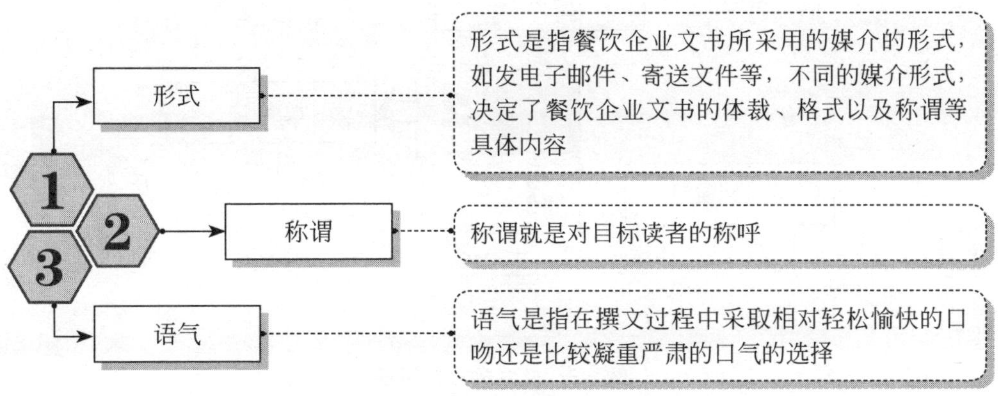

图1-6　文书正式程度的表现

步骤三：设定文章的总体风格

1.把握总体风格

对餐饮企业文书总体风格进行判断和把握，主要有两个方面：一是沟通的内容是否在目标读者的资源及能力范围之内，二是双方是否相互认可，这两个方面的因素共同决定了对餐饮企业文书总体风格的最终选择。文书总体风格主要有4种，如图1-7所示。

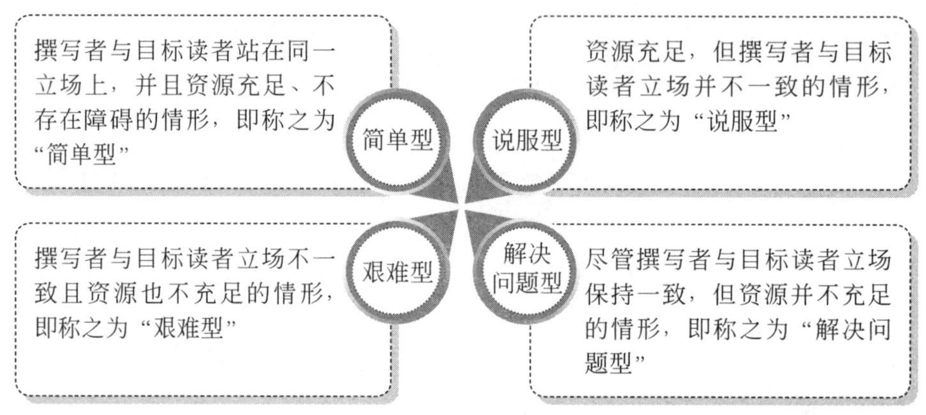

图1-7　文书总体风格

2.总体风格的设定

根据以上文书风格的分析判定结果，可以按照以下的方式来把握餐饮企业文书的总体风格，如图1-8所示。

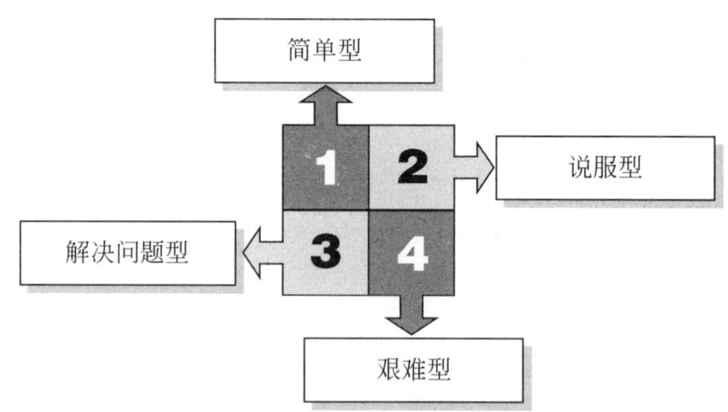

图1-8　文书的总体风格

（1）简单型。如果是简单型文书，那么其总体风格就是以罗列事实为主。这是因为这类文书的行动目标对于目标读者而言难度并不大，并且在立场上对方也持相同一致的态度，所以这类文书的内容只要告诉目标读者有这样一件事情即可，在篇幅上可以相对简短。

（2）说服型。如果是说服型文书，由于其行动目标与目标读者的初衷并不一样，撰写者需要通过文书来使其改变原来的想法或者认识，所以尽管资源状况是充足的，但仍然会需要与目标读者进行反复多次的沟通才能达到目标。因此，这类文书通常篇幅较长，并且需要特别突出强调撰写者的利益所在，充分分析自己观点或者想法的优势和好处，以达到转变目标读者立场的目的。

（3）解决问题型。解决问题型的文书通常运用于员工与领导进行沟通并且意见并不一致的时候，其总体风格是有问有答且篇幅较长；换而言之，在这种类型的文书中，撰写者运用将问题和答案打包的形式向目标读者提供包含一种甚至多种方法的解决方案。

（4）艰难型。艰难型文书在资源和立场两个方面都遇到了障碍，因此成功达到有效沟通的概率会很小。

步骤四：选择文章的层次结构

餐饮企业文书的层次结构是非常重要的，主要的层次结构包括以下5种类型，如图1-9所示。

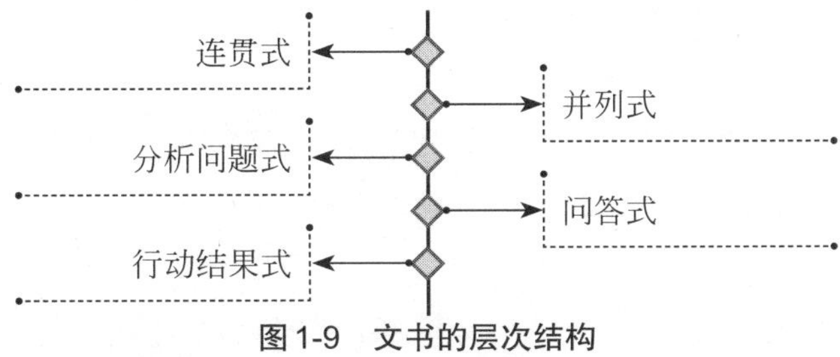

图1-9 文书的层次结构

1. 连贯式

所谓“连贯式”，就是指餐饮企业文书的层次结构按照事情发展的时间顺序来展开，其中有两个要点，具体如图1-10所示。

2. 并列式

所谓“并列式”，就是餐饮企业文书中层次与层次之间是并列的关系。有两个要点，具体如图1-11所示。

3. 分析问题式

所谓“分析问题式”，实际上就是围绕问题的出现直到最终解决的逻辑关系而展开的一种层次结构。在实际的工作环境中，出于不同的需要，分析问题式的层次结构还有着以下4个类型，具体如图1-12所示。

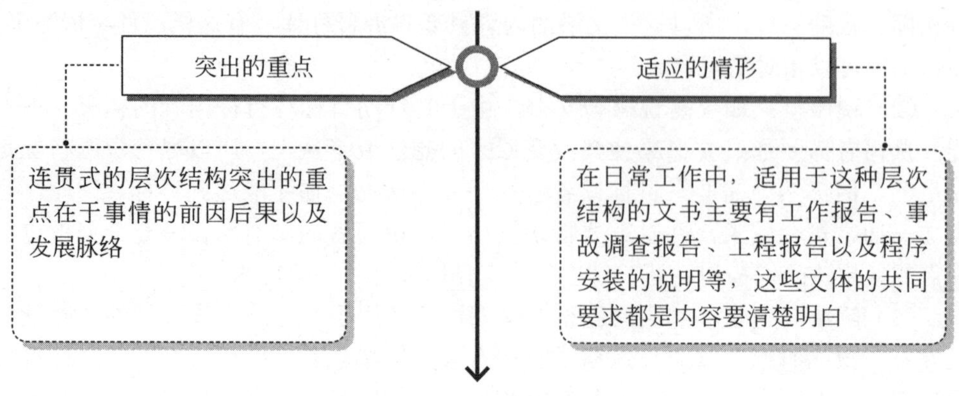

图1-10　连贯式结构要点

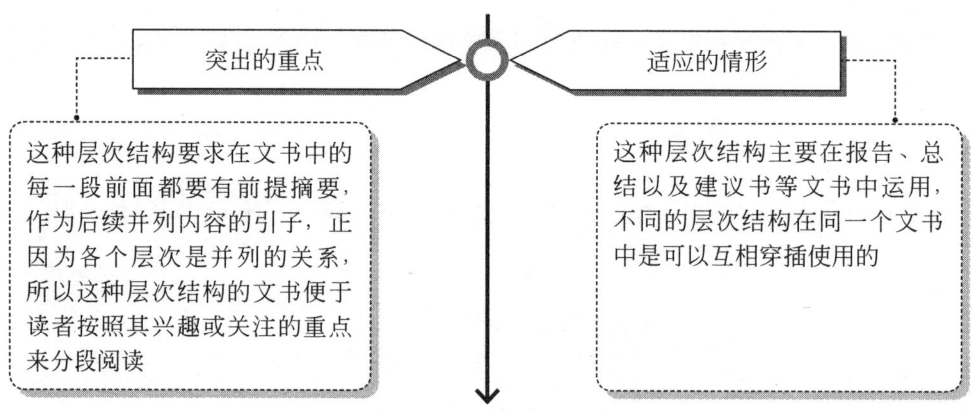

图1-11　并列式结构要点

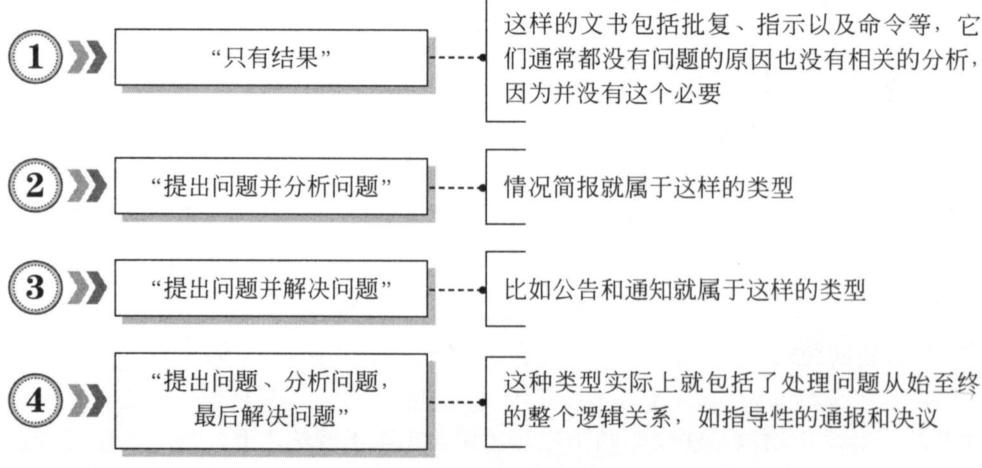

图1-12　分析问题式结构的四种类型

4.问答式

所谓“问答式”，就是指运用问答的形式来组织餐饮企业文书的全篇，具体如图1-13所示。

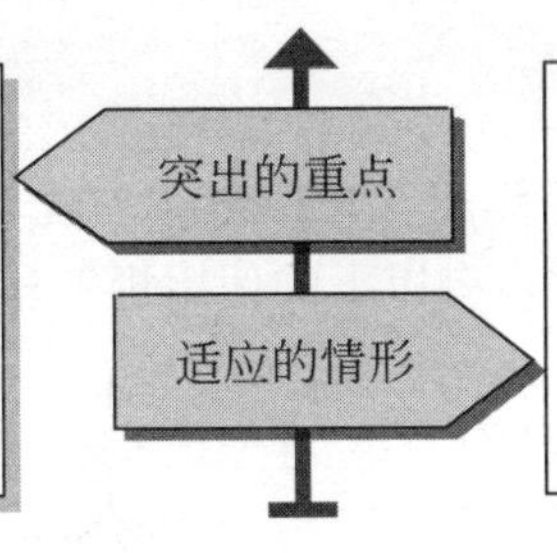

图1-13 问答式结构的要点

5.行动结果式

所谓“行动结果式”，就是在文书中先摆问题，后突出结果以及结果的实现方式的一种层次结构。

步骤五：列出文章的大纲

在明确了餐饮企业文书的行动目标、正式程度、总体风格以及层次结构之后，就需要列出文章的大纲。

1.列出大纲的好处和目的

列提纲的过程实际上就是一个建立自己思维次序的过程，在合理的撰写次序确立了之后，具体内容的行文就是水到渠成的事情了。

2.具体的做法

利用大纲来有序地组织撰写者的思路，可以有以下两种方法。

（1）提纲法。提纲法是很常见的一种列提纲的方法，实际上就是围绕餐饮企业文书的核心主旨，按照时间的顺序以及逻辑关系将主要内容全都罗列出来，然后往里边填充具体的内容。

（2）辐射法。辐射法则是一种发散的思维方法，即撰写者从一个中心点出发，随性地把联想到的东西或者想法都体现出来。在这个过程中，一开始并不必着急去考虑其是否具有价值以及整理这些想法的内在逻辑关系，当所有的想法都呈现出来之后，再将它们梳理清楚。

辐射法又叫“脑力激荡法”或者“头脑风暴法”，好处在于不会漏掉任何一个想法。

步骤六：撰写初稿

当很好地完成了以上五个步骤完成后，撰写初稿就已经变得非常容易了。当然，初稿撰写完成之后，还应该进行细致的校对，以使得文书更加的规范和生动。

第三节　餐饮企业文书写作的规范性

一、数字的使用规范

对餐饮企业文书写作规范性的要求首先表现在所应用的数字上。对于在餐饮企业文书中应用的数字，有以下的使用规范和要求，如图1-14所示。

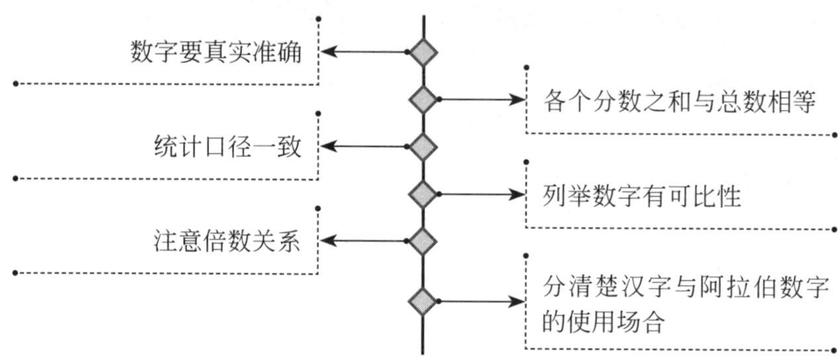

图1-14　数字使用规范

1.数字要真实准确

表现在文书中的数字通常对实际工作有着极大的指导作用和意义，因此其中所援引的数字数据必须是真实准确的。

2.各个分数之和与总数相等

各个分数之和与总数相等也是运用数字的基本要求之一。

3.统计口径一致

在餐饮企业文书中援引的数字的统计口径也是非常重要的，不同统计口径的数据放在一起是没有任何意义的，只有在统计口径一致的前提下，才能进行数据之间的对比。

4.列举数字有可比性

除了明确数字比较的基准之外，根据我国公文写作的法规规定，按惯例“××以上”以及“××以下”都应该是包含该数字在内的。

5.注意倍数关系

在餐饮企业文书中，数字之间的倍数关系反映在“降低”“降低了”以及“降低到”等表示数字变化的用语上。需要强调的是，“降低70%”与“降低了70%”表达的是同样的倍数关系，即原来为100%，现在变为了30%；而“降低到70%”则不同，它表示原来为100%，现在变为了70%。

6.分清楚汉字与阿拉伯数字的使用场合

汉字与阿拉伯数字的使用场合是在餐饮企业文书写作过程中需要注意的另一个问题，需要予以明确的界定，具体的规定为："餐饮企业文书中的数字，除成文日期、部分结构层次叙述以及在词组惯用语、缩略语和具有修辞色彩语句中作为词素的情况必须为汉字外，其他情况应当使用阿拉伯数字"。

二、部分结构层次叙述的规范性

所谓的"部分结构层次叙述"，就是对餐饮企业文书中的几级嵌套的分层次编号。在这个方面，国家标准规范的具体要求如下。

（1）结构层次的第一层，其层次编号用"一""二""三"……来表示。

（2）结构层次的第二层，其层次编号用"（一）""（二）""（三）"……来表示。

（3）结构层次的第三层，其层次编号可以用阿拉伯数字来表示："1.""2."等来表示。

（4）结构层次的第四层，其层次编号可以用"（1）""（2）""（3）"……来表示。

需要注意的是，国家标准规范还要求文书的结构层次最好不要多于四级，否则逻辑关系的复杂会给读者带来极大的不便；另外，还应该注意不要越级使用各个层次的编号。

三、计量单位的使用规范

在国家标准规范中对于计量单位也是有明确要求的，详见表1-1。

表1-1　计量单位的使用规范示例表

项目	正确使用	错误使用
长度单位	公里、千米、米、分米、厘米	公分、尺
功率单位	千瓦、瓦	马力
质量单位	千克、公斤、吨、克、毫克	斤、两
热能单位	焦耳	千卡
体积单位	升、毫升	公升、立升
土地面积单位	公顷、平方米	亩、平方丈

四、综合校对的注意事项

在前文的内容中曾经提到，完成餐饮企业文书写作之后，还应该有综合校对的过程。在这个过程中撰写者应该按照餐饮企业文书的各种规范要求来审视自己的文书，其中应注意以下事项，如图1-15所示。

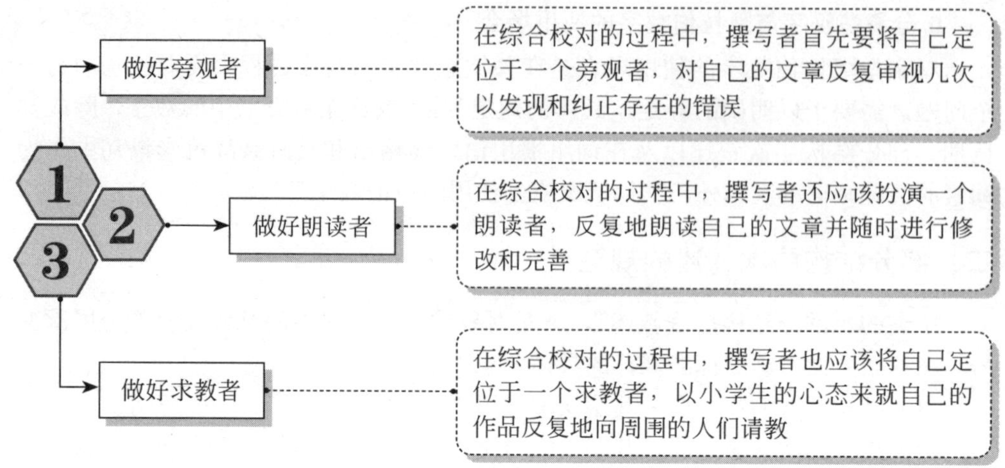

图1-15　综合校对的注意事项

五、词语的使用规范

在餐饮企业文书写作中，还应该特别注意词语的使用规范。其中，“等”和“等等”这两个词的用法尤其值得分辨清楚。

（1）表示列举未尽且后面再无其他词语的时候，“等”和“等等”都可以使用，而当后面有其他词语的时候则只能用“等”。

（2）无论是“等”还是“等等”，其前面所列举的名词或词组一般都不得少于两项，但其中有一个特例，即当前面这个词是一个专有名词或者人名时，可以只列举一个后面用“等”概括。

（3）表示列举未尽且细指人的名词和专有名词的时候，一般只能用“等”。

（4）“等”与其前面所列举的名词或词组之间不能出现停顿，而“等等”与前面的词语之间则可以用逗号隔开。

六、标点符号的使用规范

标点符号的使用会对餐饮企业文书最终呈现出来的意思产生重大的影响，如果使用不当或者错误，则很有可能造成理解上的偏差和歧义。

1.标点符号的种类

标点符号实际上分为点号和标号两大类：

（1）点号。点号包括“句末点号”和“句内点号”两种，句号、问号和叹号表示一种停顿和语气的并且通常放在句子最后的称之为“句末点号”；而逗号、顿号、分号和冒号表示句内停顿的则称之为“句内点号”。

（2）标号。标号包括了以下9种。

——引号，又可分为单引和双引。

——括号，在文书写作范围内我国承认的括号主要有3种。

——破折号。

——省略号。

——着重号，用于在需要突出的内容下用点做出标记。

——连接号，即两个同类词语中间的那一小横，如秦岭－淮河。

——间隔号，通常用于西方人名之间，如迈克·乔丹。

——书名号，又可分为单书名号和双书名号。

——专名号，即画于特点文学作品下边的横线。

有关标点符号的使用规范，我国相关机构专门出版了一个小册子，其中对每一种符号的用法都有详尽的描述并进行了举例说明，这个小册子可以作为我们进行餐饮企业文书写作的参考。

2.具体的用法

尽管有相关的工具书可以参考，但是在这里还是就4个常见的、容易出错的标点符号的问题进行以下的辨析。

（1）反问句的标点符号。在反问句的末尾是用问号，还是感叹号？对于这个问题很多人都有不同的意见，在这里我们认为两种选择都是可以的，只是适用问号和适用感叹号的情形并不相同：在同样一个反问句中，需要表现特别强调语气的时候就用感叹号，而当所表现的语气一般强烈的时候则选择使用问号。

（2）引号的用法。在使用引号的时候，需要注意以下的情况。

——非法规性的文件，用引号加以强调而不用书名号。比如，准发××省××厅“关于人文韩大招生问题的通知”。

——特定称谓用引号，如“渤海二号”钻井平台，“神舟六号”等。

——缩略语可以用引号，如“农转非”(即农业户口转非农业户口的缩写)。

——需要着重论述的对象用引号予以标识，如有物就是要有内容，有序就是要有条理，那么加上引号变为“有物”和“有序”之后，就表明作者在句子当中分别强调说明有物和有序。

（3）括号的用法。括号可以表示一个文件的成熟程度，比如说某一个政府文件是试行办法还是最终的版本，其只能用于需要进行说明的词语的结尾，如《××市人民政府住房公积金管理办法（试行)》。

（4）省略号的用法。省略号表示的是引文的省略、列举的省略或者说话断断续续的状态，需要特别注意的是，省略号不能与“等”以及“等等”这些词语一起使用。

3.标点符号的点放位置

关于标点符号的点放位置，需要注意以下4点。

（1）点号可以放在一行文字的末尾，但是不可以放在一行文字的开头，换而言之，点号应该要紧跟前面的文字，而不要把它单独放到下一个行。

（2）标号中的引号、括号和书名号，前半个不能放在一行文字的末尾，而后半个则不能放在一行的开头。

（3）标号中的省略号和破折号，不可以一半在前一行文字中同时另一半在后一行文字中。

（4）引文结尾处的句号和引号，如果引用语是作为一个独立整体存在，则句号在先，反之，则句号在后。

第二章　餐饮企业文书的格式和作用

第一节　一般公文格式

一般公文格式是指平行文或下行文的格式，又称通用型公文格式。根据《党政机关公文处理工作条例》（中办发〔2012〕14号）和《党政机关公文格式》（GB/T 9704—2012）规定，公文格式一般由份数序号、秘密等级和保密期限、紧急程度、发文机关标识、发文字号、签发人、标题、主送单位、正文、附件说明、印章、成文日期、附注、附件、主题词、抄送机关、印发机关、印发日期等要素组成，平行文和下行文格式一般由除签发人以外的上述其他各要素组成。一份完整的公文分为眉首、主体、版记三部分。置于公文首页红色反线（又称“间隔线”）以上的各要素统称公文眉首；置于红色反线以下至主题词之间的各要素统称公文主体；置于主题词以下的各要素统称公文版记。

一般公文格式各部分的要素及其编排顺序、标识规则如下。

一、版头部分

版头部分又称文头和眉首，包括份数序号、秘密等级和保密期限、紧急程度、发文机关标识、发文字号、签发人等要素，如图2-1所示。

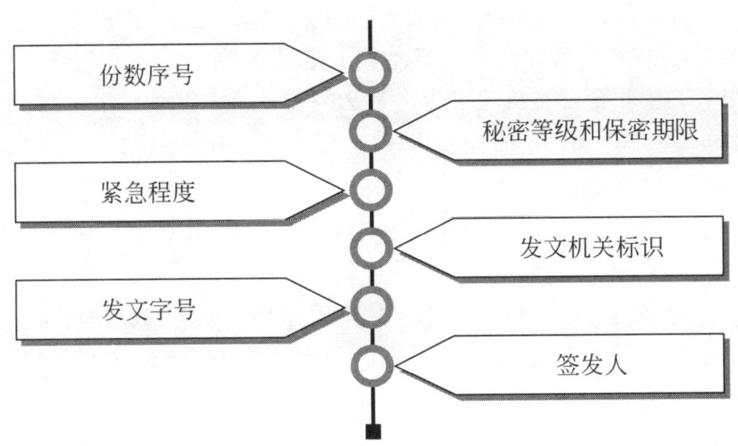

图2-1　版头部分构成要素

1.份数序号

份数序号即该份文件印制份数的顺序编号，6位阿拉伯数字顶格编排在版心左上角第1行，用黑色标注。

涉密公文一定要标注份号，如果发文机关认为有必要，也可对不涉密公文标注份号。

2.秘密等级和保密期限

秘密等级是指公文内容涉及秘密程度的等级，秘密等级分为“秘密”“机密”“绝密”三级。

保密期限即对公文保密期的规定，至保密期限之后公文自行解密。保密期限标识一般以日、月、半年、年为时间段。

如需标注密级和保密期限，一般用3号黑体字，顶格编排在版心左上角份号之下；保密期限中的数字用阿拉伯数字，秘密等级和保密期之间加★。如秘密等级为机密、保密期限1年，则标识为“机密★1年”。

3.紧急程度

紧急公文应当根据紧急程度分别标明“特急”“加急”。

电报格式的公文紧急程度分为四级，从急到缓依次为：特提、特急、加急、平急。

如需标注紧急程度，一般用3号黑体字，顶格编排在版心左上角；如需同时标注份号、密级和保密期限、紧急程度，按照份号、密级和保密期限、紧急程度的顺序自上而下分行排列。

4.发文机关标识

俗称文件红头，由发文机关全称或者规范化简称后加“文件”二字组成，一般采用红色小标宋体，居中均匀排列。发文机关标识上边缘距版心上边缘35毫米，联合行文时，主办机关名称在前，其他机关名称并列下方，右侧“文件”二字上下居中排布；不管联合行文机关多少，都必须保证公文首页显示正文。

5.发文字号

发文字号又称文号，由发文机关代字、年份和序号组成，在发文机关标识下空2行居中标识。发文字号编排在发文机关标志下空二行位置，用三号仿宋体，上行文左空一字，下行文居中。

发文字号的书写顺序是机关代字、年份、序号，如“国统字〔××〕1号”表示国家统计局在××年度制发的第1号文。发文字号由本机关公文管理部门统一编写。年份、序号用阿拉伯数字标识；年份应标全称，用六角括号“〔〕”括入；序号不编虚位，不加“第”字。联合行文，只标明主办机关发文字号，发文字号之下4毫米标一条与版心等宽的红色反线。

6.签发人

上报的公文需标识签发人姓名，这时发文字号标识在发文机关之下居左空1字，签发人姓名平行居右空1字。签发人用3号仿宋体字，签发人姓名用3号楷体字标注。

联合行文时有多个签发人，签发人姓名按发文机关的顺序排列从左到右、自上而下依次均匀顺排，一般每行排2个姓名，回行时与上一行第一个签发人姓名对齐，最后一个签发人姓名应与发文字号处在同一行并使红色分隔线与之的距离为4毫米。

二、公文主体

公文主体是公文的最主要部分，包括公文标题、主送单位、公文正文、附件说明、成文日期、发文机关署名、附注、印章等要素，如图2-2所示。

图2-2　公文主题构成要素

1.公文标题

标题由发文机关名称、事由和文种组成。4个以上（含4个）机关联合行文时，标题中发文机关名称可简略。公文标题中除法规、规章名称加书名号外，一般不加标点符号。公文标题一般用2号小标宋字体，编排于红色分隔线下空2行的位置，分一行或多行居中排布；回行时要做到词意完整、排列对称、长短适宜、间距恰当，标题排列应使用梯形或菱形，换行时应避免词语分开引起歧义。公文标题中除法规、规章名称加书名号或特定词用引号外，一般不用标点符号，停顿用空格符或换行。

2.主送单位

主送单位，又叫做“抬头”，指公文的主要受理机关。主送单位写在正文之前、标题之下（空1行），左侧顶格，后加全角冒号。主送单位应当使用全称或者规范化简称、统称。如主送单位较多时，应按其性质、级别或惯例依次排列，同类并列机关中间用顿号、类与类之间用逗号隔开。其排列顺序通常如下。

一是按先地方机关后中央机关。

二是按党政军群（有关团体）顺序。

三是按发文内容需要确定。

若主送单位太多，则要注意必须保证首页显示正文。如主送单位名称过多而使公文首页不能显示正文时，可将主送单位名称移至版记中的主题词之下、抄送之上，标识方法同抄送机关。

3. 公文正文

是公文的主体和核心，用来表述公文的内容，正文紧接主送单位下1行，每自然段开头左侧空2个字，回行顶格。数字、年份不能回行。公文首页须显示正文。一般公文的首个盖章页应当同时显示正文、发文机关署名和印章。

正文中标题字号的使用：文种结构层次依次可以用“一、”、“（一）”、“1.”、“（1）”标注，一般一级标题用黑体字，二级标题用楷体，三级和四级与正文一样用3号仿宋。

4. 附件说明

公文如有附件，应在正文下1行标识附件说明。附件说明包括“附件”二字和附件名称，“附件”前空2字，后标全角冒号。如有2个以上附件，要以阿拉伯数字标识附件序号（如“附件：1.×××××；2.×××××”）。

每个附件名称分行并列排列，附件名称后不加标点符号。如附件名称较长需回行时，下一行的左边第一个字应与上一行附件名称第一字对齐。附件序号和名称应分别与正文后面所附的附件排列顺序和标题相一致。被批转、转发或以命令发布的公文，不应作附件处理，即不加附件说明。

附件是公文的附属公文，是文件的组成部分。附件应与公文正文一起装订，并在附件左上角第1行顶格标识“附件”，有序号的应标阿拉伯数字序号；如附件与正文不能一起装订，应在附件左上角第1行顶格标识该公文的发文序号并在其后标识“附件”或“附件”加序号。附件中若有附件，一般附在其主附件后面，子附件说明只注明“附”字和附件名称。

5. 发文机关署名

应当用发文机关全称或规范化简称。特殊情况如议案、命令（令）等文种需要由机关负责人署名的，应当写明职务。

单一机关行文时，发文机关署名在成文日期之上、以成文日期为准居中编排。联合行文时，应将各发文机关署名按发文机关顺序排列在相应位置，并使印章加盖其上。

不加盖印章的公文，单一机关行文时，在正文下空1行右空2字编排发文机关署名，在发文机关署名下1行编排成文日期。

6.成文日期

是公文的生效时间，是党政机关公文生效的重要标志。

成文日期确定的原则和标注位置有2种。

一是会议通过的决议、决定等以会议正式通过的日期为准，成文日期编排在公文标题之下，写全年、月、日，用（）括起来。

二是经机关负责人签发的公文，以签发日期为准（联合行文以最后签发的机关负责人签发的日期为准）。

成文日期在公文正文或附件说明的右下方右空4字编排，用阿拉伯数字将年、月、日标全，年份应标全称，月、日不编虚位。不加盖印章的公文，在发文机关署名下1行编排成文日期。成文日期在发文机关署名下一行和发文机关署名居中对齐。

7.印章

印章是公文生效的标志，是鉴定公文真伪最重要的依据之一。上行文，一定要加盖印章。有特定发文机关标志的普发性公文可以不加盖印章。纪要不加盖印章。

单一机关行文时，印章端正、居中下压成文日期，使发文机关署名和成文日期居印章中心偏下位置，印章顶端应上距正文一行之内。不得出现空白印章。联合上行文，发文机关只署名主办机关时，可以只加盖主办机关印章。联合下行文时，所有联署机关均须加盖印章。

联合行文时，应将各发文机关署名按发文机关顺序整齐排列在相应位置，并使印章加盖其上，最后一个印章端正、居中下压发文机关署名和成文日期，印章之间排列整齐、互不相交相切，每排印章两端不得超出版心，每排最多放三个印章。

8.附注

附注一般是对公文的发放范围、使用时需注意的事项加以说明。请示件应当在附注的位置上标注联系人和联系方式。如有附注居左空2字加圆括号编排在成文日期下1行。

三、版记部分

版记部分包括主题词、抄送机关、印发机关、印发日期、份数等。版记部分位于公文最后一页的底部，均在偶页页面。版记中各栏目间用黑色实线割开。

版记应置于公文最后一面，版记的最后一个要素置于最后一行，这样是为了方便阅文和查询。

版记中的分隔线与版心等宽，首条分隔线和末条分隔线用粗线，中间的分隔线用细线。

首条分隔线位于版记中第一个要素之上，末条分隔线与公文最后一面的版心下边缘重合。

1. 抄送机关

是指除主送单位外需要执行或者知晓公文内容的其他机关，可以是上级、平级、下级及不相隶属机关。

公文的抄送范围应当严格按照工作需要确定，不能滥抄也不能错抄和漏抄。

在排列顺序上一般按机关性质和隶属关系确定，依照先上级、再平级、后下级的次序。

如有抄送机关，一般用4号仿宋体字，编排在印发机关和印发日期的上一行，左右各空一字编排。“抄送”二字后加全角冒号和抄送机关名称，回行时与冒号后的首字对齐，最后一个抄送机关名称后标句号。如需把主送单位移至版记，除将抄送二字改为主送外，编排方法同抄送机关。既有抄送机关又有主送单位时，应当将主送单位置于抄送机关上一行，之间不加分隔线。

2. 印发机关和印发日期

印发机关是指公文的印制主管部门，一般是各党政机关办公厅（室）或文秘部门。发文机关没有专门的办公厅（室）的，发文机关就是印发机关。

印发机关和印发日期一般用4号仿宋体字，编排在末条分隔线之上，印发机关左空一字，印发日期右空一字，用阿拉伯数字将年、月、日标全，年份应标全称，月、日不编虚位（即不编01），后加“印发”二字。

版记中如有其他要素，应当将其与印发机关和印发日期用一条细分隔线隔开。

3. 页码

一般用4号半角宋体阿拉伯数字，编排在公文版心下边缘之下，数字左右各放一条一字线；一字线上距版心下边缘7毫米。单页码居右空一字，双页码居左空一字。

公文的版记页前有空白页的，空白页和版记页均不编排页码。

公文的附件与正文一起装订时，页码应当连续编排。

第二节　公文版式及其他有关规定

一、公文用纸和版心规格

《国家行政机关公文格式》国家标准规定，公文用纸一般采用国际标准A4型（210毫米×297毫米）；纸的规格一般为60～80g/m^{2}的胶板印刷纸或者复印纸。

公文版心规格为：156mm×225mm（不含页码）。

公文页边为：上白边（天头）空37mm±1mm；下白边35mm±1mm；左白边（订口）空：28mm±1mm；右白边（翻口）：26mm±1mm。

二、排版规格

公文排印，汉字从左而右横排，少数民族按其书写习惯排印。

正文用3号仿宋字（16P，其字型高与宽为5.6mm，下同），一般每页排22行，每行排28个字。行距（即字体高度加行间距离）以3号仿宋字距再加上3号仿宋体字的$\frac{7}{8}$倍（10.5毫米）为宜，一般为10毫米。

一般公文格式（平行文或下行文）的发文机关标识上边缘至版心为35毫米，上行文的发文机关标识上边缘至版心上边缘为80毫米。

眉首部分下方的红色“反线”（即间隔线）为红色实线，位于发文字号下方4毫米，红线粗1毫米，与版心同宽，一般长156毫米。

版记部分的横线为黑色实线，与版心同宽，一般长156毫米。

三、公文字号

公文的印刷字体，一般按发文机关标识、大标题、小标题、正文等顺序，依次从大到小选用。

发文机关标识推荐使用小标宋体字，用红色标识；发文机关标识字以醒目美观为原则酌定，但一般应小于“国务院文件”标识字号，即应＜15毫米×22毫米。发文机关标识版记应由本机关的文秘部门统一规定，不要随意变动，以保证公文权威性。

具体字体字号如下。

公文标题用2号小标宋体字（21P）。

秘密等级和保密期限、紧急程度、主题词标识用3号黑体字，其中主题词词组用3号宋体字。

正文、发文字号、主送单位、附件说明、成文日期、附注、附件、抄送机关、印发机关、印发日期、份数等，均为3号仿宋体字。

签发人用3号楷体字。

份数序号阿位伯数字用3号半角黑体。

四、公文中表格

公文如需附表，竖表和横表都应在版心之间。横排的表格，应将页码放在横表的左侧，单页码置于表的左下角，双页码置于表的左上角；单页码表头在订口一边，双页码表头在切口（也称翻口）一边。

五、页码

公文页码用4号半角白体阿拉伯数字标识，置于版心下边缘之下1行，数码左右各放一条4号一字线，一字线距离版心下边缘7毫米。单页码居右空1字，双页码居左空1字。空白页和空白页以后的页面不标识页码。

六、装订要求

公文一般应左侧装订。骑马订或平订的订位为两钉外订眼距书芯上下各$\frac{1}{4}$处，平订钉锯与书脊间的距离为3 ～ 5mm。

示例

会议纪要参考模板

会字[　　]××号

时间：××年×月×日

地点：××××室

主持人：×××

与会人员：××，××，××　　缺席人员：××，××，××

会议记录：×××

一、存在的问题与解决事项

1.……………………………………。

2.……………………………………。

3.……………………………………。

4.……………………………………。

解决办法如下。

1.……………………………………。

2.……………………………………。

3.……………………………………。

4.……………………………………。

二、工作安排与要求

1.……………………………………。

2.……………………………………。

3.……………………………………。

4.……………………………………。

三、其他

1.……………………………………。

2.……………………………………。

3.……………………………………。

4.……………………………………。

（会议从14:30到15:30结束，会议记录由××部存档）

××部

××年×月×日

主持人：(签名)

抄报：　　　　　　　　抄送：各与会人员××××

第三章　餐饮企业行政公文写作

第一节　通告

一、通告的定义

通告是适用于在一定范围内公布应当遵守或者周知事项的周知性公文。通告的使用面比较广泛，一般机关、企事业单位甚至临时性机构都可使用，但强制性的通告必须依法发布，其限定范围不能超过发文机关的权限。

二、通告的写法

通告主要由标题、正文和落款这三部分组成。

（1）标题。通告的标题主要有四种大体构成形式：第一种是由发文机关的主要名称、事由和文种构成；第二种是由发文的机关名称和具体文种构成；第三种是事由加文种构成；第四种是只用文种“通告”作标题。

（2）正文。通告的正文包括开头、主体和结束语三部分内容。

开头主要交代通告的缘由、根据和目的。

主体要求明确具体写出通告的内容、通告事项的要求和实施措施。

结束语一般单独设段，用“特此通告”、“此布”等习惯用语作结。

（3）落款。通告的落款应写明发文机关名称和发文时间。在标题中有发文机关名称的，落款处可以省略，只写年、月、日，或将发文时间年、月、日写在标题下方、正文上方。

关于进一步加强餐饮业油烟污染治理的通告

为有效遏制餐饮业油烟污染，进一步改善城区空气质量，做好大气污染防治工作，依据《中华人民共和国大气污染防治法》《××省大气污染防治条例》《××省城市市容和环境卫生管理条例》等有关法律法规，决定在城区范围内开展餐饮业油烟污染治理行动。现通告如下。

一、本通告所称餐饮业，是指以从事饮食烹饪加工和消费服务经营活动为主的行业，包括饭店、小吃店、快餐店、烧烤摊点、单位食堂和其他提供餐饮服务的单位。

二、在城市建成区内划定餐饮业油烟排放规范区（××路以北、××西路以东、××大道以南、××路以西的区域内），规范区内有油烟排放的餐饮业经营单位一律安装合格的油烟净化设施，并定期清理维护。

三、在规范区内划定露天烧烤禁止区（××路、××大道、××大道、××大堤之间的区域；××路、××路、××路、××街、××街、××南路之间的区域；××西路、××北路、××北路、××东路、××大道之间的区域），禁止区内严禁露天烧烤，一律进店经营，取缔炭烧烤，改用电烧烤。

四、违反第二条、第三条规定的，将依据《××省大气污染防治条例》，由城市管理、环保部门责令改正；拒不改正的，依法予以处罚。

五、阻碍国家机关工作人员依法执行公务的，由公安机关依据《中华人民共和国治安管理处罚法》的规定处罚；构成犯罪的，依法追究刑事责任。

本通告自发布之日起执行。

××年×月×日

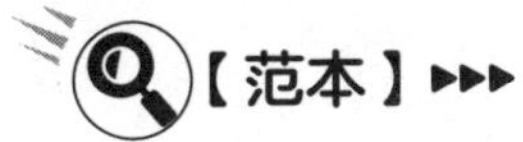

通　告

××年第×号

各有关单位：

按照中华人民共和国国内行业贸易标准《火锅店分等定级规定》（SB/T 10945—2012）和中国烹饪协会《全国火锅店分等定级评审管理办法》的相关规定，通过对许××等50人进行培训和考核，根据综合考核结果，决定聘任为全国火锅店分等定级评审员，特颁发《全国餐饮业评委资格证书》。具体人员名单如下。

序号	姓名	企业名称
1	××	中国烹饪协会
2	××	中国烹饪协会
3	××	中国烹饪协会
4	××	中国烹饪协会
5	××	××企业管理有限责任公司

续表

序号	姓名	企业名称
6	××	××餐饮有限公司
7	××	××集团
8	××	××集团
…	……	……
50	××	××火锅协会

特此通告。

第二节　报告

一、报告的定义

报告使用范围很广。按照上级部署或工作计划，每完成一项任务，一般都要向上级写报告，反映工作中的基本情况、工作中取得的经验教训、存在的问题以及今后工作设想等，以取得上级领导部门的指导。

二、报告的特点

报告主要有五大特点，如图3-1所示。

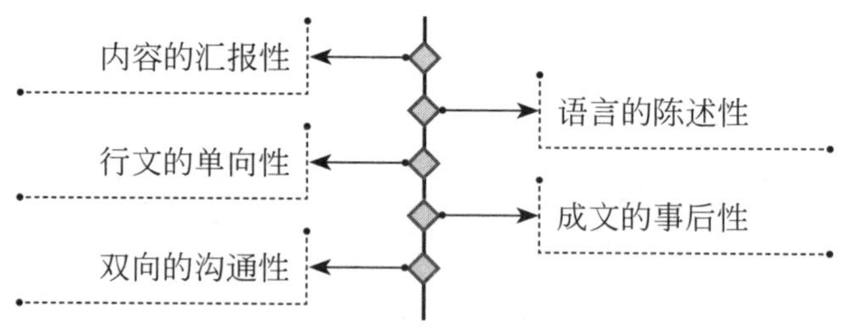

图3-1　报告的特点

1. 内容的汇报性

一切报告都是下级向上级领导或业务主管部门汇报工作，让上级领导掌握基本情况并及时对自己的工作进行指导，所以，汇报性是“报告”的一大特点。

2. 语言的陈述性

因为报告具有汇报性，是向上级讲述做了什么工作，或工作是怎样做的，有什么情况、经验、体会，存在什么问题，今后有什么打算，对领导有什么意见、建议，所以行文上一般都使用叙述方法，即陈述其事，而不是像请示那样采用祈使、请求等法。

3.行文的单向性

报告是下级单位向上级单位行文，是为上级单位进行宏观领导提供依据，一般不需要受文机关的批复，属于单项行文。

4.成文的事后性

多数报告都是在事情做完或发生后，向上级单位作出汇报，是事后或事中行文。

5.双向的沟通性

报告虽不需批复，却是下级单位以此取得上级单位的支持指导的桥梁，同时上级单位也能通过报告获得信息，了解下情，报告成为上级单位决策指导和协调工作的依据。

三、种类

报告主要分为四大类，如图3-2所示。

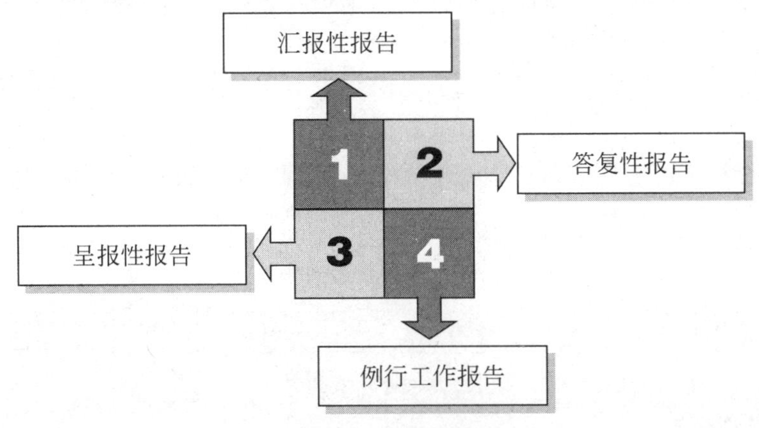

图3-2　报告的种类

1.汇报性报告

汇报性报告主要是下级单位向上级单位、执行机关向权力机关汇报工作、反映情况的报告。这种报告一般可分为两种类型。

（1）综合报告。这种报告是本单位、本部门或本地区、本系统工作到一定的阶段，就工作的全面情况向上级写的汇报性的报告。其内容大体包括工作的进展情况、成绩或问题、经验或教训以及对今后工作的意见。

综合报告的特点是全面、概括精炼，具体如图3-3所示。

图3-3　综合报告的特点

（2）专题报告。这种报告是本单位、本部门或本地区、本系统就某项工作或某个问题，向上级领导部门所写的汇报性报告。

专题报告的特点如图3-4所示。

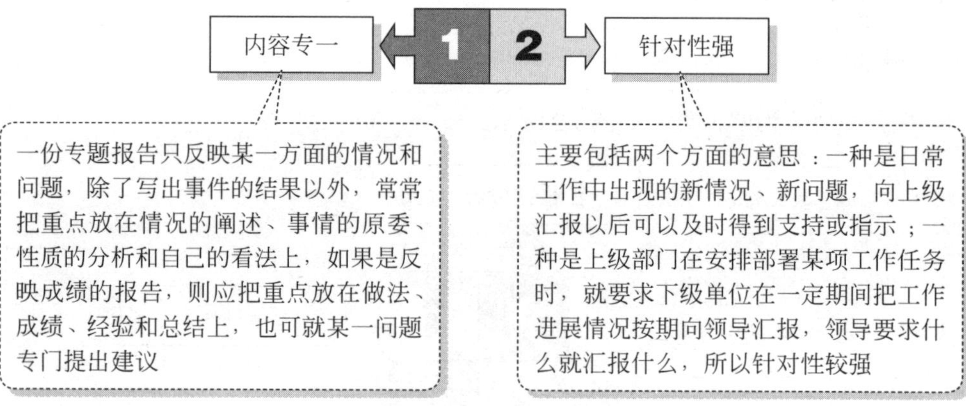

图3-4　专题报告的特点

汇报性报告主要便于领导掌握情况，为决策提供信息，除其中少数领导批转下发外，一般只予呈送，并不要求领导回答或批准什么问题。

2.答复性报告

答复性报告是针对上级领导部门或业务管理部门所提出的问题或某些要求而写出的报告。这种报告要求问什么答什么，不要涉及询问以外的问题或情况。

3.呈报性报告

呈报性报告主要用于下级向上级报送文件、物件随文呈报的一种报告，一般是一两句话说明报送文件或物件的根据或目的以及与文件、物件有关的事宜。

4.例行工作报告

例行工作报告是下级单位或企事业单位，因工作需要定期向上级领导机关或业务主管部门所写的报告。如财务部门定期向业务主管部门和财政、税收、银行等业务指导机关所呈送的财务报表，包括日报、周报、旬报、月报、季报等。

四、报告的写作格式

报告的结构如图3-5所示。

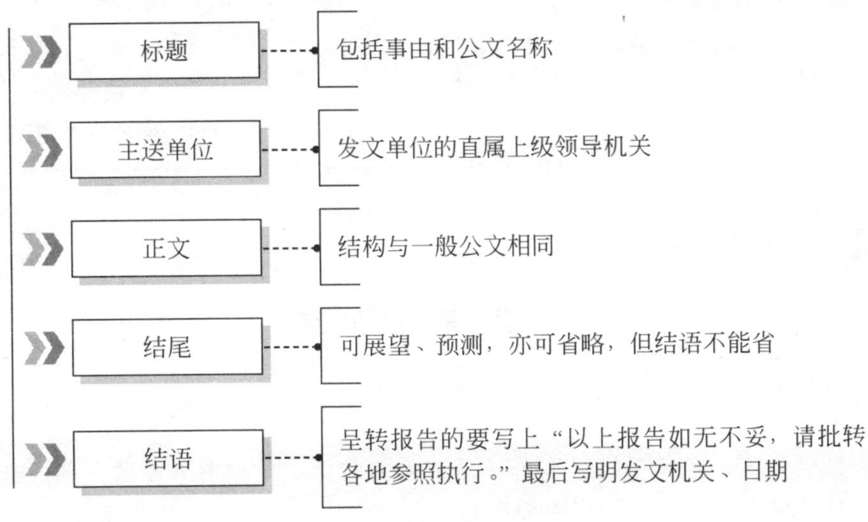

图3-5　报告的写作格式

××快餐店整改报告

尊敬的××卫生局：

贵局于××年×月×日对我店进行检查，对存在问题提出整改意见。我单位组织全体人员认真整改，整改情况汇报如下。

（1）设置食品安全管理人员。

（2）厨房设置在距离有毒、有害污染源的影响范围外，设置相应的粗加工等操作场所，以及食品存放等场所。各加工操作场所按原料进入处理、半成品加工、成品供应的顺序合理布局并分区明确。用于原料、半成品、成品的工用具和容器有明显的区分标识，并分开存放。

（3）对厨房地面进行平整，无裂缝，设置足够数量的洗手设备，门窗设置防蝇网。

（4）设置独立的餐用具洗消间，和结构密闭专供存放消毒后餐用具的保洁设施，使用集中消毒企业供应的餐具。

（5）设置粗加工操作台及数量足够的菜架，接触食品的设备、工具符合食品安全标准和要求。

（6）食品和非食品分开存放，有明显标识。

（7）设置独立的空调、工具清洗消毒设施、专用冷藏设备、专用留样冰箱并标识。

（8）建立从业人员健康管理档案。

××快餐店

××年×月×日

××餐厅领班述职报告

尊敬的各位领导：

大家好！

我叫××，××年酒店取得了经济效益和社会效益的双丰收，餐饮部的收入也突破千万元大关，作为酒店的一员，我的内心感到无比的自豪和激动，之所以能取得如此好的业绩，我认为离不开集团公司的正确领导，离不开酒店××总经理的关心和兄弟部门的大力支持，离不开社会各界的爱护和帮助！

回顾××年一年来自己的工作，我认为有以下几点，向各位领导汇报一下。

1.“走出去，请近来”，积极向兄弟酒店学习新菜品。

3月份，在××总经理的带领下，我们到××、××、××、××、××等省内几个比较有特色的酒店学习餐饮管理经验；7月份参加了中国烹饪协会组织的首届全国餐饮业万里行美食研讨考察团，历经××、××、××、××、××等地学习考察；10月份又和××总经理到××、××、××学习菜品，11月份我们又到××、××、××去学习。全年共引进新菜品种60多个，成功的20多个。正是由于我们的不断学习，开阔视野，增长见识，才使酒店的餐饮一直在××的业界独占鳌头！

2.举办美食节，扩大酒店影响力。

4月份我们隆重推出了“巴西烤肉美食节”，聘请正宗巴西名厨来酒店指导，取得较好的效果；10月份我们又举办了“正宗阳澄湖大闸蟹美食节”，也同样受到客人们的好评。

3.奖罚结合，加强内部管理。

每月组织内部厨师进行菜品创新的比赛，通过酒店领导的初评，然后再邀请社会上的客人进行点评，认为好的，适合××人口味的菜，就开始推行，经过一到两个月客人的评判，确实好的菜品，我们给厨师进行奖励，对于连续两个月，没有推出新品的厨师进行处罚或调岗。这项制度坚持一年来，不仅拉近了与客户间的距离，而且开通了菜肴质量监督、意见反馈的渠道，稳定了部分消费客源，也激发了员工们主动开发新菜的积极性，同时，也为酒店创造了比较好的效益。

4.抓成本控制，节支降耗效果显著。我后厨在节支降耗方面深挖潜力。

一是将厨部原使用的柴油改为烧天然气，仅此一项每月就节约费用近一万元，全年共节约燃料费10万余元。

二是对包房、大厅的菜谱及包席菜单、套餐菜单的毛利全部进行了核算和调整，把一些成本高、反映好、销量大的菜肴价格进行了调整，补充了客人反映好、成本不高的菜肴，创造了顾客、酒店双赢的局面。

三是加大了部门对原材料价格调查和跟踪力度，一年来共对原材料市场调查60余次，调查品种200余种。通过以上举措的实施，部门一年来在原材料价格不断上涨的同时，综合成本率控制在46.76%。

5.不定期的到周边县市购进了其当地特色菜肴所用的原材料，并专程安排厨师去××、××、××、××等原材料市场考察，选购了部分××市场上没有的原材料，并与当地供货商达成了长期供货协议，增加了餐饮原材料的采购渠道，确保原材料的质量。

6.在我的带领下，后厨上下，团结一致，同心协力，取得了较好的业绩。

一年来，我的工作虽然取得了一定的成绩，但仍存在不少问题和薄弱环节，距公司与酒店的期望值还相差甚远，其主要表现如下。

一是在经营创收上招数不多，点子不够新。

二是在菜肴质量的稳定和产品特色的突出上效果不明显。

三是在抓管理上决心和力度不够，存在一定差距。

今后工作努力方向如下。

（1）巩固成果，挖掘经营潜力，提高创收能力。

（2）进一步引进部分名小吃和当地受欢迎的小吃。

（3）在菜肴结构上以“高低相间，高中结合”的方式进行编排和推销；在高档菜肴的开发和推销上采取“以点带面，以局部带动全部”的思路，主要是专攻一种高档菜，并开发出系列高中档菜。

（4）大胆改革，完善激励机制，充分调动各岗积极性。

（5）完善实施“厨部菜肴四层把关，一关否定制度”，确保出品质量和稳定。

（6）开展各种集体活动，缓解工作压力，增加部门凝聚力和向心力。

发展才是硬道理，创新是第一要务，只要我们解放思想，坚定信心，与时俱进，大胆创新，相信本酒店的明天一定会更加辉煌！

第三节 公告

一、公告的定义

公告是行政公文的主要文种之一，它和通告都属于发布范围广泛的晓谕性文种。公告是宣布重要事项或者法定事项时使用的公文。

二、公告的特点

公告有四大特点，如图3-6所示。

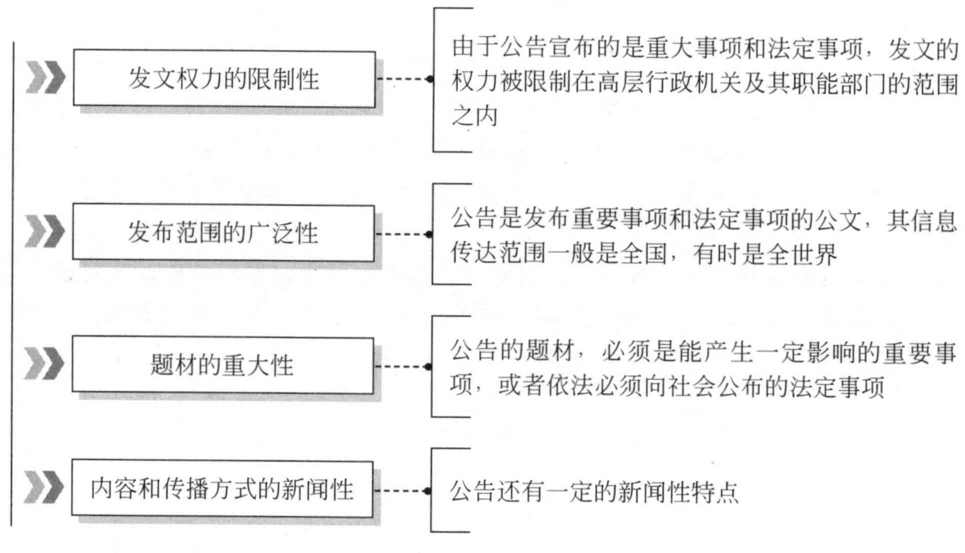

图3-6 公告的特点

三、公告的写作格式

公告分标题、正文和落款三部分。

（1）标题。公告的标题有三种形式，如图3-7所示。

（2）正文。公告的正文一般包括因由、事项和结语三个内容，如图3-8所示。

（3）落款。公告的落款要求写出发布机关的名称和年、月、日。如果机关名称已在标题中出现，在落款处也可不写，只写年、月、日，或年、月、日写在标题的下方、正文的上方。

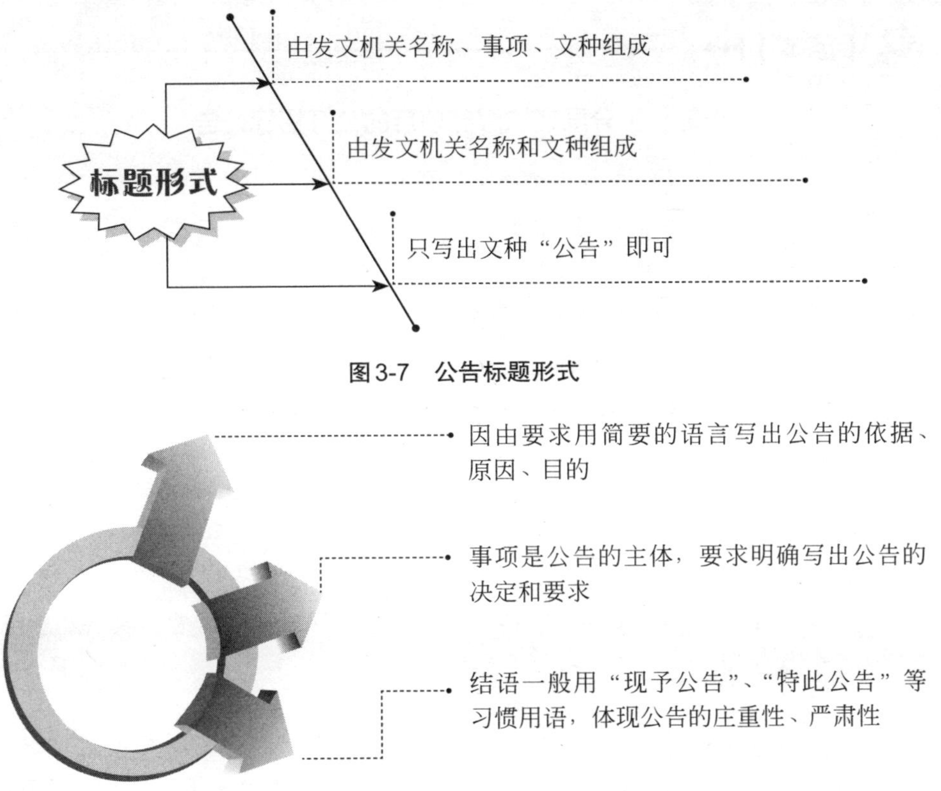

图3-7　公告标题形式

图3-8　公告的正文

四、公告写作的注意事项

撰写公告的注意事项主要有三个，如图3-9所示。

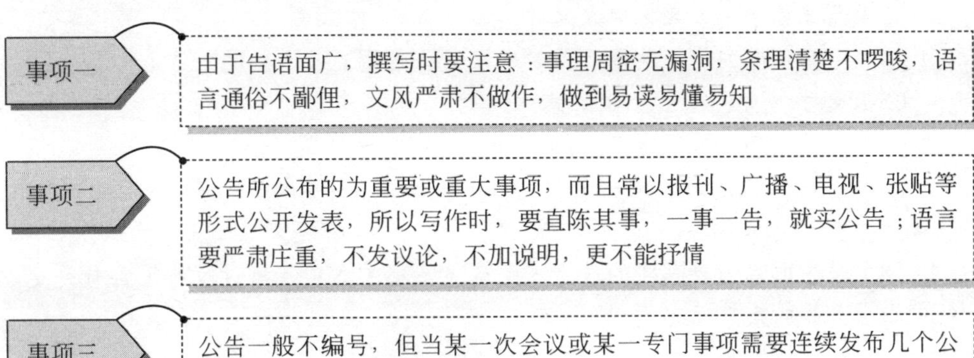

图3-9　注意事项

公安××分局餐饮服务项目的公开招标公告

根据《中华人民共和国政府采购法》的规定，××建设咨询有限公司受委托，对公安××分局餐饮服务项目中采购项目进行国内公开招投标采购，特邀请合格的供应商前来投标。

一、合格的投标人必须具备以下条件

（1）符合《中华人民共和国政府采购法》第二十二条规定的供应商。

（2）根据《××市政府采购供应商登记及诚信管理办法》已登记入库的供应商。

（3）其他资格要求如下。

——在中华人民共和国境内注册，具有独立法人资格及相应的经营范围（餐饮管理）。

——具备国家食品药品局颁发的《餐饮服务许可证》或者营业执照经营范围包含“餐饮管理”。

——在本市有固定的经营场所和服务团队。

——本项目不接受联合体投标。

本次招标需要网上投标，投标人必须获得××市电子签名认证证书（CA认证证书）。

二、项目概况

（1）项目名称：公安××分局餐饮服务项目。

（2）招标编号：××××××（代理机构内部编号：××××）。

（3）预算编号：××××××。

（4）项目主要内容、数量及简要规格描述或项目基本概况介绍（略）。

（5）交付地址：××区××路××号。

（6）交付日期：××年1月1日起。

（7）采购预算金额：××元人民币（国库资金：0。自筹资金：××元人民币）。

（8）采购项目需要落实的政府采购政策情况：本项目执行政府采购有关支持中小企业等的政策规定。

三、招标文件的获取

合格的供应商可于××年×月×日本公告发布之日起至××年×月×日截止，登录“××政府采购网”在网上招标系统中上传如下材料。

合格供应商须于××年×月×日～××年×月×日下午16:00时（北京时间，节假日除外）前在网上报名成功。

（1）企业法人营业执照（原件扫描上传）。

（2）税务登记证（原件扫描上传）。

（3）法定代表人的授权委托书（原件加盖单位公章及法人签章后扫描上传）。

（4）被授权人代表身份证复印件（正反面复印并加盖单位公章扫描上传）。

（5）具备国家食品药品监督管理局颁发的《餐饮服务许可证》或者营业执照经营范围包含"餐饮管理"（原件扫描上传）。

注：以上资料需按要求加盖单位公章。

请各报名成功的供应商于××年×月×日16:00前完成打印下载招标文件。

合格供应商可在上述规定的时间内下载招标文件并按照招标文件要求参加投标。

凡愿参加投标的合格供应商应在上述规定的时间内按照规定获取招标文件，逾期不再办理。未按规定获取招标文件的投标将被拒绝。

注：投标人须保证报名及获得招标文件需提交的资料和所填写内容真实、完整、有效、一致，如因投标人递交虚假材料或填写信息错误导致的与本项目有关的任何损失由投标人承担。

四、投标截止时间及开标时间

（1）投标截止时间：××年×月×日9:00，迟到或不符合规定的投标文件恕不接受。

（2）开标时间：××年×月×日9:00。

五、投标地点和开标地点

（1）投标地点：××市××区××路×号××室。

（2）开标地点：××市××区××路×号××室。届时请投标人代表持投标时所使用的数字证书（CA证书）参加开标。

（3）开标所需携带其他材料：届时请投标人的法定代表人或其授权的投标人代表持授权委托书、网上投标回执、投标时所使用的CA认证证书、可以无线上网的笔记本电脑（按照××市财政局对电子招标的要求自行完成调试，供应商应自备无线上网条件）出席开标仪式。

六、发布公告的媒介

以上信息若有变更我们会通过"××政府采购网"通知，请供应商关注。

七、其他事项

上传材料除在网上招标系统中上传外还需携带营业执照、税务登记证、法定代表人的授权委托书、无行贿犯罪档案证明、被授权人代表身份证加盖公章的复印件（原件现场备查）至××建设咨询有限公司现场进行报名。校验通过后，缴纳标书费，只有报名通过的供应商才可参加本次投标，逾期不予办理。

本项目现场报名及文件发售时间为：××年×月×日，上午9:00 ~ 11:00，下午14:00 ~ 16:00。

地点：××市××区××路×号××室。

招标文件售价：××元/本（文件售后不退）。

八、联系方式

采购人：××市公安局××分局（本部）
地址：××市××区××路×号
邮编：××××××
联系人：××
电话：××××××
传真：××××××

采购代理机构：××建设咨询有限公司
地址：××市××区××路×号××室
邮编：××××××
联系人：××
电话：××××××
传真：××××××

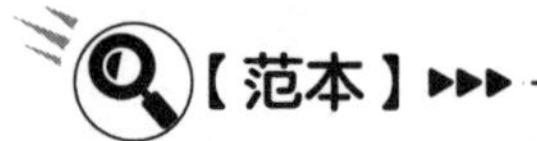

餐饮服务调整公告

（1）餐饮服务审批流程查询和许可证查询“类别”修改为“餐饮”“食堂”“集体用餐配送”“中央厨房”“现制现售”“餐饮服务管理”“其他”，查询类别增加多个查询条件。

（2）查询类别为“食堂”选项时，按照人数设立查询项，许可证查询增设一般证与临时证的查询项目。

（3）补充中央厨房的许可证附件打印。

（4）餐饮服务变更申请书打印表格修改，餐饮服务所有的文书有所调整。

（5）申请撤回流程：在实质审查环节打印《终止行政许可审查通知书文稿》，经科长审批同意“终止审查”后，需打印《终止行政许可审查通知书》正式件。实质审查环节增加“延期审批”功能，延期审批后时限自动延长15日，打印《延期审查通知书》。

××市食品药品监督管理局信息中心

××年×月×日

第四节　决定

一、决定的定义

决定是对重要事项或重大行动作出决策或安排，并要求机关各部门和下级单位或有关单位贯彻执行的指令性公文。

二、决定的特点

决定主要有两大特点，如图3-10所示。

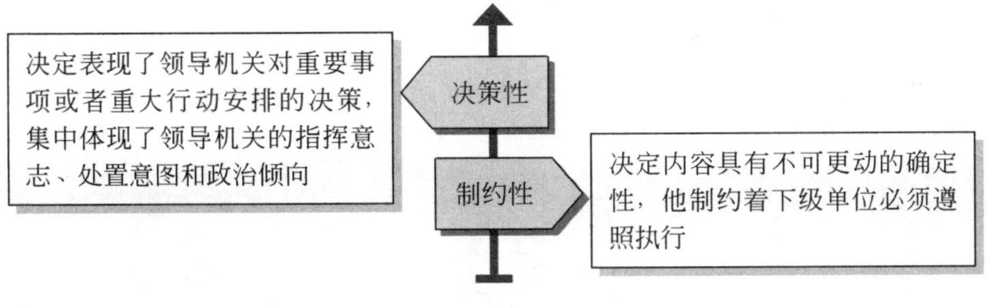

图3-10　决定的特点

三、决定的种类

根据具体用途和内容的不同，决定一般有以下两类，如图3-11所示。

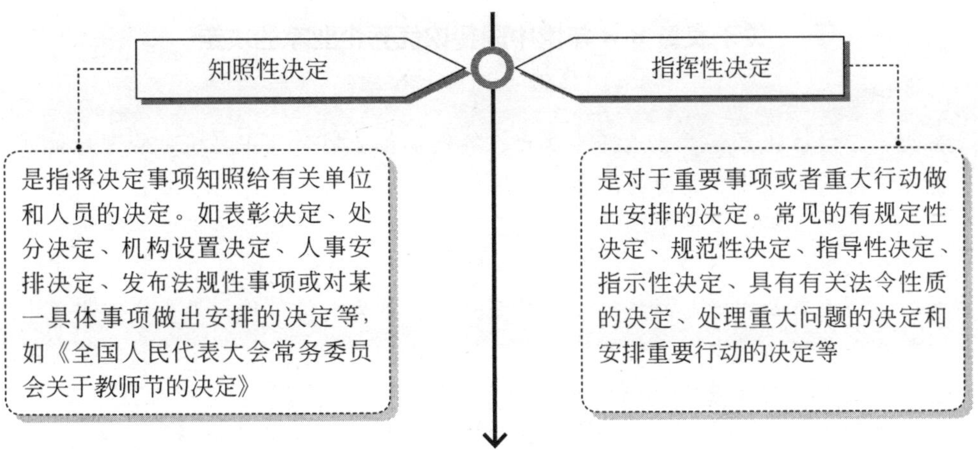

图3-11　决定的种类

四、决定的写作格式

（1）标题。如《××××关于××××的决定》。

（2）决定的原因和目的。如：目前……（事实依据）。根据……（理论依据），为了……（目的主旨），现决定……（意图主旨）。具体……如下。

（3）决定的内容。对具体事项作出安排的决定要写清安排的步骤。

（4）希望与要求。

（5）加盖公章，注明日期。

五、决定的写作要领

决定的写作要求内容严肃，事实准确，行文周密。

决定的内容必须做到图3-12所示3点。

体现党和国家的方针政策和法律

与上级机关和同级机关有关规定保持一致

与本机关原有的各项规定紧密衔接，不要相互抵触或前后相互矛盾

图3-12 决定的内容要领

【范本】

关于表彰××年度中国餐饮优秀企业家的决定

中烹协〔××〕×号

各省、自治区、直辖市、烹饪（饮食、餐饮）行业协会，中直机关管理局培训处、中央国家机关烹饪协会，各会员单位、相关企业、各有关单位：

为贯彻落实中央提出的“大众创业万众创新”精神和商务部《关于加快发展大众化餐饮的指导意见》，弘扬社会主义核心价值观，彰显中国餐饮业正能量，全面推进餐饮行业诚信敬业、转型升级、争先创优工作，展现交流当代中国餐饮企业家立足本职、创新发展的工作热情和胸怀大局、乐于奉献的精神风貌，全面提高餐饮业创新创业能力和服务质量，助力中国餐饮产业健康发展，根据中国烹饪协会《关于开展××年中国餐饮优秀企业家表彰活动的通知》（中烹协〔××〕×号），现决定对推动中国餐饮业发展做出突出贡献的优秀企业家进行表彰（具体名单附后）。

希望获奖人员珍惜荣誉，继续努力，不断开拓新思路、新战略、新模式，探索餐饮新常态下的变革与创新，再接再厉，再创佳绩，为繁荣餐饮行业、促进经济发展方式转变做出更大贡献。

附件：××年度中国餐饮优秀企业家表彰名单（略）

关于公布××年度中国清真餐饮50强企业的决定

中烹协〔××〕×号

为促进中国清真餐饮产业健康有序发展，扩大中国清真餐饮产业在国内外的影响，展现中国清真餐饮企业风采，树立行业品牌，分享、推广成功经验，根据《关于开展××年中国餐饮企业百强申报工作的补充通知》（中烹协〔××〕×号），现公布中国清真餐饮50强企业名单。

希望企业珍惜荣誉，再接再厉，开拓进取，创新发展，再创佳绩，为促进清真产业科学发展，繁荣大众化餐饮市场做出新的贡献。

特此决定。

附件：××年度中国清真餐饮50强企业名单（略）

关于公布推动中国团餐发展贡献奖、中国团餐业领军企业奖、中国团餐业发展奖、中国团餐业先进单位的决定

中烹协〔××〕×号

为促进中国团餐业健康有序发展，扩大中国团餐业在国内外的影响，展现中国团餐企业风采，树立行业品牌，分享、推广成功经验，现值此第十届团餐业大会之际，决定对推动团餐业及其产业发展做出杰出贡献的企业和个人进行表彰。

希望获得荣誉的企业和个人珍惜荣誉，再接再厉，开拓进取，创新发展，再创佳绩，为促进团餐业科学发展，繁荣大众化餐饮市场做出新的贡献。

特此决定。

附件：表彰名单（略）

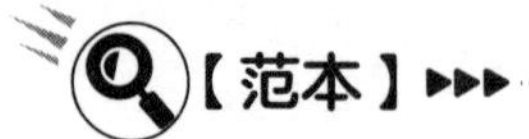

【范本】

关于表彰××年度中餐科技进步奖的决定

中烹协〔××〕×号

各会员单位：

为贯彻落实“大众创业、万众创新”精神，表彰在我国餐饮行业推进自主创新、促进行业科学发展过程中做出突出贡献的科技工作者、科技团队、科研机构和企业，调动全国餐饮行业科技工作者的积极性和创造性，鼓励餐饮科技前沿的学术和技术带头人，促进餐饮科学技术的进步，根据《国家科学技术奖励条例》及其实施细则，科技部颁布的《社会力量设立科学技术奖管理办法》的规定，经国家科学技术奖励工作办公室批准，中国烹饪协会特设立中餐科技进步奖。

根据《中餐科技进步奖章程》和《中餐科技进步奖奖励条例》的规定，经××年度中餐科技进步奖评审委员会评审，中国烹饪协会审议、批准，决定授予以菜单为关键点的餐饮营养评估和营养管理体系研究等2项成果××年度中餐科技进步奖一等奖，授予适合大流量的无线餐饮智能结算系统等5项成果××年度中餐科技进步奖二等奖，授予优质老鸭汤炖料生产关键技术研究及产业化示范等11项成果××年度中餐科技进步奖三等奖荣誉称号。

希望餐饮行业科学技术工作者和餐饮企业要向获奖者学习，解放思想、实事求是、与时俱进、开拓创新，为餐饮行业推进自主创新、转型升级、促进科学发展做出更大贡献。

附件：××年度中餐科技进步奖获奖名单（略）

第五节　函

一、函的定义

函，适用于不相隶属机关之间商洽工作、询问和答复问题，请求批准和答复审批事项。

函的使用范围极广，使用频率极高，可谓公文中的“轻武器”。具体来说，函的用途主要包括四个方面，如图3-13所示。

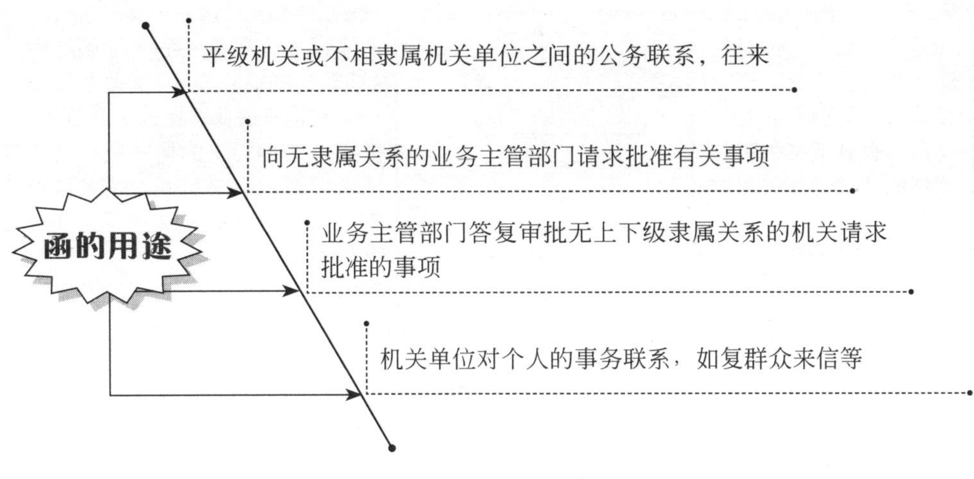

图3-13　函的用途

二、函的特点

函有三个特点，如图3-14所示。

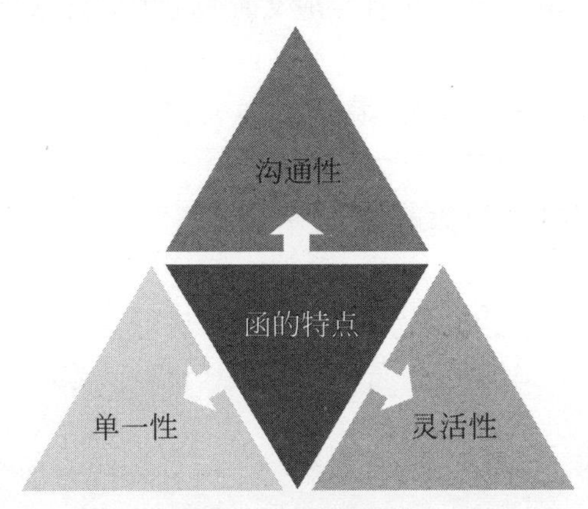

图3-14　函的特点

1.沟通性

函对于不相隶属机关之间相互商洽工作、询问和答复问题，起着沟通作用，充分显示平行文种的功能，这是其他公文所不具备的特点。

2.灵活性

函的灵活性表现在两个方面，如图3-15所示。

3.单一性

函的主体内容应该具备单一性的特点，一份函只宜写一件事项。

函是平行公文，但是它除了平行行文外，还可以向上行文或向下行文，没有其他文种那样严格的特殊行文关系的限制

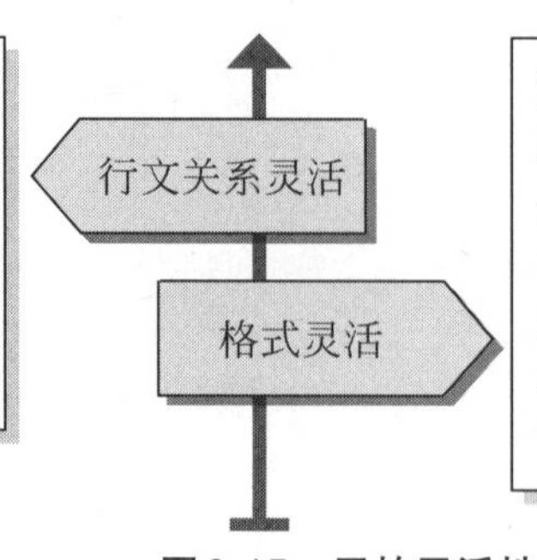

除了国家高级机关的主要函必须按照公文的格式、行文要求行文外，其他一般函，比较灵活自便，也可以按照公文的格式及行文要求办，可以有文头版，也可以没有文头版，不编发文字号，甚至可以不拟标题

图3-15　函的灵活性

三、函的种类

函可以从不同角度分类。

1.按性质分

按性质分，函可以分为公函和便函两种。

公函用于机关单位正式的公务活动往来；便函则用于日常事务性工作的处理。

便函不属于正式公文，没有公文格式要求，甚至可以不要标题，不用发文字号，只需要在尾部署上机关单位名称、成文时间并加盖公章即可。

2.按发文目的分

按发文目的分，函可以分为发函和复函两种。

发函即主动提出了公事事项所发出的函。

复函则是为回复对方所发出的函。

3.从内容和用途上

从内容和用途上，函还可以分为商洽事宜函、通知事宜函、催办事宜函、邀请函、请示答复事宜函、转办函、催办函、报送材料函等。

四、函的写作格式

由于函的类别较多，从制作格式到内容表述均有一定灵活机动性。这里主要介绍规范性公函的结构、内容和写法。

公函由首部、正文和尾部三部分组成，其各部分的格式、内容和写法要求如下。

1.首部

主要包括标题、主送单位两个项目内容。

（1）标题。公函的标题一般有两种形式。一种是由发文机关名称、事由和文种构成；另一种是由事由和文种构成。

（2）主送单位。即受文并办理来函事项的单位，于文首顶格写明全称或者规范化简称，其后用冒号。

2. 正文

其结构一般由开头、主体、结尾、结语等部分组成。

（1）开头。主要说明发函的缘由。一般要求概括交代发函的目的、根据、原因等内容，然后用“现将有关问题说明如下”或“现将有关事项函复如下”等过渡语转入下文。复函的缘由部分，一般首先引叙来文的标题、发文字号，然后再交代根据，以说明发文的缘由。

（2）主体。这是函的核心内容部分，主要说明致函事项。函的事项部分内容单一，一函一事，行文要直陈其事。无论是商洽工作、询问和答复问题，还是向有关主管部门请求批准事项等，都要用简洁得体的语言把需要告诉对方的问题、意见叙写清楚。如果属于复函，还要注意答复事项的针对性和明确性。

（3）结尾。一般用礼貌性语言向对方提出希望。或请对方协助解决某一问题，或请对方及时复函，或请对方提出意见，或请主管部门批准等。

（4）结语。通常应根据函询、函告、函商或函复的事项，选择运用不同的结束语。如“特此函询（商）”“请即复函”“特此函告”“特此函复”等。有的函也可以不用结束语，如属便函，可以像普通信件一样，使用“此致”“敬礼”。

3. 尾部

一般包括署名和成文时间两项内容。

署名机关单位名称，写明成文时间年、月、日，并加盖公章。

五、注意问题

函的写作，首先要注意行文简洁明确，用语把握分寸。无论是平行机关或者是不相隶属的行文，都要注意语气平和有礼，不要倚势压人或强人所难，也不必逢迎恭维、曲意客套。至于复函，则要注意行文的针对性，答复的明确性。

其次，函也有时效性的问题，特别是复函更应该迅速、及时。像对待其他公文一样，及时处理函件，以保证公务等活动的正常进行。

函的写法同时要注意以下6点，如图3-16所示。

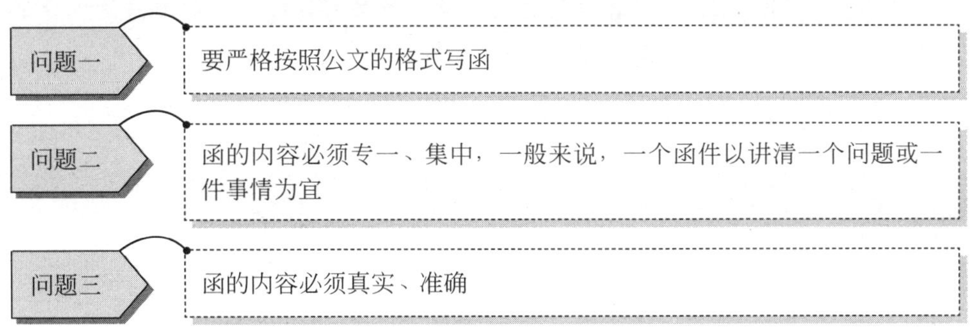

图3-16

问题四：函的写法以陈述为主，只要把商洽的工作、询问和答复的问题、向有关主管部门请求批准的事宜写清楚就行

问题五：发函都是有求于对方的，或商洽工作，或询问题，或请求批准，因此，要求“函”的语言要朴实，语气要恳切，态度要谦逊

问题六：函的结尾，一般常用“即请函复”“特此函达”“此复”等惯用语，有时也不用

图3-16　注意问题

拓展阅读

请示VS函

“函”是不相隶属机关之间商洽工作、询问和答复问题、请求批准和答复审批事项的公文。“函”可分为商函、询答函、请批函（请求批准函、审批函）。“函”在公文往来中使用比较广泛，其主要作用有两个方面：一是不相隶属的同系统部门之间询问和答复工作；二是请求平行或不相隶属的职能部门批准有关事项，不能用“请示”或“报告”，应使用“请求批准函”。

在公文撰写中，容易出现“请求批准函”误认为就是“请示”或“报告”文种，在与平行或不相隶属的机关行文时使用“请示”或“报告”，是欠妥的。“请示”与“请求批准函”有严格的区别，具体如下。

一是类型不同。“请示”是上行文；“请求批准函”是平行文。

二是主送单位不同。“请示”的主送单位是具有领导、指导关系的上级；“请求批准函”的主送单位是平行或不相隶属的职能单位。

三是内容范围不同。“请示”是请求批准、指示；“请求批准函”是请求批准某项职能事项。

四是行文语气不同。“请示”的用语应尊敬上级单位；“请求批准函”应互相尊重。

五是办复方式不同。“请示”的事项由上级单位批复下级单位；“请求批准函”的有关批准事项由受文单位复函（审批函）。

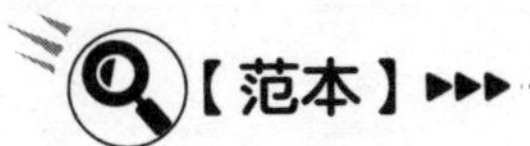

关于举办第×届中国厨师节的函

中烹协联发〔××〕×号

各省、自治区、直辖市、计划单列市、省会城市商务主管部门及烹饪（饮食、餐饮）行业协会，各相关单位，海外餐饮人士：

由中国烹饪协会、××省商务厅、××市人民政府共同主办的第×届中国厨师节，定于××年×月×日～×日在××省××市举办，欢迎国内外餐饮及相关行业单位、专业人士前来参会、参展和参观考察。

一、活动主题

弘扬中华饮食文化、展示德艺双馨风采、传承创新烹饪技艺、推动餐饮产业发展。

二、时间地点

活动时间：××年×月×日～×日。

主会场：××省××市经开区会展中心。

分会场：××省××市、××省××县、××省××县。

三、组织机构

主办单位：中国烹饪协会、××省商务厅、××市人民政府。

承办单位：××省烹饪餐饮行业协会、××省餐饮业商会、××市商务局、××市文物旅游局、××市食品药品监督管理委员会、中国烹饪协会大型活动会展部、中国烹饪协会名厨委员会。

协办单位：××省果业局、××市政府新闻办公室、××市公安局、××市财政局、××市住房和城乡建设局、××市文化广电新闻出版局、××市卫生和计划生育局、××市质量技术监督局、××市交通运输局、××市农业局、××市体育局、××市工商局、××市对外经济技术合作局、××市综合执法局、××市果业局、××市网信办、××市接待办、××区人民政府、××区人民政府、××市人民政府、××县人民政府、××县人民政府、××经开区管委会、××景区管委会、××旅游集团有限公司、××市烹饪餐饮协会、××网、××国餐国际展览有限公司、××商城。

四、主要活动

1.××菜品牌创新烹饪大赛暨展示活动

时间：×月×日～×日9:00～18:00。

地点：××省××市××县。

2.第×届中国厨师节开幕式

时间：×月×日10:00～10:30。

地点：××省××市经开区会展中心。

3.××中国名厨大会

时间：×月×日10:30～12:00。

地点：××省××市经开区会展中心。

4.中华金厨奖颁奖盛典暨注册中国烹饪大师授勋仪式

时间：×月×日14:30～17:30。

地点：××省××市经开区会展中心。

5.中国××菜品鉴大会暨××菜品牌颁奖仪式

时间：×月×日18:30～20:30。

地点：××省××市××饭店。

6.“××”全国烹饪技艺大比武总决赛

时间：×月×日～×日9:00～18:00。

地点：××省××市××国际大酒店。

7.中国美食峰会——中国烹饪大师师徒传承峰会

时间：×月×日9:00～17:30；×月×日9:00～11:30。

地点：××省××市经开区会展中心。

8.××祭拜仪式暨××中国××美食文化旅游节

时间：×月×日9:30～12:00。

地点：××省××市××县。

9.“一带一路”美食文化发展论坛

时间：×月×日15:00～18:00。

地点：××省××市××客栈。

10.中国餐饮行业采购大会暨电商接洽会

时间：×月×日14:00～16:00。

地点：××省××市××大酒店。

11.中华小吃狂欢节——××小吃鉴赏

时间：×月×日18:00～21:00。

地点：××省××市××老街美食城。

12.“××”全国烹饪技艺大比武总决赛颁奖仪式

时间：×月×日10:00～11:00。

地点：××省××市××山北峰。

13.第×届中国厨师节闭幕式暨第×届中国厨师节交旗仪式

时间：×月×日11:00～12:00。

地点：××省××市。

14. 第×届中国厨师节博览会暨××国际食材节

时间：×月×日～×日10:00～18:00。

地点：××省××市经开区会展中心。

15. 中华小吃狂欢节

时间：×月×日～×日10:00～21:00。

地点：××省××市××老街美食城。

16. 中国水果菜点烹饪比赛及展示活动

时间：×月×日9:00～17:00。

地点：××省××市××区会展中心。

17. 自选旅游考察

时间：×月×日～×日。

地点：××景区等。

五、参加范围

各地商务（经贸）主管部门、烹饪（饮食、餐饮）行业协会（商会）、餐饮企业、职业院校、部队、餐饮相关企业和厨师均可报名参加和观摩本届中国厨师节活动，并及时提交报名表（附件）。

六、收费标准

（1）会务费请电询（此费用含会议资料、20日至21日场馆或考察午餐、20日晚××菜品鉴大会、21日晚××小吃鉴赏，活动期间大巴车指定酒店接送等）。

户名：中国烹饪协会。

账号：×××××××××。

开户行：工商银行××市××支行。

（2）活动期间住宿、自选旅游考察费用自理。其他时间段和市外接送站服务，组委会可根据代表团要求安排车辆，费用自理。

七、相关事项

（1）本次活动免收中国烹饪协会副会长（限本人）或各省级烹饪（饮食、餐饮）行业协会负责人1人会务费。

（2）各省、自治区、直辖市（含计划单列市）可组团参加，代表团人数达15人以上，免收团长1人会务费。

（3）各正式代表、代表团请按指定酒店入住，活动期间由会务组统一安排大巴车接送。未经会务组统一安排入住的酒店，未提供集中用车等服务。

八、联系方式

1.××市烹饪协会

联系人：××、××、××。

电话：××××××、××××××。

手机：××××××、××××××、××××××。

传真：××××××。

邮箱：××××@qq.com。

2.中国烹饪协会

联系人：××、××。

电话：××××××、××××××。

手机：××××××、××××××。

传真：××××××。

邮箱：××××@qq.com。

附件：第×届中国厨师节报名表（略）

第六节　通报

一、通报的定义

通报是上级把有关的人和事告知下级的公文。通报的运用范围很广，各级党政机关和单位都可以使用。它的作用是表扬好人好事，批评错误和歪风邪气，通报应引以为戒的恶性事故，传达重要情况以及需要各单位知道的事项。通报是各级机关、企事业单位和团体经常使用的文种。其目的是交流经验、吸取教训，教育干部、职工群众，推动工作的进一步开展。

二、通报的特点

通报主要有三大特点，如图3-17所示。

图3-17　通报的特点

1.告知性

通报的内容，常常是把现实生活当中一些正反面的典型或某些带倾向性的重要问题告诉人们，让人们知晓、了解。

2.教育性

通报的目的，不仅仅是让人们知晓内容，它主要的任务是让人们知晓内容之后，从中接受先进思想的教育，或警戒错误，引起注意，接受教训，这就是通报的教育性。这一目的，不是靠指示和命令方式来达到，而靠的是正、反面典型的带动，真切的希望和感人的号召力量，使人真正从思想上确立正确的认识，知道应该这样做，而不应该那样做。

3.政策性

政策性并不是通报独具的特点，其他公文也同样具有这一特点，可是作为通报，尤其是对表扬性通报和批评性通报来说，在这方面显得特别强一些。因为通报中的决定（即处理意见），直接涉及具体单位、个人，或事情的处理，同时，此后也会牵涉到其他单位、部门效仿执行的问题，决定正确与否，影响颇大。因此，必须讲究政策依据，体现党的政策。

三、通报的种类

通报主要分为三大类，如图3-18所示。

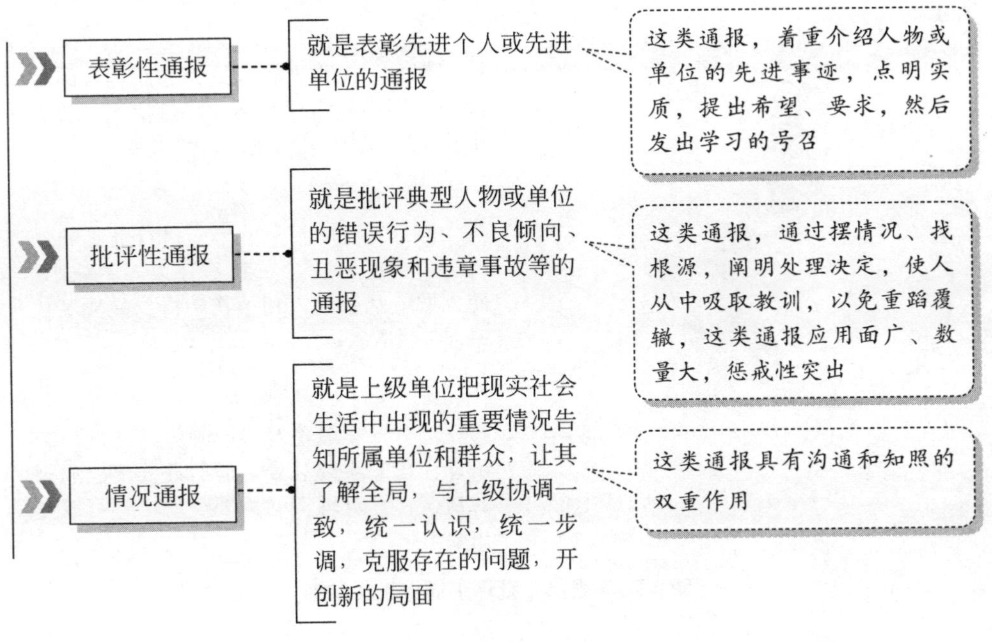

图3-18 通报的种类

四、通报的写作格式

1.标题

通报的标题由制发机关、被表彰或被批评的对象和文种构成。

通常有两种构成形式，如图3-19所示。

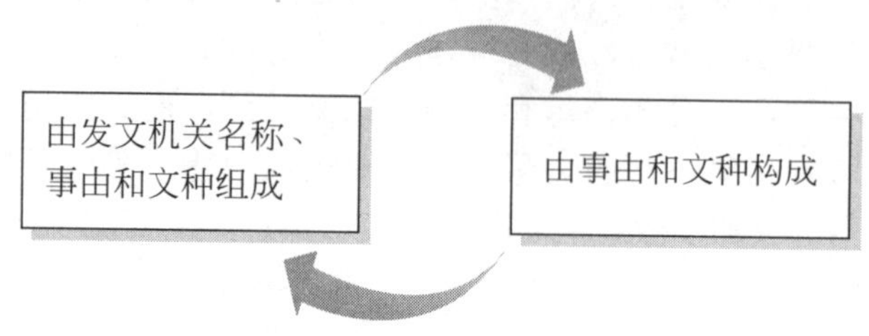

图3-19　通报标题的构成

此外，有少数通报的标题是在文种前冠以机关单位名称；也有的通报标题只有文种名称。

2.主送单位

有的通报特指某一范围内，可以不标注主送单位。

3.正文

（1）表彰（批评）通报。表彰（批评）通报正文结构有三部分，具体如图3-20所示。

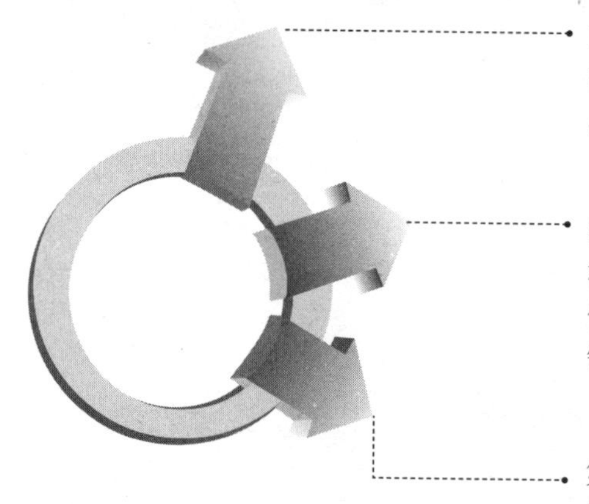

第一部分，说明表彰或批评的原因，即写清先进事迹或错误事实的经过情况，要求用叙述的手法真实客观地反映事实

第二部分，对所叙述的事实进行准确的分析，中肯的评价，做到不夸大、不缩小，使人们能从好的人和事物中得到鼓舞，从错误中吸取教训

第三部分，一般是对表彰的先进或批评的错误作出嘉奖或惩处，最后还要根据通报的情况，针对现实的需要，发出号召或提出要求

图3-20　表彰（批评）通报正文结构

（2）情况通报。情况通报正文结构一般有两个部分，具体如图3-21所示。

图3-21　情况通报正文结构

五、通报写作的注意事项

通报有4个注意事项，如图3-22所示。

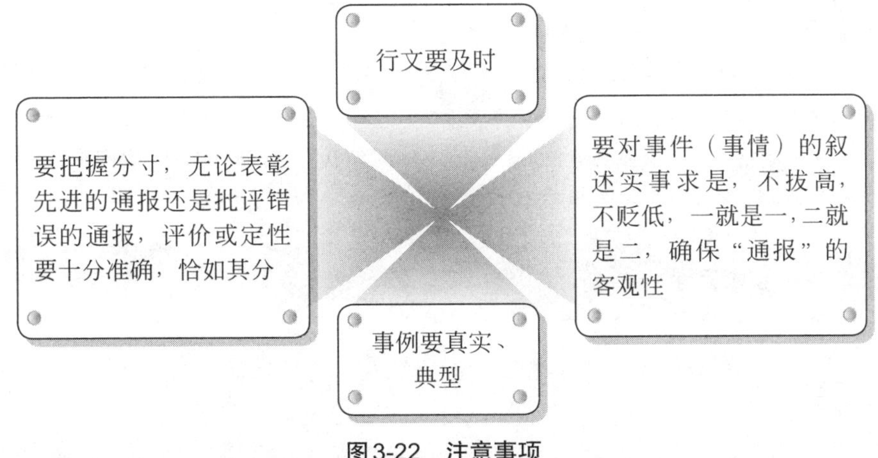

图3-22　注意事项

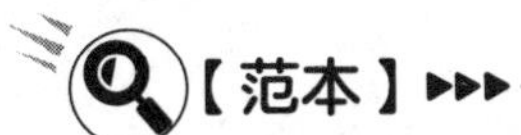

关于学校食堂餐饮服务食品安全专项检查情况的通报

为认真贯彻落实××市人大关于教育评议的有关要求，全面加强学校食堂食品安全监管，严防学校食品安全事故的发生，市食品药品监督管理局与市教育局联合开展了学校餐饮服务食品安全专项检查。现将有关情况通报如下。

一、基本情况

本次专项检查分为6个检查小组于××年×月×日～×日对全市×个乡镇办事处×所学校及幼儿园的食堂进行了监督检查。本次检查的重点是：学校食堂食品安全制度建立及落实情况；餐饮服务许可证持证情况；食品原料采购索证索票情况；加工场所及过程卫生情况；从业人员个人卫生情况等。

通过检查发现：各学校领导高度重视食品安全工作，食品安全意识、责任意识明显增强，均成立了相应的组织机构，配备了专（兼）职食品安全管理人员，制定了严格的管理制度，切实履行了食品安全第一责任人的职责；食堂硬件设施、卫生设施进一步改善，餐饮服务许可率有了很大提高；能定期开展食堂食品安全自查，按照《餐饮服务食品安全操作规范》的要求，主动查找和改正自身问题，学校食堂食品安全保障能力有了较大提升。

二、主要问题

（1）有少数单位未取得《餐饮服务许可证》向学生提供餐饮服务。

（2）部分新建学校食堂布局不合理，未按照原料进入、原料粗加工、半成品加工、成品供应的流程合理布局；有的擅自改变功能用房的用途，专间未专用。

（3）部分学校食堂从业人员无有效健康合格证明上岗，食品安全应知应会的知识不懂不会，食品安全意识弱。

（4）部分学校对学校食品安全不够重视，放松了对学校食堂的管理。食堂设备设施陈旧、老化，墙面乳胶漆（仿瓷）脱落，墙壁、地面污垢多，防蝇、防鼠、防尘等基本设施不完善，纱窗破旧损坏。库房内食品和食品原料堆放杂乱，无货架，未离地、离墙、离顶堆放。学校食堂餐用具清洗、消毒、保洁不规范。

（5）个别学校食堂在购货时未按有关规定索证索票，检验合格报告已过期；未建立台账记录，或有台账但记录不规范；食品未留样，或食品留样不规范；无专用留样冰箱，或留样记录不完善等；食堂餐厨废弃物处置无记录、无协议；食品添加剂未按“专人采购、专用台账、专柜存放、专人保管、专人领用”管理。

（6）个别学校食堂食品加工、储存生熟不分；盛装食品的容器生熟不分，蔬菜类、肉类的清洗池未分类，无标识，或者标识不规范；公示栏陈旧，内容不完善。

三、下一步工作要求

（1）各学校要对此次检查发现的问题（具体情况附后）按照相应要求在限期内认真整改到位，逾期未整改的，严格按照《食品安全法》的有关规定严肃查处。

（2）要加大对学校食堂的投入，逐步改善食堂布局流程及硬件设施设备，新、改、扩食堂图纸要报食品药品监督管理局审查，以利食堂布局合理，操作方便。

（3）要加强学校食堂硬件建设、软件管理，结合开展餐饮服务安全示范工程的创建，不断提高经营管理能力，增强服务水平，争创示范食堂。

××市食品药品监督管理局　××市教育局

××年×月×日

附件：学校食堂食品安全检查情况一览表（略）

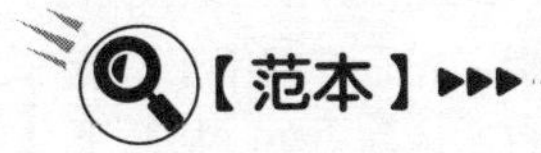

××餐厅员工表扬通报

××年×月×日，餐饮部员工××在客人离席后，准备收拾餐桌时，突然发现就餐客人遗留了一个黑色皮包在包房内。××迅速按照规范将皮包上交给主管××，并告知具体情况。××主管立刻追赶客人至餐厅门口，发现客人已经离店。为尽快找到失主，××主管查看客人预订记录后，确认皮包是继续教育学院客人所遗留的。为进一步确认客人身份，她和迎宾员一道打开皮包，发现皮包内有数千元现金和数张银行卡，同时，也找到客人××的身份证。

××是酒店的老客户，迎宾员马上从客史档案中查到××的电话号码。打电话时，××一再对酒店表示感谢，并表明对酒店的充分信任。1小时后，××过来取走了皮包，再次对酒店员工拾金不昧的精神给予了高度赞扬。

餐饮部员工用他们的实际行动和规范服务赢得了客人的信任和赞誉，反映了酒店员工急客人之所急，想客人之所想的服务意识，体现了酒店员工高尚的职业操守。这种好人好事是新时期新风尚，这种拾金不昧的精神值得我们全体员工学习和发扬！

经研究决定，对餐饮部员工××奖励现金100元，予以通报表扬，并对餐饮部主管××和迎宾组予以通报表扬。

特此通报！

行政办公室

××年×月×日

第七节　批复

一、批复的定义

批复，是指“答复下级单位的请示事项”时使用的文种。它是机关应用写作活动中的一种常用公务文书。

二、批复的特点

批复主要有四大特点，如图3-23所示。

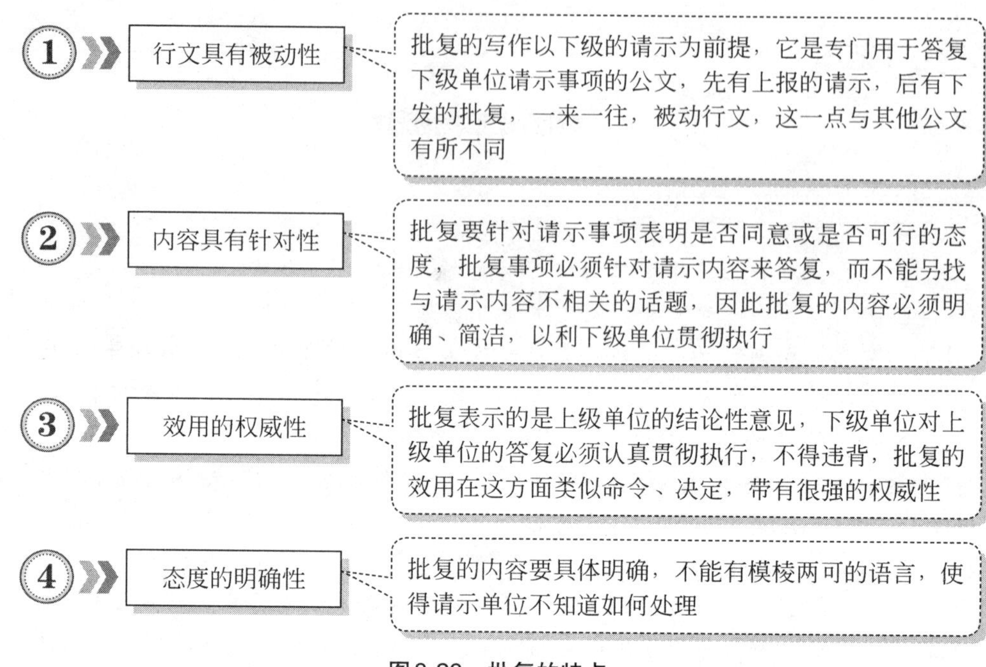

图3-23　批复的特点

三、批复的种类

根据批复的内容和性质不同，可以分为审批事项批复、审批法规批复和阐述政策的批复等三种。

四、批复的写作格式

批复一般由标题、主送单位、正文和落款构成。

（1）标题。标题的写法最常见的是完全式的标题，即由发文机关、事由和文种构成。在事由中一般将下级单位及请示的事由和问题写进去；还有一种完全式的标题是“发文机关+表态词+请示事项+文种”，这种较为简明、全面和常用。

（2）主送单位。主送单位一般只有一个，是报送请示的下级单位。其位置同一般行政公文，写于标题之下，正文之前，左起顶格。批复不能越级行文，当所请示的机关不能答复下级单位的问题而需要向更上一级机关转报“请示”时，更上一级机关所作批复的主机关不应是原请示机关，而是“转报机关”。如果批复的内容同时涉及其他的机关和单位，则要采用抄送的形式送达.

（3）正文。正文包括批复引语、批复意见和批复要求三部分，如图3-24所示。

（4）落款。落款写在批复正文右下方，署成文日期并加盖公章，成文日期用阿拉伯数字。

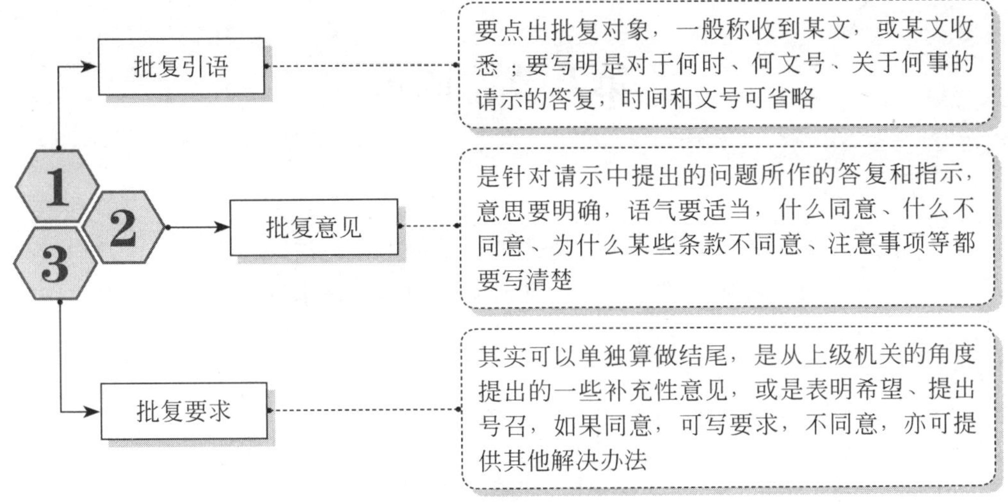

图3-24　正文的三部分

××市××区××中西餐厅项目登记表的批复

××环建审〔××〕×号

一、同意××区规划建设与环保局的审查意见，原则批准建设××市××区××中西餐厅项目，项目位于××路与××大道交叉口××国际小区××号商铺，使用面积××平方米，总投资××万元，环保投资××万元。

二、项目餐饮废水经隔油池、沉淀池处理后排入城市污水管网；项目厨房使用天然气清洁能源，并安装使用油烟净化装置，油烟废气处理达标后高空排放，油烟废气排放浓度应达到《饮食业油烟排放标准》(GB18483—2001)要求；餐饮垃圾由环卫部门收集处置，不得随意倾倒；空调及油烟引风机等产噪声设备均要合理布局，并采用隔音、吸声、减震等降噪措施；项目经营过程中要注意营业时间，杜绝店外经营，确保项目不对附近居民产生不良影响，厂界噪声达到《社会生活环境噪声排放标准》(GB 22337—2008)表1中1类标准。

三、项目建成后经××市环保局验收合格后方可正式投入使用。

四、××区规划建设与环保局负责项目的日常监督管理工作，市环境监察支队进行不定期抽查，发现环境违法行为应立即停止建设，依法查处。

经办人：××

××年×月×日

第八节　请示

一、请示的定义

请示，是指下级单位向上级单位请求对某项工作、问题作出指示，对某项政策界限给予明确，对某事予以审核批准时使用的一种请求性公文，是应用写作实践中的一种常用文体。请示可分为解决某种问题的请示，和请求批准某种事项的请示。

请示必须具备以下3个条件，如图3-25所示。

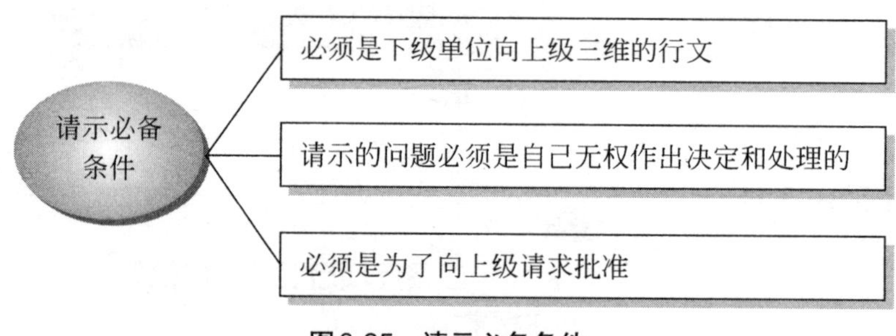

图3-25　请示必备条件

二、请示的特点

请示具有以下特点，如图3-26所示。

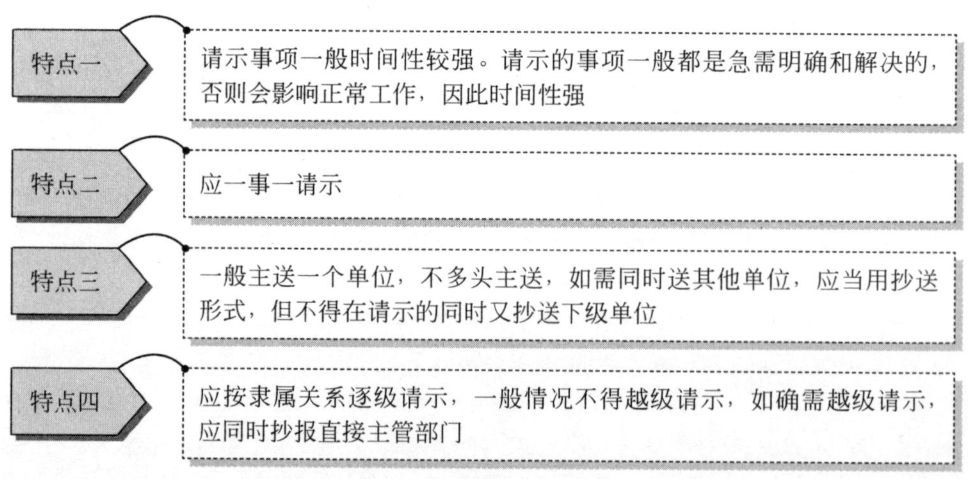

图3-26　请示的特点

三、请示的种类

根据请示的不同内容和写作意图分为三类，如图3-27所示。

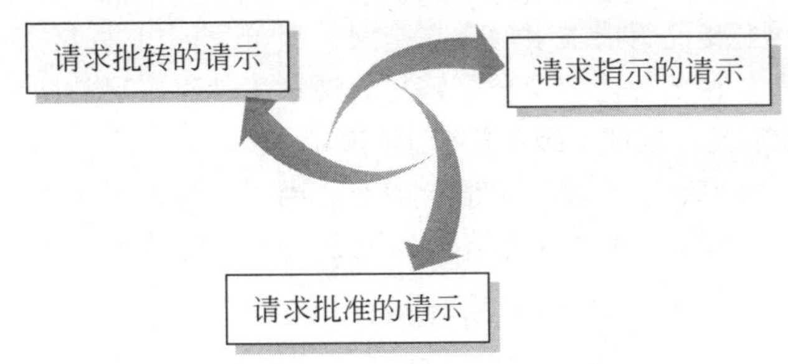

图3-27　请示的种类

1.请求指示的请示

此类请示一般是政策性请示，是下级单位需要上级单位对原有政策规定作出明确解释，对变通处理的问题作出审查认定，对如何处理突发事件或新情况、新问题作出明确指示等请示。

2.请求批准的请示

此类请示是下级单位针对某些具体事宜向上级单位请求批准的请示，主要目的是为了解决某些实际困难和具体问题。

3.请求批转的请示

下级单位就某一涉及面广的事项提出处理意见和办法，需各有关方面协同办理，但按规定又不能指令平级机关或不相隶属部门办理，需上级单位审定后批转执行，这样的请示就属此类。

四、请示的写作格式

请示由首部、正文和尾部三部分组成，其各部分的格式、内容和写法要求如下。

1.首部

主要包括标题和主送单位两个项目内容。

（1）标题。请示的标题一般有两种构成形式：一种是由发文机关名称、事由和文种构成。如《××餐饮企业行政部关于××的请示》；另一种是由事由和文种构成，如《关于开展元旦优惠活动的请示》。

（2）主送单位。请示的主送单位是指负责受理和答复该文件的单位。每件请示只能写一个主送单位，不能多头请示。

2.正文

其结构一般由开头、主体和结语等部分组成。

（1）开头。主要交代请示的缘由。它是请示事项能否成立的前提条件，也是上级单位批复的根据。原因讲的客观、具体，理由讲的合理、充分，上级单位才好及时决断，予以有针对性的批复。

（2）主体。主要说明请求事项，它是向上级单位提出的具体请求，也是陈述缘由的目的所在。这部分内容要单一，只宜请求一件事。另外请示事项要写的具体、明确、条项清楚，以便上级单位给予明确批复。

（3）结语。应另起段，习惯用语一般有“当否，请批示”、“妥否，请批复”、“以上请示，请予审批”或“以上请示如无不妥，请批转各地区、各部门研究执行”等。

3.落款

一般包括署名和成文时间两个项目内容。标题写明发文机关的，这里可不再署名，但需加盖单位公章，成文时间××年×月×日。

拓展阅读

请示与报告的区别

“请示”和“报告”都是上行文，是行政机关公文使用频率较高且容易混淆的文种。常见的问题主要有：将“请示”文种用“报告”文种呈送上级单位，请求上级单位批复（答复），这样就容易贻误工作。因此，在撰写“请示”和“报告”时，要特别注意二者之间八个方面的区别。

一是作用不同。“请示”是向上级单位请求指示、批准；“报告”是向上级单位汇报工作，反映情况，提出意见和建议，答复上级讯问，报送文件、物品等。

二是内容不同。“请示”是本单位无力无权解决或按规定须上级批准之后才能实施的事项；“报告”是本单位职责范围内比较重大的工作或向上级单位建议，须上级单位知道的事项。

三是容量不同。“请示”应一文一事；“报告”可多事一报，但不得夹带请示的事项。

四是时间不同。“请示”应事前行文；“报告”可在事前、事中、事后行文。

五是范围不同。“请示”一般只主送一个上级单位，不得多头主送或越级主送；“报告”可以主送几个相关的上级单位，其他上级单位也可以抄送。

六是处理不同。上级单位收到下级的请示后，应及时批准、批复（答复），是办理件，下级应在收到上级批复（答复）后才能实施；上级单位收到下级的报告后，主要是了解情况，可以不答复，下级不用等待上级答复。

七是篇幅不同。“请示”的篇幅比较短，一般不超过1500字；“报告”的篇幅相对较长，但一般不超过3000字。

八是结束语不同。“请示”在结束时用“特此请示”“特此请示，请批示”“请审视”等；“报告”用“专此报告”“特此报告”。

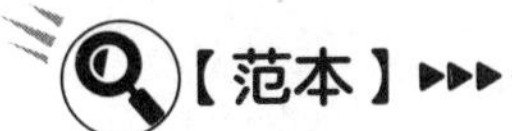

关于××假日餐厅宣传推广的请示

尊敬的公司领导：

随着××地区旅游季节的到来，为提高××假日餐厅的营业收入，拓展餐厅知名度，为餐厅的品牌建设及长远发展打下坚实基础，我部拟对××假日餐厅进行宣传推广。

为做好此次宣传推广活动，达到预期效果，特申请对××假日餐厅进行如下办法宣传。

（1）媒体推广办法，包括社区灯箱、电梯广告以及公司展厅LED电子屏资源利用。

（2）其他宣传办法，包括宣传画册、VIP卡、宣传折页、邀请函及××展架海报推广宣传。

请公司领导审批！

餐厅项目部

××年×月×日

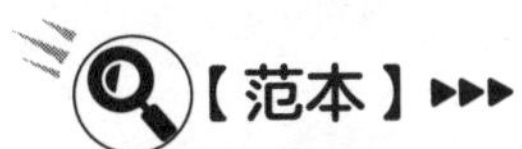

关于更换餐饮材料、调料供应商的请示

为降低酒店餐饮材料、调料的采购成本，确保酒店经营利润，经研究决定对餐饮材料、调料的采购工作，实行同等质量、规格、品牌、产地等项目进行价格多方对比的方法，选择低于市场价格的供应商来保证酒店日常经营需要。酒店财务部正在竭力寻找价格更低、品质更好的供应商，以符合我们的高品质标准。

原调料供应商××有限公司的报价与服务存在问题。在调料报价方面，存在价格虚高问题；在送货及时性方面，存在松散、到货不及时等现象。为此，财务部多次邀请该公司就上述问题等进行协商解决，并要求及时整改和调价，但是收效不大。根据酒店经营业务发展的需求，结合××的情况，我部通过询价、考察、比较等方式，决定由××为酒店供应下一年度的餐饮材料、调料类产品，并通过了×个月的试用期，在试用期内该公司的产品价格、卫生达标情况、经营模式和服务标准、人员配备和设备设施等情况，均符合酒店标准。所以我部门通过前后情况对比，申请更换调料供应商。

妥否，请批示！

呈报人：××

××年×月×日

第九节　通知

一、通知的定义

通知，是运用广泛的知照性公文，用来发布法规、规章，转发上级单位、同级机关和不相隶属机关的公文，批转下级单位的公文，要求下级单位办理某项事务等。

二、通知的种类

根据适用范围的不同，可以分为六大类，如图3-28所示。

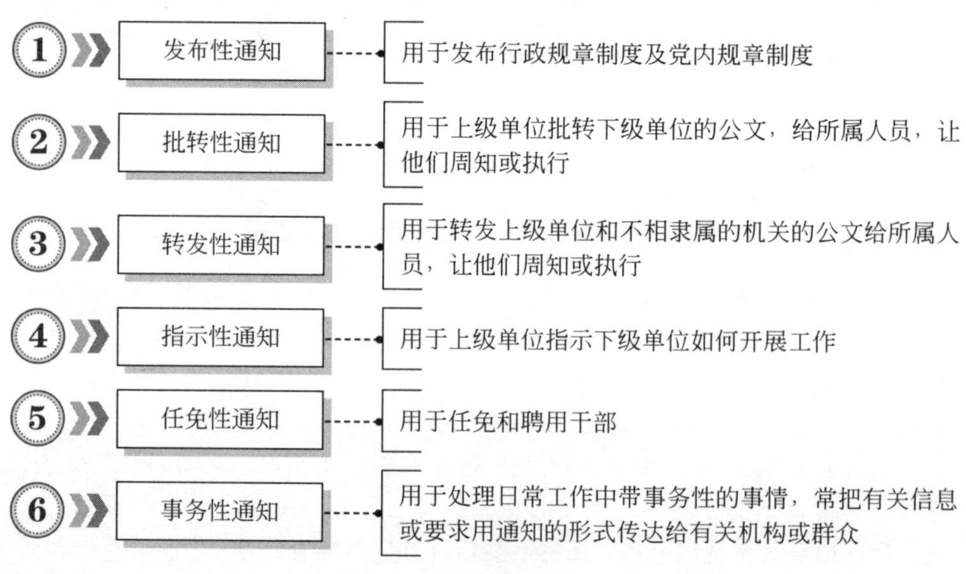

图3-28　通知的种类

三、通知的结构

通知一般由标题、称呼、正文、落款四部分组成。

1.标题

标题写在第一行正中，可只写“通知”二字，如果事情重要或紧急，也可写“重要通知”或“紧急通知”，以引起注意。有的在“通知”前面写上发通知的单位名称，还有的写上通知的主要内容。

2.称呼

标题写被通知者的姓名或职称或单位名称，在第二行顶格写。如通知事项简短，内容单一，书写时可略去称呼，直起正文。

3.正文

另起一行，空两格写正文。正文因内容而异。开会的通知要写清开会的时间、地点、参加会议的对象以及开什么会，还要写清要求；布置工作的通知，要写清所通知事件的目的、意义以及具体要求和做法。

4.落款

分两行写在正文右下方，一行署名，一行写日期。

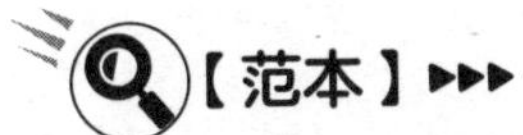

关于举办全国首届宴席赛暨第七届全国江河湖鲜烹饪技能大赛的通知

中烹协〔××〕×号

各省、自治区、直辖市、省会、城市贸易（商务）主管等部门，各省、市烹饪（饮食、餐饮）行业协会，餐饮企业及有关专业院校、企事业单位：

为进一步贯彻厉行勤俭节约、反对铺张浪费的号召，落实《商务部关于加快发展大众化餐饮的指导意见》的精神，促进与推动传统宴席及其文化的传承创新，交流与拓展江河湖鲜原料的烹饪应用，繁荣与丰富餐饮消费市场，现定于××年12月11～13日在××举办全国首届宴席赛暨第七届全国江河湖鲜烹饪技能大赛。

为保证比赛的有序进行，现将具体事宜通知如下，请各有关单位接到通知后积极组织好参赛报名工作。

一、组织机构

主办单位：中国烹饪协会。

承办单位：中国烹饪协会名厨委员会、××酒店。

二、时间地点

（1）时间：××年×月11～13日（11日报到，12～13日比赛，13日下午颁奖）。

（2）地点：××省××酒店（××省××市××路×号）。

三、项目内容

（一）比赛内容

设宴席团体赛和个人赛两项。

（1）宴席团体赛：按每桌价格1288元、1688元、2388元、2888元、3888元设五个标准，原料均自备，不限原料、种类和烹调技法。

其中1288元菜点数量为12道作品（8道热菜、2道凉菜、2款面点）；1688元、2388元为16道作品（10道热菜、4道凉菜、2款面点）；2888元、3888元为20道作品（12道热菜、6道凉菜、2款面点）。除8道个人赛作品需现场制作、完成后摆放到展台外，其余菜品均预制后提前摆放展台，展台统一为2米直径圆桌。

（2）个人赛：设热菜、凉菜、面点三项，比赛时间均为60分钟，原料均自备，作品应符合江河湖鲜主题，不限种类和烹调技法，可申请提前初加工。

其中热菜项要求现场制作热菜两款，凉菜项现场制作拼盘和凉菜各一款，面点项现场制作面点两款。

（二）注意事项

（1）同一单位4人参赛，个人成绩合计后取平均值，计入团体赛比赛成绩。

（2）宴席团体展台要求如下。

——台面设计、菜肴品种与酒店实际宴席消费相结合。

——宴席台面杜绝浮夸与浪费，协调一致。

——宴席毛利率控制得当。

——宴席名称与菜名相结合，现场完成标准宴席的8道菜肴制作。

——其他品种、装饰可提前布置、做好。

（3）每位选手可携一名助手参赛，但主要工序和烹制成熟成型应由选手本人完成。

（4）参赛作品要求操作方便、适应经营、新颖独特，用料严格遵守三不原则，即不使用高价高档食材、不使用国家明令保护的动植物原料、不乱用添加剂。

（5）重点考察选手的烹饪技艺，注重用最适合的烹饪技法呈现寻常江河湖鲜食材的极致滋味，突出作品色、香、味、形、器的完美统一，避免器皿喧宾夺主，华而不实。

（6）每款作品均须附带作品说明表。除整鱼、拼盘外，成品数量统一要求为6人量（各吃形式4份），均另备一份2人量尝碟供评委品评。

（7）讲求作品卫生，注重食品安全。

（8）厉行勤俭节约，反对铺张浪费，比赛过程中应节约用材、用水、用电、用气，撤展时菜品由选手各自打包带走。

四、奖项设置

（1）宴席团体赛：最佳宴席展示金杯奖20%；最佳宴席设计金杯奖30%；最佳宴席创意金杯奖30%；最佳宴席制作金杯奖20%，颁授奖品和证书。

（2）个人赛：最佳菜品技能奖；最佳菜品创意奖；最佳菜品优胜奖和优秀奖，颁授奖品和证书。

（3）成绩优异的选手，优先吸纳为中国烹饪协会名厨委员会新星俱乐部成员。

五、参赛报名

（一）参赛条件

具备以下条件之一者，均可报名。

（1）中国烹饪协会名厨委员会新星俱乐部成员。

（2）地市以上餐饮名店、星级酒店、宴席制作团体名店。

（3）从事烹饪专业工作五年以上的在职厨师。

（4）地市级以上餐饮名店、星级酒店的烹饪技术骨干。

（5）有三年以上教龄的烹饪专业院校教师。

（6）从事烹饪科研的人员和在江鲜烹饪方面有特殊技能的人员。

（二）报名方法

（1）可通过中国烹饪协会官方网站下载竞赛细则、报名表等有关资料，向中国烹饪协会名厨委员会提交报名表（附件），经审查批准获参赛资格。

（2）报名参赛，个人赛每项收取报名费请电询，宴席团体赛的4名选手缴一定费用后不需要额外支付其他费用。

（3）选手可报兼项，备料及食宿交通自理。

六、联系方式

（一）中国烹饪协会名厨委员会

联系人：××（××××××）、××（××××××）。

传真：××××××。

邮箱：××××@163.com、××××@163.com。

地址：××市××路××号。

（二）××市××酒店

联系人：××（××××××）、××（××××××）、××（××××××）、

××（×××××××）。

邮箱：××××@qq.com。

附件：

（1）全国首届宴席赛暨第七届全国江河湖鲜烹饪技能大赛评判细则（略）

（2）全国首届宴席赛暨第七届全国江河湖鲜烹饪技能大赛报名表（略）

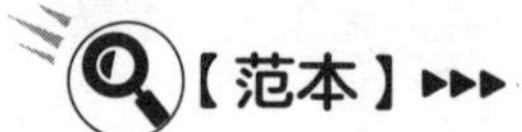

【范本】

关于召开××（第20届）中国快餐产业大会的通知

各会员单位，快餐及相关企业：

××年我国进入“十三五”时期，给餐饮行业带来了新的发展契机，为促进中国快餐产业实现跨越式发展，中国烹饪协会定于××年9月上旬在北京召开“××（第20届）中国快餐产业大会”。此次大会，将延续20届以来中国快餐发展之路，以国际化视角，开启中国快餐创新发展新航程。现将相关事宜通知如下。

一、时间地点

时间：××年×月×日～×日上午（×日报到）。

地点：××市（具体安排收到回执表后发报到通知）。

二、组织机构

主办单位：中国烹饪协会。

承办单位：中国烹饪协会快餐委员会。

支持单位：××咨询（上海）有限责任公司；天津××餐饮服务咨询有限公司。

协办单位：××饮食策划。

三、主题

一路有你，因你精彩。

四、主要内容

1.精彩20届，共享辉煌

盛邀国内外快餐翘楚，共同分享中国快餐业20年的硕果与荣耀，共同开启中国餐饮新航程。

2.产业前沿，权威发布

聚焦××年度中国快餐五十强、快餐行业消费者洞察趋势报告。

3. 国际巨头，释道揭秘

海外最具实力和规模的快餐巨头分享品牌传奇故事与经营秘诀。

4. 快餐新概念，定义未来

大众消费时代，打造快餐轻奢新体验；互联网+“芯”，成就智慧餐饮。

五、参会事项

（1）参会对象：中国烹饪协会会员、快餐委员会委员，全国餐饮企业董事长、总经理等高层管理人员。

（2）会务费用：请电询。

（3）汇款方式如下。

户名：××。

开户行：××银行。

账号：×××××××××××。

（4）请参会代表于8月22日前将回执（见附件）和汇款凭证发至快餐委员会。

六、联系方式

联系人：××、××。

电话：×××××××××。

邮箱：×××××××××。

附件：××（第20届）中国快餐产业大会报名表（略）。

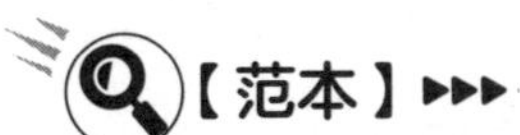

关于餐饮业团体标准立项征集的通知

中烹协〔××〕×号

各地烹饪（餐饮）行业协会、各餐饮业有关单位：

根据《深化标准化工作改革方案》（国发〔××〕×号）、《关于培育和发展团体标准的指导意见》（国质检标联〔××〕×号）等有关文件的精神，为了做好餐饮行业团体标准制定、修订工作，完善餐饮业标准体系，中国烹饪协会于××年×月正式发布《中国烹饪协会团体标准管理办法（试行）》（中烹协〔××〕×号），通过全国团体标准信息平台公示，经国家标准化管理委员会批准，中国烹饪协会已正式获得自主制定发布餐饮业团体标准资质，标准编号为T/CCA。现正式向全行业征集××年度餐饮业团体标准立项申请，具体要求如下。

一、立项条件与范围

立项申请应当紧密围绕餐饮行业发展需求，坚持问题导向、需求导向、目标导向，具有可行性，与现行标准无交叉、无重复，重点申报餐饮业产品、技术、服务、安全和评价等亟须的标准。

二、立项申请要求

立项申请应当具备扎实的前期调研基础，主要技术指标和标准内容要科学合理，并在企业内得到应用和验证。申请说明应当包括立项目的、立项理由、标准适用范围和技术要求、国内外相关标准情况等。

三、报送程序与方式

（1）申请者向我会提出餐饮行业团体标准的制、修订立项申请，应填写《中国烹饪协会团体标准制修订立项申请书》，我会会员单位的立项申请将被优先考虑。

（2）报送方式。登录http://www.××.com.cn进入公告通知页面，下载《中国烹饪协会团体标准制修订立项申请书》。电子版填写后发送至××××@126.com，同时打印纸质版盖章后报送至我会（邮寄地址：××市××区××路×号××座×层，邮编××××××）。

联系人：××、××。

联系电话：×××××××、×××××××。

附件：中国烹饪协会团体标准制修订立项申请书（略）。

第十节　意见

一、意见的定义

意见的本意是人们对事物所产生的看法或想法。意见是上级领导机关对下级单位部署工作，指导下级单位工作活动的原则、步骤和方法的一种文体。意见的指导性很强，有时是针对当时带有普遍性的问题发布的，有时是针对局部性的问题而发布的，适用于对重要问题提出见解和处理办法。

二、意见的特点

从字面上理解，意见多代表的是个人主观意念上对客观事件或人物的见解，带有较为强烈的主观意愿和色彩，但意见并不代表建议，通常只是表达自己的观点，要落到实处，还需要从实际情况出发进一步规划和整理。

意见的特点主要有四项，如图3-29所示。

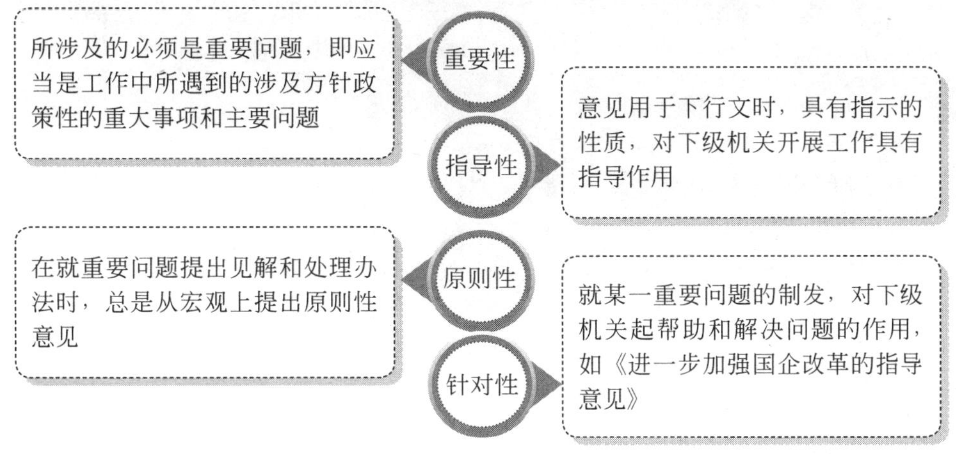

图3-29 意见的特点

三、意见的写作格式

意见的正文一般由开头、主题、结尾组成。

开头，概括性说明制定意见的缘由、目的或依据，常用“现提出如下意见”作为承启语转入意见的主体部分。

主体，主体部分解决“如何认识”和“如何解决”这两个问题。结构安排上应先写原则性指导意见，后写具体性指导意见；先写理论性认识，后写解决办法。内容较多篇幅较长的意见，可以用序号或小标题形式排列，以使结构更清晰明朗。

结尾，上报的意见，结尾可提出请求批转的要求，如“以上意见如无不妥，请批转各地（单位）执行。”下发的意见一般要求下级结合实际情况贯彻执行，有的还可以提出在贯彻执行中遇到的困难和问题及时上报或结合本单位实际情况制定具体实施方案的要求。

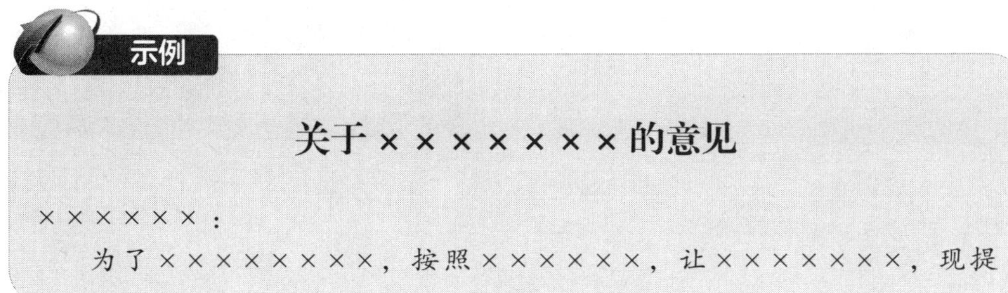

示例

关于×××××××的意见

××××××：

为了×××××××××，按照××××××，让××××××××，现提

出如下意见。

1.

2.

3.

4.

5.

……

××年×月×日

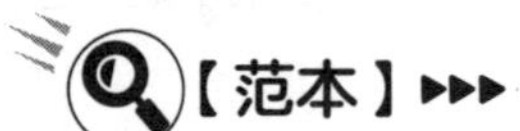

实施餐饮服务食品安全相关指导意见

各省、自治区、直辖市及新疆生产建设兵团食品药品监督管理局，××市卫生局、××省卫生厅：

为进一步加强餐饮服务食品安全管理，落实餐饮服务单位食品安全主体责任，提高餐饮服务食品安全监管效能和水平，根据《食品安全法》《食品安全法实施条例》《餐饮服务许可管理办法》《餐饮服务食品安全监督管理办法》等法律、法规、规章的有关规定，现就实施餐饮服务食品安全监督量化分级管理工作提出如下指导意见。

一、指导思想

深入贯彻科学发展观，大力践行科学监管理念，全面落实餐饮服务食品安全责任，以诚信经营和规范操作为重点，坚持日常监管与量化分级相结合，动态考评与年度考评相结合，统一要求与因地制宜相结合，全面加强餐饮服务食品安全监督量化分级管理，努力提高餐饮服务单位食品安全管理水平。

二、实施原则

坚持“依法行政、全面覆盖、公开透明、量化评价、动态监管、鼓励进步”的原则，积极推进餐饮服务食品安全监督量化分级管理；严格依照食品安全法律法规等要求，对取得餐饮服务许可证的各类餐饮服务单位开展食品安全监督量化分级管理；建立科学规范的评定标准和程序，及时向社会公示餐饮服务单位食品安全监督量化分级情况，接受社会监督，确保公开、公平和公正；鼓励餐饮服务单位加强食品安全管理，提高餐饮服务食品安全等级，鼓励监管部门合理配置监管资源，努力提高监管效能和水平。

三、主要内容

（一）评定范围

对持《餐饮服务许可证》的餐饮服务单位，包括餐馆、快餐店、小吃店、饮品店、食堂、集体用餐配送单位和中央厨房等，进行餐饮服务食品安全等级评定。

（二）评定依据

评定依据为《食品安全法》《食品安全法实施条例》《餐饮服务许可管理办法》《餐饮服务食品安全监督管理办法》《餐饮服务许可审查规范》《中央厨房许可审查规范》和《餐饮服务食品安全操作规范》等法律、法规、规章和规范性文件。

（三）评定项目

评定项目主要包括：许可管理、人员管理、场所环境、设施设备、采购储存、加工制作、清洗消毒、食品添加剂和检验运输等。

（四）等级划分

餐饮服务食品安全监督量化等级分为动态等级和年度等级。动态等级为监管部门对餐饮服务单位食品安全管理状况每次监督检查结果的评价。动态等级分为优秀、良好、一般三个等级，分别用大笑、微笑和平脸三种卡通形象表示。年度等级为监管部门对餐饮服务单位食品安全管理状况过去12个月期间监督检查结果的综合评价，年度等级分为优秀、良好、一般三个等级，分别用A、B、C三个字母表示。

（五）评定标准

（1）动态等级。餐饮服务食品安全监督动态等级评定，由监督人员按照《餐饮服务食品安全监督动态等级评定表》进行现场监督检查并评分。评定总分除以检查项目数的所得，为动态等级评定分数。检查项目和检查内容可合理缺项。评定分数在9.0分以上（含9.0分），为优秀；评定分数在8.9分至7.5分（含7.5分），为良好；评定分数在7.4分至6.0分（含6.0分），为一般；评定分数在6.0分以下的，或2项以上（含2项）关键项不符合要求的，不评定动态等级。

（2）年度等级。餐饮服务食品安全监督年度等级评定，由监督人员根据餐饮服务单位过去12个月期间的动态等级评定结果进行综合判定。年度平均分在9.0分以上（含9.0分），为优秀；年度平均分在8.9分至7.5分（含7.5分），为良好；年度平均分在7.4分至6.0分（含6.0分），为一般。

（3）不予评级情形。对新办《餐饮服务许可证》的餐饮服务单位，在《餐饮服务许可证》颁发之日起3个月内，不给予动态等级评定；在《餐饮服务许可证》颁发之日起4个月内，完成动态等级评定。对造成食品安全事故的餐饮服务单位，要求其限期整改，并依法给予相应的行政处罚，6个月内不给予动态等级评定，并收回餐饮服务食品安全等级公示牌，同时监管部门加大对其监督检查频次，6个月期满后方可根据实际情况评定动态等级。动态等级评定过程中，发现餐饮服务单位存在严重违法违规行为，需要给予警告以外行政处罚的，2个月内不给予动态等级评定，并收回餐饮服务食品安全等级公示牌，同时监管部门加大对其监督检查频次，2个月期满后方可根据实际情况评定动态等级。

（六）评定程序

（1）等级评定。由监管部门选派2名执法人员进行现场检查。检查人员按照《餐饮服务食品安全监督动态等级评定表》检查内容，对被检查餐饮服务单位食品安全管理状况进行量化评定，并由检查人员和被检查餐饮服务单位食品安全管理人员签字。

（2）监督频次。动态等级评定为优秀的，原则上12个月内至少检查1次；评定为良好的，原则上6个月内至少检查1次；评定为一般的，原则上4个月内至少检查1次。具体检查频次和间隔由各省（区、市）食品药品监管部门确定。

（3）等级公布。各省（区、市）食品药品监管部门可从附件2和附件3中选择其中之一样式，作为本地餐饮服务食品安全等级公示形式。餐饮服务食品安全等级公示牌应摆放、悬挂、张贴在餐饮服务单位门口、大厅等显著位置，严禁涂改、遮盖。监管部门应在监督检查餐饮服务单位后的15个工作日内，公示其动态等级评定结果，并将其作为餐饮服务单位食品安全监管信用信息进行管理。

（4）等级调整。动态等级评定为较低等级的，餐饮服务单位可在等级评定2个月后向属地监管部门申请等级调整，经评定达到较高动态等级的，监管部门调整动态等级。

四、工作要求

（一）加强组织领导

实施餐饮服务食品安全监督量化分级管理制度是践行科学监管理念，强化餐饮服务食品安全管理，促进餐饮服务食品安全责任落实的积极探索。各地食品药品监管部门要高度重视，切实加强组织领导，不断完善工作机制，积极稳妥推进实施。对实际工作中遇到的问题，要深入研究，科学分析，及时解决，确保餐饮服务食品安全监督量化分级管理工作的顺利实施。

（二）细化具体要求

省级食品药品监管部门应结合本地实际情况，制定具体实施方案，细化评定内容和要求，并统一公示样式，进一步增强工作的可操作性。

（三）强化人员培训

各地食品药品监管部门要对餐饮服务食品安全监管人员组织开展专题培

训，使监管人员充分认识开展餐饮服务食品安全监督量化分级管理工作的重要意义，准确掌握餐饮服务食品安全等级评定标准和要求，统一评定尺度。

（四）严格等级评定

省级食品药品监管部门要制定餐饮服务食品安全监督量化分级管理工作纪律，确保执法人员在等级评定过程中客观、公正；对于餐饮服务单位有关等级评定工作的投诉和意见，要及时核实、认真处理。

（五）加大宣传公示

各地食品药品监管部门要加大对餐饮服务食品安全监督量化分级管理工作的宣传力度，采取多种方式，向餐饮服务单位宣传餐饮服务食品安全监督量化分级管理工作的重要意义、评定标准、工作程序和有关要求，及时向社会公布餐饮服务食品安全等级，动员社会各界参与监督。

（六）注重信息应用

各地食品药品监管部门要根据本地餐饮服务食品安全监督量化分级管理情况，分析判断本地区餐饮服务食品安全形势，查找监管薄弱环节，有针对性地加强餐饮服务食品安全监管，不断提高监管效能和水平。

第十一节　总结

一、总结的定义

总结是对过去一定时期的工作、学习或思想情况进行回顾、分析，并做出客观评价的书面材料。按内容分，有学习总结、工作总结、思想总结等，按时间分，有年度总结、季度总结、月份总结等。

二、总结的特点

总结主要有两个特点，如图3-30所示。

总结的内容是回顾已经做过的工作，在总结的时间段内，做了多少就写多少，不能无中生有，不能浮夸掺假

总结的目的不仅仅在回顾已经做过的工作，还在于把感性的认识上升到理性的高度，从具体工作中引出经验教训，以便为以后的工作提供借鉴

图3-30　总结的特点

三、总结的种类

从性质、时间、形式等角度可划分出不同类型的总结。

（1）从性质分，主要有综合总结和专题总结两种。综合总结又称全面总结，它是对某一时期各项工作的全面回顾和检查，进而总结经验与教训。

专题总结是对某项工作或某方面问题进行专项的总结，尤以总结推广成功经验为多见。总结也有各种别称，如自查性质的评估及汇报、回顾、小结等都具总结的性质。

（2）根据内容的不同，可以把总结分为工作总结、生产总结、学习总结、教学总结、会议总结等。

（3）根据范围的不同，可以分为全国性总结、地区性总结、部门性总结、本单位总结、班组总结等。

（4）根据时间的不同，可以分为月总结、季总结、年度总结、阶段性总结等。

（5）从内容和性质的不同，可以分为全面总结和专题总结两类。

四、总结的写作格式

总结没有固定的形式，常见的格式由标题、正文和落款三部分组成。

1. 标题

总结的标题有下列3种构成方式，如图3-31所示。

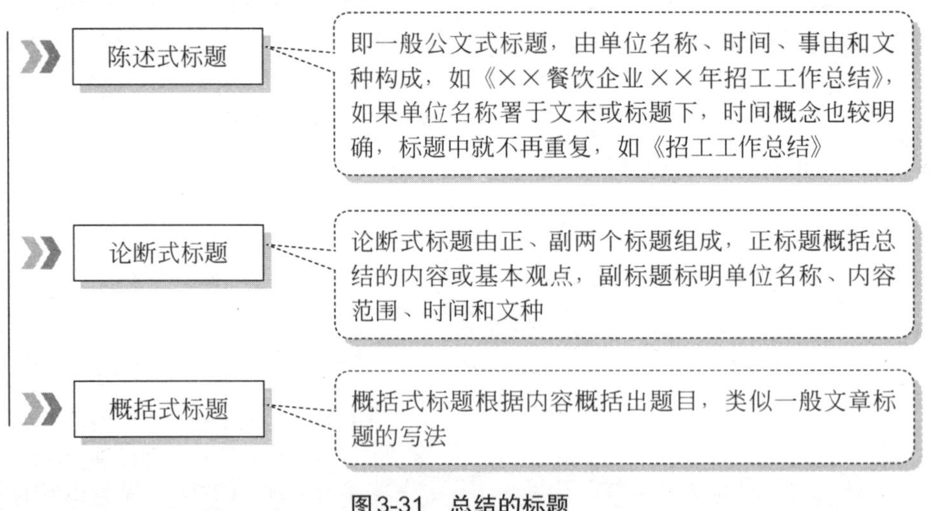

图3-31　总结的标题

2. 正文

（1）前言。正文的前言部分写作主要有4个要点，如图3-32所示。

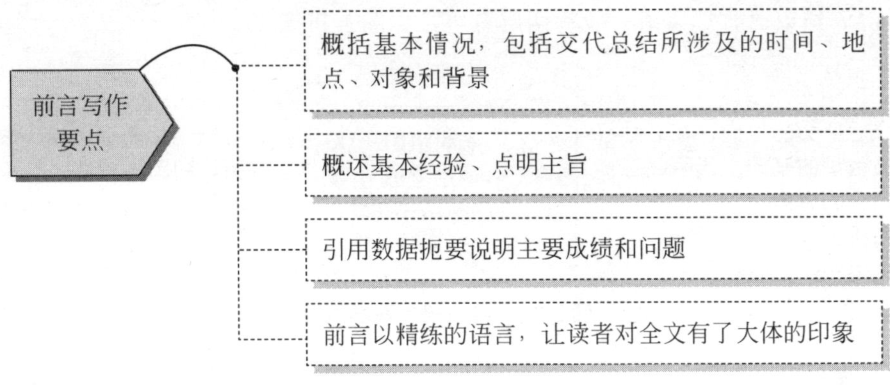

图3-32　前言写作要点

（2）主体。总结的主体包括如下内容，如图3-33所示。

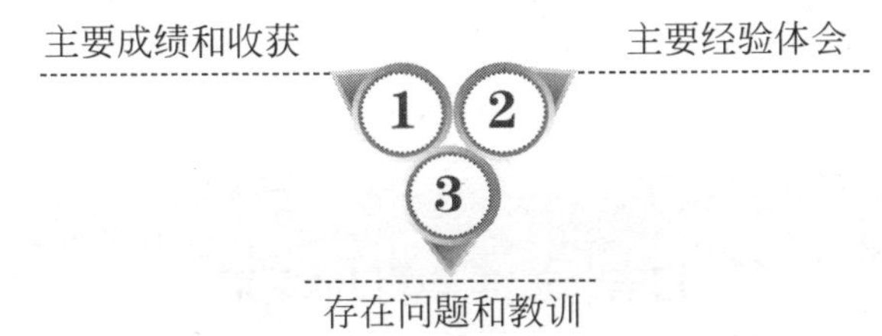

图1-33　主体包含的内容

——主要成绩和收获。成绩和收获是指在实践活动中所取得的物质成果和精神成果。这个内容在不同的总结中有不同的写法。

第一，若是写综合性工作总结则在前言中概括成绩和收获，在主体中详细地、具体地归纳成绩和收获的几个方面。

第二，若是写专题性经验总结，则除在前言部分扼要点明成绩和收获外，其他具体的成绩收获常常在下面写的“经验体会”中，作为各论题的例证之用，不必在此专门写“主要成绩和收获”。

——主要经验体会。经验是指取得优良成绩的原因、条件以及具体做法，体会则是经验的升华、理论的认识。这部分是总结的重心，应下工夫分析、研究、提炼、概括，对是非得失、成败利弊做出科学的判断，找出规律性的认识，上升为精辟的理论概括。若是写经验性总结，则应根据推广经验的需要而使侧重点不同，有的重点阐明工作的成效，有的重点阐明做法的先进，有的重点阐明体会的深刻、认识的提高。

——存在问题和教训。查找工作实践中应当解决而未解决的问题，分析造成问题的原因，从思想方法、工作方法或者是其他主客观原因等方面去查找，从而总结出造成失误的教训。

（3）结束语。结束语一般写两层意思，如图3-34所示。

图3-34　结束语的两层意思

3.落款

落款包括署名和日期。

单位署名，一般在标题中和标题下，也有的随另文发送，总结上不署名。

个人署名一般都在正文的右下方。

拓展阅读

报告、总结、意见的区别

“报告”是上行文，其主要作用是向上级单位汇报工作、反映情况、答复上级单位的询问等。“总结”不是公文文种，但在实际工作中，部分拟稿人习惯将工作总结作为公文文种行文，如在带有工作总结性的公文标题中用“××单位××年××工作总结”等，这样的标题不属于公文的标题。工作总结就是向上级单位汇报工作，可直接使用“报告”文种，主送上级单位（可多头主送），抄送有关机关。如将上述公文标题改为“××单位关于××年××工作情况的报告”，这样就比较规范了。

“意见”是对重要的问题提出见解和处理办法的公文文种，可用于上行文、平行文和下行文。作为上行文，应按请示性公文的程序和要求办理；作为平行文，提出的意见供受文单位参考；作为下行文，对贯彻执行有明确要求的，下级单位应遵照执行，无明确要求的，下级单位可参照执行。

在实际工作中，部分拟稿人往往将“工作打算”“工作安排”和“工作计划”作为公文文种行文，如“××单位××年××工作打算”或“工作安排”“工作计划”等，都是欠妥的。“工作打算”“工作安排”和“工作计划”不是公文文种。可直接使用下行文的意见文种，规范的标题应为“××单位关于××年××工作的意见”。

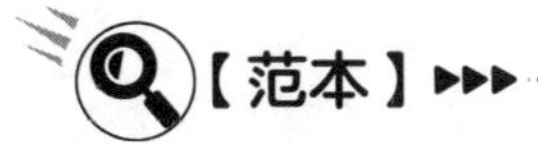

个人餐饮年终总结

岁月如梭，光阴似箭，转眼间入职××大酒店餐饮部工作已满一年，根据餐饮部经理的工作安排，主要负责部门各餐厅、酒吧及管事部的日常运作和部门的培训工作，现将本年度工作开展情况做总结汇报，并就××年的工作打算作简要概述。

作为国际知名的品牌酒店，餐饮部的经营与管理已很成熟，市场知名度较高，经过15年的管理经验沉积和提炼，已形成了自己的管理风格，要在服务管理和培训上取得突破困难较大。入职后，根据餐饮部实际状况，本人提出了“打造优秀服务团队”的管理目标和口号，旨在提高整体服务水平，树立良好的行业形象。入职一年以来，主要开展了以下几方面的工作。

一、以提升服务品质为核心，加强服务品质工程建设

餐饮服务品质的建设，是一个庞大的系统工程，是餐饮管理实力的综合体现，××年度，在对各运作部门的日常管理及服务品质建设方面开展了以下工作。

1. 编写操作规程，提升服务质量

根据餐饮部各个部门的实际运作状况，编写了《宴会服务操作规范》《青叶庭服务操作规范》《西餐厅服务操作规范》《酒吧服务操作规范》《管事部服务操作规范》等，统一了各部门的服务标准，为各部门培训、检查、监督、考核确立了标准和依据，规范了员工服务操作。同时根据贵宾房的服务要求，编写了贵宾房服务接待流程，从迎客接待、语言要求、席间服务、酒水推销、卫生标准、物品准备、环境布置、视听效果、能源节约等方面作了明确详细的规定，促进了贵宾房的服务质量。

2. 加强现场监督，强化走动管理

现场监督和走动管理是餐饮管理的重要形式，本人坚持在当班期间按二八原则进行管理时间分配（百分之八十的时间在管理现场，百分之二十的时间在做管理总结），并直接参与现场服务，对现场出现的问题给予及时的纠正和提示，对典型问题进行记录，并向各部门负责人反映，分析问题根源，制订培训计划，堵塞管理漏洞。

3. 编写婚宴整体实操方案，提升婚宴服务质量

宴会服务部是酒店的品牌项目，为了进一步提升婚宴服务的质量，编写了《婚宴服务整体实操方案》，进一步规范了婚宴服务的操作流程和服务标准，突显了婚礼现场的气氛，并邀请人力资源部对婚礼司仪进行了专场培训，使司仪主持更具特色，促进了婚宴市场的口碑。

4.定期召开服务专题会议，探讨服务中存在的问题

良好的服务品质是餐饮竞争力的核心，为了保证服务质量，提高服务管理水平，提高顾客满意度，将每月最后一天定为服务质量专题研讨会日，由各餐厅4～5级管理人员参加，分析各餐厅当月服务状况，检讨服务质量，分享管理经验，对典型案例进行剖析，寻找问题根源，研讨管理办法。在研讨会上，各餐厅相互学习和借鉴，与会人员积极参与，各抒己见，敢于面对问题，敢于承担责任，避免了同样的服务质量问题在管理过程中再次出现。这种形式的研讨，为餐厅管理人员提供了一个沟通交流管理经验的平台，对保证和提升服务质量起到了积极的作用。

5.建立餐厅案例收集制度，减少顾客投诉几率

本年度餐饮部在各餐厅实施餐饮案例收集制度，收集各餐厅顾客对服务质量、出品质量等方面的投诉，作为改善管理和评估各部门管理人员管理水平的重要依据。各餐厅管理人员对收集的案例进行分析总结，针对问题拿出解决方案，使管理更具针对性，减少了顾客的投诉几率。

二、组织首届服务技能竞赛，展示餐饮部服务技能

为了配合酒店15周年庆典，餐饮部8月份组织各餐厅举行了首届餐饮服务技能暨餐饮知识竞赛，编写了竞赛实操方案，经过一个多月的准备和预赛，在人力资源部、行政部的大力支持下，取得了成功，得到上级领导的肯定，充分展示了餐饮部娴熟的服务技能和过硬的基本功，增强了团队的凝聚力，鼓舞了员工士气，达到了预期的目的。

三、开展各级员工培训，提升员工综合素质

本年度共开展了15场培训，其中服务技能培训3场，新人入职培训3场，专题培训9场，课程设置构想和主要内容如下。

1.拓展管理思路，开阔行业视野

各餐厅中层管理人员大部分是由低层员工逐步晋升而来（有些管理人员在同一岗位工作已有四、五年时间），管理视野相对狭窄，为了加强他们的管理意识、拓展行业视野及专业知识，本年度为中层管理人员设置了7场餐饮专业知识培训，主要内容有《顾客满意经营》《餐饮营销知识一》《餐饮营销知识二》《餐饮管理基础知识》《餐饮美学》《高效沟通技巧》《如何有效的管理员工》等。这些课程的设置，在拓展中层管理人员的管理思想、餐饮专业知识及行业视野等方面都有积极作用，同时缓解了在管理过程中的各种矛盾冲突，增进员工与员工之间、员工与顾客之间的感情。

2.培养员工服务意识，提高员工综合素质

为了培养员工的服务意识，提高他们的综合素质，本年度开展了《餐饮服务意识培训》《员工心态训练》《服务人员的五项修炼》《员工礼仪礼貌》《酒水

知识》等培训，这些培训课程，使基层服务人员在服务意识、服务心态、专业服务形象及餐饮专业知识等方面都有所增强，自今年4月份以来，在历次的人力资源组织的大检查中没有出现员工违纪现象。

3.开展服务技能培训，提高贵宾房服务水平

为了提高贵宾房的服务接待能力，开展了《贵宾房服务接待技能培训》、《餐厅点菜技巧培训》，以案例分析、演示的形式对服务接待中出现的问题进行分析说明，并对标准化服务、推销技巧和人性化服务进行了实操演示，提升了贵宾房的服务质量。

4.调整学员转型心态，快速容入餐饮团队

实习生作为餐饮部人员的重要组成部分，能否快速地融入团队、调整好转型心态将直接影响餐饮服务质量及团队建设。根据实习生特点及入职情况，本年度共开展了三场《如何由校园人转化为企业人》的专题培训，其目的是调整学员的心态，正视角色转化，认识餐饮行业特点。该课程的设置，使学员在心理上做好充分的思想准备，缓解了因角色转变的不适应而造成的不满情绪，加快了融入餐饮团队的步伐。

5.结合工作实际，开发实用课程

培训的目的是为了提高工作效率，使管理更加规范有效。7月份，根据各餐厅管理层执行不到位的现象开发了《执行力》课程，使管理人员从根本上认识到"好的制度，要有好的执行力"，并结合各餐厅执行力不够的具体表现以及同行业先进企业对执行力的贯彻，以案例分析的形式进行剖析，使管理者认识到"没有执行力，就没有竞争力"的重要道理，各级管理人员对执行力有了全新的认识和理解，在管理思想上形成了一致。

四、存在的问题和不足

本年度的工作虽然按计划完成了，但在完成的质量上还做得不够，就部门运作和培训工作来看，主要表现在以下3个方面。

1.管理力度不够，用力不均，部分环节薄弱

在管理过程中对部分敏感问题管理力度较弱，对多次出现的服务质量问题不能一针见血的向管理人员提出，使部分管理问题长期存在，不能从根本上得到解决。同时将主要精力放在楼面服务质量方面，削弱了对管事部、酒水部的管理。

2.培训互动环节不够

在培训过程中互动环节不多，员工参与的机会较少，减少了课堂的生气和活力。

3.课程容量太大，授课进度太快，讲话语速太快

餐饮专业知识课程设置容量太大，在培训过程中进度太快，语速太快，使

受训人员对培训内容不能深入理会，削弱了这部分课程的培训效果。

五、××年工作打算

××年是一个机会年，要夯实管理基础，为酒店升级做足充分准备，进一步提高服务品质，优化服务流程，提升现有品牌档次，打造新的品牌项目，制造服务亮点，树立良好的餐饮品牌形象。

1.优化婚宴服务流程，再次提升服务品质

将对××年婚宴整体策划方案进行流程优化，进一步提升和突出主持人的风格，在婚礼主持环节加入更多的流行元素（对背景音乐进行调整），对现场喜庆气氛进行包装提升，突出婚礼的亮点，加深现场观众对婚礼的印象，争取更多的潜在顾客，把婚宴服务这块金字招牌擦的更亮。

2.提升研讨会质量，建立良好的沟通平台

在现有服务质量研讨会的基础上进一步深化专题会的内容，扩大参会人数（酒吧、管事部的负责人参加），提升研讨会的深度和广度，把服务质量研讨会建设成为中层管理人员的沟通平台，相互学习，相互借鉴，分享管理经验，激发思想火花，把质量研讨会打造成餐饮部的管理品牌项目。

3.建立月度质量检查机制，公布各部门每月质量状况

××年将根据××质量检查标准对餐饮部各部门的卫生状况、工程状况、设备设施维护状况、安全管理、服务质量、员工礼仪礼貌、送餐服务、标识规范等内容进行全面监督检查，每月定期公布检查结果，对不合格的部门和岗位进行相应的处罚，形成“质量检查天天有，质量效果月月评”的良好运作机制，把质量管理工作推上一个新台阶。

4.以贵宾房为平台，制造服务亮点，树立优质服务窗口

将在现有服务水准的基础上对贵宾房服务进行创新提升，主抓服务细节和人性化服务，并对贵宾房的服务人员进行结构性调整，提高贵宾房服务人员的入职资格，提升服务员的薪酬待遇，把贵宾房接待服务打造为餐饮部的服务典范，树立餐饮部的优质服务窗口，制造服务亮点，在宴会服务品牌的基础上再创新的服务品牌。

5.协助餐饮部经理，共同促进出品质量

出品是餐饮管理的核心，××年度将协助餐饮部经理在顾客意见收集、出品质量监督等方面做足工作，共同促进出品质量。

6.调整培训方向，创建学习型团队

××年将对培训方向进行调整，减少培训密度，注重培训效果，提供行业学习相关信息，引导员工学习专业知识，鼓励员工积极参与餐饮服务技能考核、调酒师职业资格认证和餐饮专业知识方面的学习，在餐饮部掀起学习专业知识的热潮，对取得国家承认的各种行业资格证书的员工进行奖励，培养知识

型管理人才，为酒店星级升级作好优秀管理人员的储备工作，把餐饮部打造成为一支学习型的团队。

7.优化培训课程，提升管理水平

××年的部门培训主要课程设置构想是：把××年的部分课程进行调整、优化，使课程更具针对性、实效性。主要优化课程为：《顾客投诉管理》《餐饮人员的基本礼仪》《如何由校园人转化为企业人》《顾客满意经营》《如何有效的管理好员工》《员工心态训练》《服务人员的五项基本修炼》。拟订新开设的课程为：《时间管理》《餐饮六常管理法》《食品安全与营养》《菜单制作》《管理者情商》等，其中《餐饮六常管理法》将作为年度主要课程进行专题培训，并将把日常管理工作与所学内容紧密结合，全面推动餐饮管理。

8.配合人力资源部，培养员工企业认同感，提高员工职业道德修养

积极配合人力资源部的各项培训工作，弘扬企业文化，培养员工对企业的认同感，提高员工的职业道德修养，增强员工的凝聚力。

××年度工作的顺利开展，全赖于领导的悉心指导和关怀，也离不开人力资源部和行政部的帮助，更得力于餐饮部各分部门对我工作的大力支持。新年新希望，希望来年在工作中能得到领导更多的指导和指正，能得到同事们在工作上更加友好、积极的配合和支持。新年新起点，希望在来年能将餐饮管理工作推上一个新台阶，使管理更加完善、更加合理、更加科学。总结过去，展望未来，在新历开篇之际，我将继续发扬优点，改正不足，进一步提升管理水平，为打造一支学习型的、优秀的餐饮服务团队而努力！

餐饮部副经理：××

××年×月×日

第四章　餐厅通用公文写作

第一节　制度

一、制度的定义

制度一般指要求大家共同遵守的办事规程或行动准则，也指在一定历史条件下形成的法令、礼俗等规范或一定的规格。在不同的行业、不同的部门、不同的岗位都有其具体的做事准则，目的都是使各项工作按计划按要求达到预计目标。

二、制度的特点

餐厅的制度的特点包含三个方面，如图4-1所示。

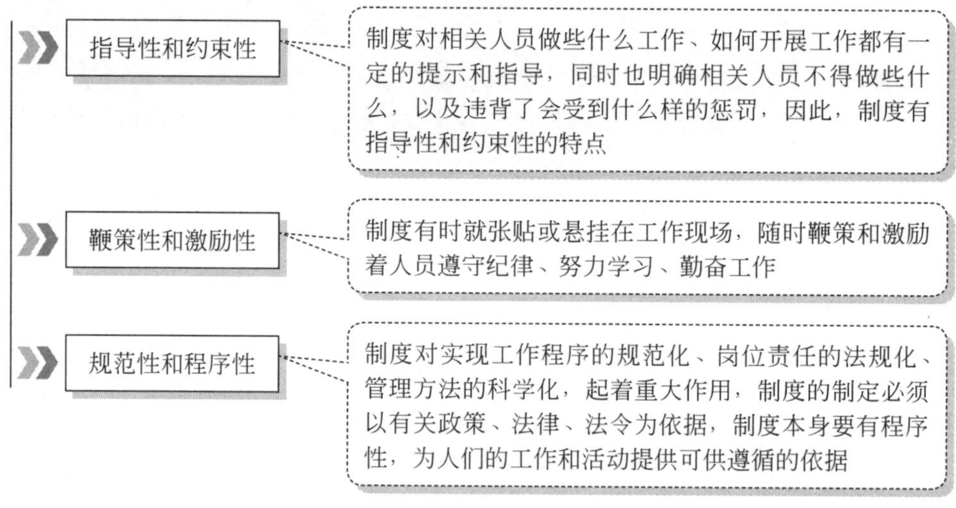

图4-1　餐厅制度的特点

三、制度的写作格式

1.标题

制度的标题主要有两种构成形式：一种是以适用对象和文种构成，如《保密制度》《档案管理制度》；另一种是以单位名称、适用对象、文种构成，如《××餐厅客房管理制度》。

2.正文

制度的正文有多种写法，主要可以概括为三种情况，如图4-2所示。

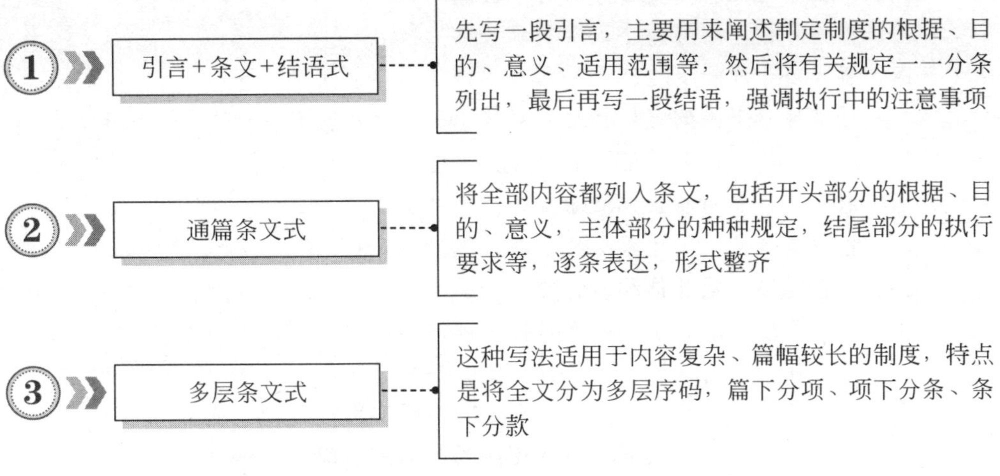

图4-2　制度的正文写法

3.制发单位和日期

如有必要，可在标题下方正中加括号注明制发单位名称和日期，其位置也可以在正文之下，相当于公文落款的地方。

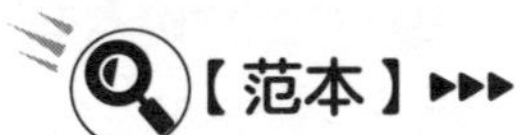

餐饮管理制度

第一节　餐厅日常工作制度

一、遵守工作纪律，按时上下班，做到不迟到、不早退。

二、按规定着装，保持良好形象。

三、工作中不准嬉笑打闹，不准聊天、干私活、吃零食、看电视、玩手机。

四、不准与顾客发生纠纷。

五、工作中做到“三轻”（动作轻、说话轻、走路轻）、“四勤”（眼勤、嘴勤、手勤、腿勤）。

六、工作中按规定用餐，不准吃、拿出售的成品。

七、休事假或公休要提前请假，按服务区《考勤和请销假制度》执行。

八、爱护设施、设备，人为损坏，照价赔偿。

九、落实例会制度，对工作进行讲评。

第二节　餐具卫生管理制度

一、餐具经消毒后必须存放在保洁柜内。

二、员工不准私自使用餐厅各种餐具。

三、保洁柜内不得存放个人餐具和物品。

四、餐具要干净、卫生，无手印、水迹、菜渍、灰尘。

五、经常检查餐具的完好状况，对残损餐具要及时更换。

第三节　餐厅个人卫生管理制度

一、服务人员必须有本人健康证明，持证上岗。

二、按规定着装，工作服必须干净，无污渍。

三、工作时不许戴首饰和各种饰品。

四、工作前按要求洗手，始终保持手部清洁。

五、不准在食品区或客人面前打喷嚏、抠鼻子等。

六、上班前不准吃异味食品，不准喝含酒精饮料。

第四节　餐厅设施设备保养制度

一、餐厅的设施、设备按规定要求定期进行保养。

二、保温台每班要及时加水，避免干烧情况发生。

三、定时清洗空调滤网。

四、调整保温台温度要轻扭开关，避免用力太猛，造成损坏。

五、保温台换水要先关电源，后放水，再清除污垢。

六、对设施、设备出现异常情况及时报告餐厅主管。

第五节　后厨日常工作制度

一、检查工具、用具情况，发现异常情况及时汇报。

二、按岗位要求规范操作，保证质量。

三、爱护公物，不吃、拿后厨食物及原料。

四、值班期间保管好后厨物品，严禁无关人员进入后厨。

五、落实各项安全防范制度，确保后厨的设施、设备、食品原料的安全。

六、遵守工作纪律，有事提前一天请假。

七、落实例会制度，对工作进行讲评。

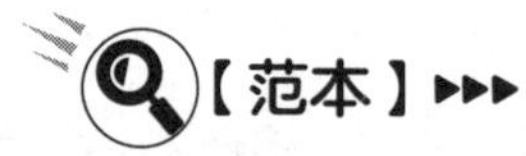

餐饮的基本奖罚制度

一、纪律处分

部分的纪律处分包括口头警告、书面警告、最后警告、辞退或开除四种。

（一）口头警告

（1）进出酒店拒绝保安部员工的检查。

（2）上下班不打卡或委托他人打卡、代替他人打卡。

（3）上班不佩带名牌工卡。

（4）上班时仪容仪表不整，如歪带名牌工卡、头发不整、手插口袋、倚靠墙壁、佩带除婚戒之处饰物、浓妆艳抹、穿拖鞋上班等。

（5）上班迟到、早退。

（6）不按指定的员工通道出入。

（7）上班打私人电话或私自会客。

（8）上岗前或下班后无故在酒店内逗留。

（9）在公开区域逗留串岗，使用客人设施。

（10）与宾客交谈有不礼貌的行为举止。如在宾客面前梳头、打呵欠、伸懒腰、吹口哨、剪指甲等。

（11）上班时间吃零食、看报纸、聊天等。

（12）下班时间私自穿制服在酒店内消费。

（13）随地吐痰，乱扔果皮、纸屑、烟头等杂物。

（14）在客用场所内粗言秽语、高声喧哗、争吵或嬉笑唱歌。

（15）工作时服务效率差，工作粗心。

（16）在非吸烟区吸烟。

（二）书面警告

（1）一个月内迟到早退三次。

（2）旷工一天。

（3）工作不认真，纪律松懈，工作时间听收录机或看电视等。

（4）对上级有不礼貌言行举止。

（5）不服从上级的合法合理命令。

（6）与宾客发生争执或对宾客不礼貌。

（7）工作疏忽使用酒店财产受到损失。

（8）擅自动用宾客使用的物品或器具。

（9）擅自翻动宾客物品。

（10）出示假病假条。

（11）未经部门经理同意擅自调班、调休。

（12）严重违反酒店员工餐厅或宿舍管理条例。

（13）非工作需要，未经同意进入客房。

（14）擅离岗位。

（15）当班时打瞌睡、干私活。

（16）泄露酒店机密。

（17）工作时间喝酒或酒后上班。

（18）对可能发生的事情不汇报或隐瞒。

（19）违反酒店的安全条例与安全管理制度。

（20）将宾客、同事财物遗失、损坏，却没有及时上报，对调查提供假信息。

（21）未经批准在自己的更衣柜内存放酒店、宾客或其他员工财物。

（三）最后警告

（1）一个月连续旷工三天。

（2）在酒店内挑拨打架事件。

（3）未经许可擅自使用酒店长途电话、传真机、复印机和电脑等。

（4）未经许可擅自将酒店财产移到别处。

（5）拒不接受上级或有关部门的调查。

（6）损坏宾客与酒店财产。

（7）对聚众赌博或其他违法行为知情不报，不规劝，互相包庇。

（8）管理不善，造成酒店严重损失。

（9）违反安全防火规章，造成事故隐患。

（10）利用公职谋私利。

（11）私自经商，倒买倒卖。

（12）向宾客索取财物、小费等。

（13）偷钱、伪造单据、与宾客串谋损害酒店利益。

（14）传播、收看黄色淫秽书刊、录像等黄色物品。

（15）酗酒、赌博。

（四）开除或辞退

（1）当班时间在酒店内饮酒。

（2）在酒店内销售私人物品。

（3）服务态度恶劣，受到宾客当面投诉并经调查属实。

（4）偷窃财物，未构成犯罪的。

（5）私换外币。

（6）涂改、假造单据、酒店公文，搬弄是非，诽谤他人，影响团结。

（7）在酒店范围内打架斗殴。

（8）调戏女性，做不道德的交易或其他流氓行为。

（9）蓄意破坏设备设施。

（10）未经批准，私自兼职。

（11）不按规定保管或使用剧毒、易燃、易爆物品。

（12）玩忽职守，违章操作给酒店造成经济损失和责任事故。

（13）因管理指挥不当，造成宾客对酒店服务质量问题进行投诉并经调查属实者。

（14）在酒店内外有损害酒店形象的言行时。

（15）丢失酒店重要钥匙、印章、单据。

（16）明知险情却不及时报告，或接到命令后未及时执行。

（17）经常违反酒店规定，屡教不改者。

（18）触犯《治安管理条例》及国家任何法律。

备注：口头警告一次扣50元，书面警告一次扣100元，最后警告扣200元；以上提及的种种仅为举例，过失行为不局限于以上所列的范围。

二、奖励部分

奖励形式有：酒店通报、大会表扬、授予称号、颁发奖品与奖金、晋升工资或职务。

奖励行为如下。

（1）拾金不昧者，为酒店赢得声誉。

（2）维护酒店正常秩序，揭发、检举坏人坏事。

（3）工作中坚持原则，秉公办事，廉洁奉公。

（4）积极参加培训并获得优异成绩。

（5）全年出满勤，安全无事故，表现良好。

（6）为宾客提供优质服务，工作积极、认真负责，受到宾客表扬。

（7）发现故事苗头，及时性汇报，防止重大事件发生。

（8）严格控制开支，节约费用，成绩显著。

（9）在技术革新、设备发行方面作出贡献。

（10）为酒店的发展和服务质量的提升提出合理化的建议，并经实施有显著成效。

（11）为保护和抢救国家、酒店、宾客财产及生命安全奋不顾身。

（12）在技术考核方面成绩特别优秀。

（13）努力拓展业务，使酒店取得较好经济效益。

（14）在其他方面有突出贡献。

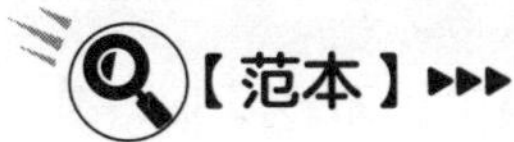

××餐厅员工考勤管理制度

为了加强餐厅员工考勤管理，严格劳动纪律和工作秩序，提高餐厅服务质量和工作效率，特制定本制度。如有违反，将按餐厅有关条例进行处罚。

一、考勤管理

1.考勤内容

（1）上班时间已到而未到岗者，即为迟到。

（2）未到下班时间而提前离岗者，即为早退。

（3）工作时间未经领导批准离开工作岗位者，即为擅离职守。

（4）未按程序请假或请假未获批准而无故不上班者，即为旷工。

2.考勤须知

（1）员工不允许代打卡、虚打卡、迟到、早退。每迟到、早退一次罚款10元（部门无须再另开处罚单，但须如实在考勤汇总表中体现迟到、早退记录）。每月三次迟到、早退者，记过失一次，处罚款50元。

（2）迟到、早退30分钟以上，2小时以内以半天旷工论处，超过2小时者以旷工一天论处。每月迟到、早退累计达3小时者，按一天旷工论处。凡旷工一天者扣发当日3倍的工资；连续旷工两天者扣发当月总工资的50%；连续旷工三天以上按照自动离职处理。

（3）员工串岗、脱岗视为擅离职守，员工每擅离职守一次罚款20元。每月三次擅离职守者，记过失一次，处罚款50元。

（4）餐厅有关部门进行职能检查、专职检查中发现有无故脱岗、串岗者，第一次罚款20元，第二次罚款50元，当月累计三次以旷工一天论处。

（5）考勤卡一律放指定位置，不允许私自带离考勤机打卡区域，不允许私自涂改、销毁，藏匿、违者每发现一次扣罚100元。

（6）员工刷卡区域有监控录像，请各位员工自觉遵守刷卡制度与纪律，如有违反，必严惩。

3.考勤纪律

（1）严格遵守作息时间，员工出勤必须考勤。餐厅部门经理级（含经理）以上管理人员必须刷电子IC卡，休息须提前1天上报总经理办公室。

（2）上、下班分段员工，每次进出餐厅均需打卡。各部门同时指定专人负责本部门的岗位考勤，并做好书面签到记录。

（3）行政人事部负责监督打卡和核实考勤记录。各部门设专职考勤人员负责考勤记录（汇总打卡记录及签到记录），每月2日前（遇节假日顺延）将考勤报表报送行政人事部，作为该部门员工月薪计算的重要依据。

（4）打卡工作人员及考勤人员必须据实记录员工出勤情况，不得虚报、漏报，违者每次罚款20元，连续三次，员工记过失一次，并处罚款50元。

（5）不得以任何理由代人打卡或委托打卡，一经发现，委托人和被委托人记过失一次，并处罚款20元。

（6）上下班忘记打卡，必须在当天经部门经理签字证明有效，每月以三次为限，超过三次者除部门经理签字外，按每次10元进行处罚。

（7）不准刁难考勤人员，违者视情节轻重给予过失处分。

（8）私自涂改考勤记录，给予过失处分。

（9）考勤报表中应包括：部门名称、员工姓名、实出勤日、加班时间、病（事）假天数、迟到、早退、旷工小时（天数）等。

（10）考勤以刷卡记录为主，部门考勤为辅，最终解释权交部门经理与行政人事部协商处理。

二、假期管理

1. 请假程序

（1）员工各种假期申请，无论时间长短，一律填写《员工休假审批表》，经批准后生效，《员工休假审批表》一式两份，部门留存一份，行政人事部一份。

（2）请假理由不充分或有妨碍工作时，可酌情不予给假，或缩短假期或延期请假。

（3）餐厅员工请假除因急病不能自行呈核可由同事或家属代为之外，应亲自办理请假手续。未办妥请假手续，不得先行离职，否则以旷工论处。

（4）餐厅员工请假如发现有虚伪事情者，除以旷工论处外，并依情节轻重予以惩处。

2. 审批权限

（1）员工请假，假期3天内（含3天）部门负责人核准后报行政人事部核准，3天以上由行政人事部报总经理审批。

（2）部门经理级人员，假期2天（含2天）内由行政人事部核准，2天以上由总经理核准。

（3）所有请假必须根据请假程序填写《员工休假审批表》，并报行政人事部备案。

（4）员工请事假必须于前一天以书面形式提出申请，否则不予请假。

（5）员工一律不享受带薪事假。

（6）若因特殊情况，未能于前一天办理请假手续，应电话向所在部门上级报告，并于事后补办请假手续，否则以旷工论处。

3. 休假需知

（1）病假：员工请病假，三天以上的必须附有医院开出的诊断证明书，方为有效（急症除外），病假单须及时交所在部门审核。

（2）员工一律不享受带薪病假。

（3）请假逾期：员工假期届满未续假或虽续假但未核准而不到岗者，除因病或临时发生意外等不可抗力因素外，均以旷工论处，旷工三天即作除名处理。

第二节　章程

一、章程的定义

餐饮企业的章程，是餐饮企业经特定的程序制定的关于组织规程和办事规则的法规文书，是一种根本性的规章制度。

二、章程的特点

章程主要有以下两个特点。

（1）稳定性。章程是餐饮企业的基本纲领和行动准则，在一定时期内稳定地发挥其作用，如需变更或修订，应履行特定的程序与手续；有关餐厅开展业务工作的章程，是基本的办事准则，也应保持相对稳定，不宜轻易变动。

（2）约束性。章程作用于餐饮企业内部，依靠全体成员共同实施，不由国家强制力予以推行，但要求其下属组织及成员信守，有一定的规范作用和约束力。

三、章程的种类

章程主要有以下两种。

1.组织章程

由各类社会组织制定，用以对本组织的性质、宗旨、任务、机构、人员构成、内部关系、职责范围、权利义务、活动规则、纪律措施等做出明确规定，如《××餐厅章程》。

2.业务工作章程

主要由有关企事业单位制定，阐明其业务性质、运作方式、基本要求、行为规范等，如《招生简章》《招工简章》等。

四、章程的写作格式

章程一般分为标题和正文两部分。

1.标题

餐饮企业章程的标题，一般由餐饮企业名称加文种构成。标题下面，写明什么时间由什么会议通过，加上括号。

2.正文

章程正文，包括总则、分则和附则三部分。

（1）总则。总则又称总纲，从总体说明组织的性质、宗旨、任务和作风等。

（2）分则。成员，讲成员条件、权利、义务和纪律；组织，讲全国组织、地方组织、基层组织，以及代表大会、理事会、常务理事会、专业小组、名誉职务；经费，讲经费来源和使用管理等。

（3）附则。附则，附带说明制定权、修改权和解释权等。

章程的语言多用词语的直接意义，不用比喻、比拟、夸张和婉曲等修辞手法。这样，语义毫不含糊，没有歧义，让人一看就明白。

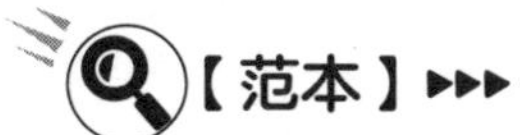

××餐饮有限责任公司章程

第一章　总　则

第一条　公司宗旨：通过有限责任公司组织形式，由股东共同出资，筹资本金，建立新的经营机制，为××经济作出贡献。依照《中华人民共和国公司法》和《中华人民共和国登记管理条例》的规定，制定本公司章程。

第二条　公司名称：××餐饮有限责任公司（以下简称公司）。

第三条　公司住所：××市××路××号。

第四条　公司由两个股东共同出资设立。股东以其出资额为限对公司承担责任；公司以其全部资产对公司的债务承担责任。公司享有股东投资形式的全部法人财产权，依法享有民事权利，承担民事责任，具有企业法人资格。

第五条　经营范围：餐饮、休闲等。

第六条　营业期限：从××年×月×日至××年×月×日。

公司执照签发之日，为本公司成立之日。

第二章　注册资本、出资额

第七条　公司注册资本为××万元人民币。

注册资本在验资时，由股东一次性缴纳认缴的出资额。

第八条　股东名称、出资方式、出资额、住所一览表。

股东名称	出资方式	出资额/万元	住所
××	货币	××	××市××路××号
××	货币	××	××市××路××号

第九条　公司登记注册后，向股东签发出资证明书。出资证明书为股东已缴纳出资额、持有本公司股份的书面证明。出资证明书一式两份，股东和公司各持一份。

出资证明书遗失，应立即向公司申报注销，经公司董事会审核同意后予以补发。

第三章　股东的权利、义务和转让出资的条件

第十条　股东作为出资者按投入公司的资本额，享有所有者的资产受益、重大决策和选择管理者等权利，并承担相应的义务。

第十一条　股东的权利。

（一）出席股东会，并根据其出资额享有表决权。

（二）股东有权查阅股东会会议记录和公司财务会计报告。

（三）选举和被选举为执行董事、监事。

（四）股东按出资比例分取红利。公司新增资本时，股东可优先认缴出资。

（五）优先购买其他股东转让的出资。

（六）公司终止后，依法分取公司的剩余财产。

第十二条　股东义务。

（一）一次性足额缴纳所认缴的出资。

（二）依其所认缴的出资额承担公司债务。

（三）公司办理工商登记注册后，不得抽回出资，违者应赔偿其他股东因此而遭受的损失。

第十三条　转让出资的条件。

（一）股东之间可以相互转让其全部出资或者部分出资。

（二）股东向股东以外的人转让其出资时，必须经全体股东过半数同意；不同意转让的股东应当购买该转让的出资，如果不购买该转让的出资，视为同意转让。

（三）经股东同意转让的出资，在同等条件下其他股东对该出资有优先购买权。

（四）股东依法转让其出资后，由公司将受让人的姓名或者名称、依据以及受让的出资额记载于股东名册。

第四章　股东会

第十四条　公司设股东会，公司股东会由全体股东组成，为公司的权力决策机构。股东会会议，由股东按照出资比例行使表决权。

（一）股东会分定期会议和临时会议。股东会每一年定期召开，由执行董事召集。

召开股东会会议，应于会议召开十五日前通知全体股东。股东会应对所议事项的决定作成会议记录，出席会议的股东在会议记录签名。

（二）股东会行使以下职权。

（1）决定公司的经营方针和投资计划。

（2）选举和更换执行董事，决定有关执行董事的报酬事项；选举和更换由股东代表出任的监事，决定有关监事的报酬事项。

（3）审议批准执行董事的报告、监事的报告。

（4）审议批准公司年度财务预、决算方案和利润分配方案、弥补亏损方案。

（5）对公司增加或减少注册资本、股东向股东以外转让出资作出决议。

（6）对公司的分立、合并、变更公司形式、解散和清算以及设立分公司、子公司等事项作出决议。

（7）对发行公司债券作出决议。

（8）修改公司章程。

（三）股东会对公司增加或者减少注册资本、分立、合并、解散或者变更公司形式、设立子公司作出决议，必须经代表三分之二以上表决权的股东通过。

（四）公司可以修改章程，修改公司章程的决议必须经代表三分之二以上表决权的股东通过。

股东会的议事方式和表决程序自定。

第五章　执行董事、经理、监事

第十五条　本公司不设董事会，只设一名执行董事，由股东过半数同意选举产生。经股东会选举，首届执行董事由×××担任。

第十六条　执行董事为公司法定代表人。执行董事由股东大会选举产生。

第十七条　执行董事对股东会负责，行使以下权利。

（一）负责召集股东会，并向股东会报告工作。

（二）执行股东会的决议。

（三）决定公司的经营计划和投资方案。

（四）制定公司年度财务预、决算方案和利润分配方案，及弥补亏损方案。

（五）制定公司增加或减少注册资本、分立、合并、变更公司形式、解散及设立子公司等方案。

（六）决定公司内部管理机构的设置。

（七）聘任和解聘公司经理。根据经理的提名，聘任或者解聘公司副经理、财务负责人，决定其报酬事项。

（八）制定公司的基本管理制度。

第十八条　执行董事任期为三年，可以连选连任。执行董事在任期届满前，股东会不得无故解除其职务。

第十九条　公司经理由执行董事聘任，或者解聘。经理对执行董事负责，负责公司日常经营管理工作，行使以下职权。

（一）主持公司的生产经营管理和组织实施执行董事决定。

（二）组织实施公司年度经营计划和投资方案。

（三）拟订公司内部管理机构设置的方案。

（四）拟订公司基本管理制度。

（五）制定公司的具体规章。

（六）提请聘任或者解聘公司经理、副经理、财务负责人。

第二十条　执行董事、监事、公司经理应遵守公司章程和《公司法》的有关规定。

第二十一条　公司不设立监事会，只设一名监事，是公司的监督人员，由股东会选举产生。本届监事由×××担任。

任期为每届三年，届满可连选连任。

监事的职权如下。

（1）检查公司财务。

（2）对执行董事、经理执行公司职务时违反法律、法规或公司章程的行为进行监督。

（3）当执行董事和经理的行为损害公司的利益时，要求执行董事和经理予以纠正。

（4）提议召开临时股东会。

监事列席股东会议。

第六章　财务、会计

第二十二条　公司依照法律、行政法规和财政主管部门的规定建立本公司的财务、会计制度。

第二十三条　公司在每一会计制度终了时制作财务会计报表，并依法经审查验证。

财务、会计报告包括下列会计报告及附属明细表。

（一）资产负债表。

（二）损益表。

（三）财务状况变动表。

（四）财务情况说明书。

（五）利润分配表。

公司按国家和有关部门的规定向财政、税务、工商行政管理等部门报送财务会计报表，公司在每一会计年度终了后三十日内，将财务会计报告交各股东，并接受监督。

第二十四条　公司分配每年税后利润时，提取利润的百分之十列入法定公积金。公司法定公积金累计额超过公司注册资本百分之五十时可不再提取。提取利润的百分之五至十列入公司公益金。公司的法定公积金不足以弥补上一年度公司亏损的，在依照前款规定提取未定公积金和法定公益金之前，先用当年利润弥补亏损。

经股东会决议后，公司可另外提取任意公积金。

第二十五条　公司弥补亏损和提取法定公积金、法定公益金后所余利润，按照股东出资比例进行分配。

股东会或者董事会违反前款规定，在弥补亏损和提取法定公积金、法定公益金之前向股东分配的利润退还公司。

第二十六条　法定公积金用于下列各项用途。

（一）弥补亏损。

（二）扩大公司生产经营或者转为增加公司资本。

法定公益金用于本公司职工的集体福利。

公司除法定的会计账册外，不得另立会计账册。对公司资产，不得以任何个人名义开立账户存储。

第七章　合并、分立和变更注册资本

第二十七条　公司合并或者分立，由公司的股东会作出决议；按公司法的要求签订协议，清算资产，编制资产负债表及财产清单，通知债权人并公告，依法办理有关手续。

备注：公告方式、时间间隔自定。

第二十八条　公司需要减少注册资本时，应编制资产负债表及财产清单，通知债权人并进行公告。

公司增加注册资本时，股东认缴新增本的出资，按公司法及本章程缴纳出资的有关规定执行。

公司增加或减少注册资本，依法向工商行政管理部门办理变更登记。

第二十九条　公司合并或者分立，登记事项发生变更的，应依法向工商行政管理部门办理变更登记。

第八章　破产、解散、终止和清算

第三十条　公司因依法宣告破产，或营业限届满，或股东会决议解散、合并、分立解散，或被依法责令关闭等原因注销的，应依法成立清算组织，对公司财产进行清理，办理注销手续。

第九章　附　则

第三十一条　本章程的解释权属公司股东会。

第三十二条　本章程由全股东签字盖章认可。

第三十三条　经执行董事提议公司可以修改章程，修改章程决议须经代表三分之二以上表决权的股东通过。

股东签字（盖章）：

××年×月×日

第三节　守则

一、守则的定义

餐饮企业守则是餐饮企业为了维护公共利益，向所属成员发布的一种要求自觉遵守的约束性公文。

二、守则的特点

守则主要有三个特点，如图4-3所示。

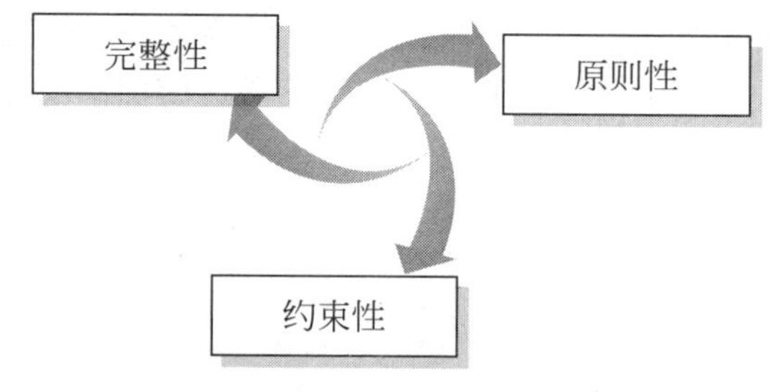

图4-3　守则的特点

1.原则性

守则的原则阐述多于具体要求，它在指导思想、道德规范、工作和学习态度等方面，提出基本原则，但不过多涉及具体事项和方法、措施。

这些条文是一些基本的思想原则和道德规范，内容涉及思想、工作、学习、生活等方面。

2.约束性

守则是用来规范人的道德、约束人的行为的，通常在一个系统内部人人都要熟悉守则，人人都要遵守守则。它虽然不具有法律效力，也没有明显的强制性，但对有关人员的教育作用和约束作用还是很明显的。

3.完整性

守则一般篇幅都比较短小，但内容涉及成员应该遵循的所有基本原则和规范，系统而完整。为此守则的撰写要注意条目清晰，逻辑严谨。

三、守则的写作格式

1.标题和日期

（1）标题。守则的标题由适用对象加文种组成，如《员工守则》。

（2）日期。有些守则需要在标题下方正中加括号标注日期和发布机关（或通过守则的会议）。

2. 正文

守则的篇幅一般比较短小，多采用通篇分条式写法。

如果内容复杂，为了更有条理性，也可采用条例、规定、章程、细则那样的章条式写法，由总则、分则、附则三部分组成，下面再分章，章下再分条，不过这种情况比较少见。

在正文的写作中，条与条之间的划分是否符合逻辑规律，能不能做到条理清楚、层次分明，是写作成败的关键。另外还要注意语言表达的简练、质朴、准确。

××餐厅员工守则

一、本店的服务宗旨

“宾客至上，服务第一”。

二、基本要求

（1）遵纪守法、热爱集体、文明服务、服从上司。

（2）仪容要端庄大方，头发要梳理好。上班要穿工作服（员工离开公司时，必须将制服交回本店），所穿制服必须保持整齐、清洁，不准穿拖鞋等。

（3）按时上、下班，不旷工，不擅离职守；不准串岗。要按手续和制度处理好业务。

（4）上班前不得饮酒，上班时不准抽烟、酗酒、赌博、打架、咀嚼口香糖等。不得无故拒绝或终止工作。

（5）讲诚信、爱护公物，不得蓄意损耗、毁坏店内或他人物品，不得乱写乱画破坏设施、偷盗本店物品、拿取或偷食店内或他人食品，不得将客人遗失物品据为己有或盗窃客人物品。

（6）注意文明，不得在店内争吵、打架斗殴、威胁或危害他人，

（7）要登记好自己的身份证号码，及联系方式。

（8）店内人员上岗前必须进行健康检查，领取健康合格证明后方能上岗。

三、服务要求

（1）对待宾客要主动问候，态度要自然、大方、稳重、热情、有礼，做到笑面迎客，用好敬语。

（2）宾客点菜报饭无论多少都要开单（一式三份，一份自己留用，一份交收银台，一份交后厨），注意填写好日期、桌号和菜名，并签上自己的名字。

（3）送菜时要认真清点，并注意饭菜形状、色泽及质量，发现问题要及时处理。手不能接触直接入口食品，倒酒水、加菜加汤时用具不能直接接触顾客用过的餐（饮）具。

（4）回收餐（饮）具要及时，不能停留在餐厅。每天要倾倒餐厅废弃物盛放容器，注意店内卫生，要及时清理，做到餐桌椅整洁，台布无积污，地面清洁。餐具保存、摆放整齐，定时清点餐具数量。

四、收银要求

（1）收银员要认真细致，对待宾客态度要自然、大方、稳重、耐心、有礼，使用文明用语。

（2）见单收银，收银金额以菜单为准。

（3）计算错误及假币损失均由收银员赔付。

（4）每天要与后厨菜单对账后将现金及单据交由专人，并写好交接手续。

五、采购要求

（1）采购人员要根据厨师下的采购单定量采购，不得多采。

（2）采购人员不得采购腐败变质、霉变及其他不符合卫生标准要求的食品。

（3）采购人员采购时应做好采购记录，便于溯源。注意保质期等关键事项。

六、厨房要求

（1）备餐应在专间内进行。非操作人员不得擅自进入专间，不得在专间内从事与备餐无关的活动。

（2）操作人员应认真检查用具及待供应食品质量，发现有异常的，不得供应。

（3）每天班前、班后要打扫卫生，定期检查煤气管道和排烟排气设施、清点用具数量等。

七、工资及发放

工资形式：基本工资和浮动工资。本月基本工资一般在下月20日前发放，浮动工资或奖金在年终或季末发放，根据本店经营情况而定。领取工资时要注意写收据。

八、员工考勤

（1）试用期：试用期一般为3个月。试用期满，符合本店录用条件者，将正式录用。

（2）工作时间（略）。

（3）裁员及辞退：本餐厅若因业务变更或其他原因需要减员时，餐厅有权决定裁减员工。对要裁人员，餐厅将提前一个月通知其本人，被裁减的人员应服从安排，不得提出无理要求。同样员工有也权辞职但须提前一个月通知本店。

（4）正常请假每月1次，每次不得超过1天。特殊情况请假天数超过1天的，超过部分要扣除相应的工资。

（5）员工每天上下班要签考勤表。迟到（每次）均以10分钟为限，每次扣除现金10元。凡规定的上班时间迟到超过1小时，而又无特殊原因者，则认为旷工，旷工一天扣4天工资，按员工实际工资计算。

九、奖励制度

（1）讲诚信，拾金不昧者；对工作认真负责，为本店树立良好信誉；在每月总结中业绩突出的；经常得到客人、同事、上司表扬者。优秀者，给予优秀奖及提成。

（2）全勤奖：凡本月无迟到或早退、请事假、旷工等事项的将发全勤奖。

十、注意安全

（1）注意防火、防盗；班前、班后要认真检查盘点物品及不安全因素，确保餐厅、宾客、员工生命财产安全。

（2）如出现紧急事故，全体员工必须鼎力合作，听从安排，迅速进行事故处理。

以上所有条例按当时情况酌情处理，望各位同事认真对待，如有补充或更改之处将另行书面通知。

第四节　简报

一、简报的定义

简报是传递某方面信息的简短的内部小报，是具有汇报性、交流性和指导性特点的简短、灵活、快捷的书面形式。简报又称“动态”“简讯”“要情”“摘报”“工作通讯”“情况反映”“情况交流”“内部参考”等。也可以说，简报就是简要的调查报告、简要的情况报告、简要的工作报告、简要的消息报道等。

二、简报的特点

简报具有其独特的特点，如图4-4所示。

1.内容专业性强

简报一般由有关单位、部门主办，专业性十分明显。如《人口普查简报》《计划生育简报》《水利工程简报》《招生简报》等，分别由主办单位组织专人撰写，

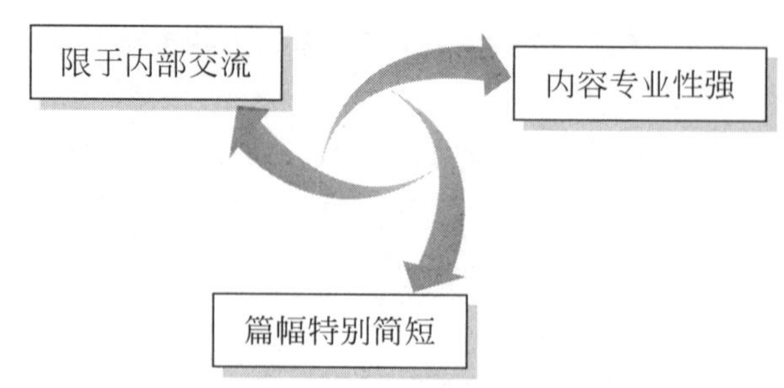

图4-4 简报的特点

传递该项工作的各种信息，包括情况、经验、问题和对策等，一般性的东西少说，无关的东西不说，专业性的东西多说。

2. 篇幅特别简短

一期简报甚至只登一篇文章，几段信息，或一期几篇文章，总共一两千字，长的也不过三五千字，读者可以用很短的时间把它读完，适应现代快节奏工作的需要。简报的语言必须简明精炼。

3. 限于内部交流

简报一般在编报机关管辖范围内各单位之间交流，不宜甚至不能公开传播，特别是涉外机关和专政机关主办的简报更是如此。有的简报，往往是专给某一级领导人看的，有一定的保密要求，不能任意扩大阅读范围。

三、简报的种类

简报的种类，按时间分，有定期的简报、不定期的简报；按性质分，有工作简报、生产简报、学习简报、会议简报；按内容分，有综合反映情况的简报和反映特定情况的专题简报。

1. 日常工作简报

日常工作简报又称业务简报。这是一种反映本地区、本系统、本部门日常工作或问题的经常性简报。

日常工作简报包含的内容较广，工作情况、成绩问题、经验教训、表扬批评，对上级某些政策或指示执行的步骤、措施都可以反映。它常以定期或不定期的形式出现，在一定范围内发行。

2. 中心工作简报

中心工作简报又称专题简报，它是一种阶段性的简报。

中心工作简报往往是针对机关工作中某一时期的中心工作、某项中心任务办的简报，中心工作完成，简报也就停办了。

3. 会议简报

会议简报是会议期间反映会议情况的简报，它是一种临时性的简报，内容包括会议中的情况、发言及会议决定等。

规模较大、时间较长的会议常要编发多期简报，以起到及时交流情况，推动会议的作用；小型会议一般是一会一期简报，常常在会议结束后，写一期较全面的总结性的情况反映。

4. 动态简报

动态简报，包括情况动态和思想动态。这类简报的时效性、机密性较强，要求迅速编发，发送范围有一定限制，在某一个时期、某一阶段要保密。

四、简报的写作格式

简报的种类尽管很多，但其结构却不无共同之处，一般都包括报头、标题、正文和报尾四个部分，有些还由编者配加按语，成为五个组成部分。

简报一般都有固定的报头，包括简报的名称、期号、编发单位、发行日期、保密等级和编号。具体如图4-5所示。

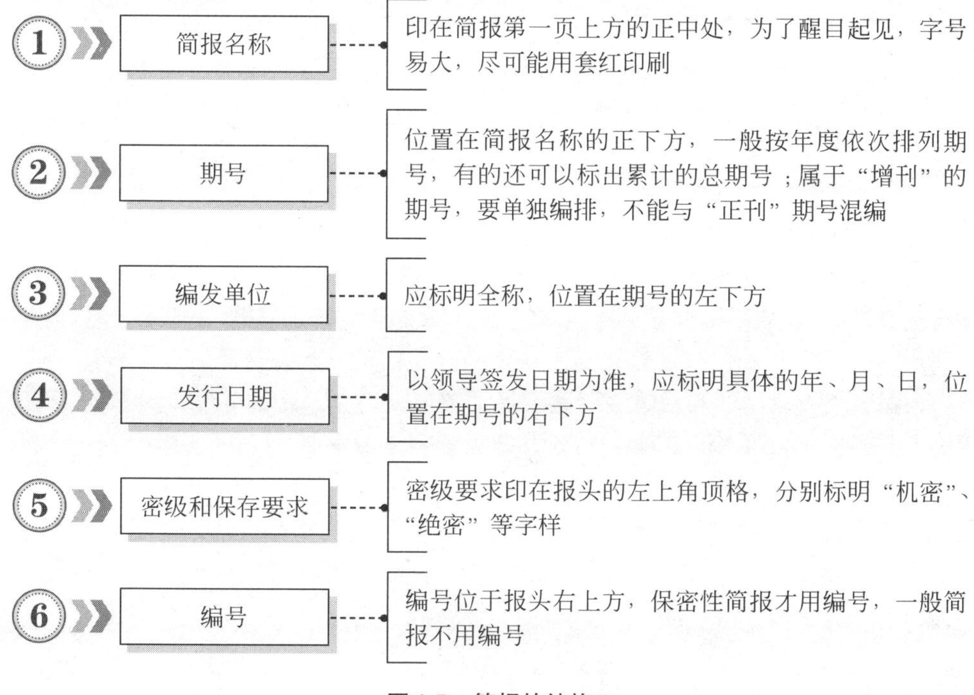

图4-5　简报的结构

报头部分与标题和正文之间，一般都用一条粗线拦开。

有些简报根据需要，还应标明密级，如“内部参阅”、“秘密”、“机密”、“绝密”等，位置在简报名称的左上方。

报尾部分应包括简报的报、送、发单位。报，指简报呈报的上级单位，送，指简报送往的同级单位或不相隶属的单位；发，指简报发放的下级单位。如果简报的报、送、发单位是固定的，而又要临时增加发放单位，一般还应注明“本期增发×××（单位）”。报尾还应包括本期简报的印刷份数，以便于管理、查对。报尾部分印在简报末页的下端。

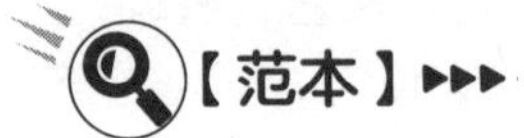

××市食品安全工作简报

××年第九期

（总第×期）

市食品安全委员会办公室　　　　签发人：××

市食安办部署中秋节前流通食品安全监管

为做好中秋节前流通食品监管，市食安办认真落实上级文件精神，做好部署安排，各县、区按照网格化监管要求，积极开展专项监督检查工作，截至目前全市共出动执法人员1000多人次，检查食品经营户2000余户次，检查有自制食品的大型超市13家，抽检食品115组，其中月饼25个品种。

检查中执法人员严格按照“六查六看”的要求，查经营资格，看食品经营者证照是否齐全和按要求悬挂，是否出租出借证照，是否超范围经营；查进货票证，看食品经营者在进货时是否履行了检查验收责任，是否索取了供货方有关资质、发货票等票证；查经销食品，看是否有质量合格证明、检验检疫证明，是否掺杂使假、以假充真、以次充好、以不合格食品冒充合格食品，是否为国家明令淘汰、失效、变质的食品；查包装标识，看食品标示内容是否虚假，是否有产品名称、厂名、厂址，是否标明食品主要成分和含量，是否标明生产日期和有效期限；查商标广告，看食品商标是否有侵权和违法使用行为，食品广告是否有虚假和误导宣传的内容；查市场开办者责任，看食品市场开办者是否履行了对进场经营者资格审查的义务，经营场所内部质量管理制度是否健全和落实。

同时，此次检查以肉制品、米面制品、禽蛋制品、食用油、月饼、饮料、酒类等节日集中消费食品为重点产品，以农村、城乡结合部、城市社区、集贸市场、旅游景区以及车站码头等为重点区域，加大检查力度，合理安排值班人员，及时处理消费者投诉和不间断开展食品安全巡查工作，确保节日期间食品消费安全。

（市食安办）

开展儿童食品和校园及其周边食品安全专项整治工作

为进一步消除校园及其周边食品安全隐患，我市将在秋季开学期间开展儿童食品和校园及其周边食品安全专项整治。

此次专项整治以××年9月至10月为重点时段，以校园及其周边200米范围内的儿童食品经营单位为重点场所，对儿童食品经营者和校园及其周边食品经营者进货查验和查验记录等情况进行抽查，对食品经营者索取的食品或食品原料进货票证和相关记录逐项核查。

同时，强化对校园及其周边餐饮单位的日常监管。全面核查清理校园内部学生食堂、校园周边餐饮服务单位及向学校供餐的集体用餐配送单位的经营主体资格，严格主体准入。以校园周边餐饮服务单位为重点，严把人员健康关、食品进货关、食品储存关、加工制作关，杜绝各类违法行为，严防食物中毒事故的发生。

市食药监局提醒广大市民，广大师生应提高自我防范意识和消费维权意识，自觉抵制假冒伪劣食品。如遇到危害食品安全相关行为，应及时拨打12331进行投诉举报。

（市食药监局）

开展流通环节食品监测抽样检测工作严把食品入市质量关

为把好流通环节食品安全质量关，年初市局根据省局××年工作要点的精神制定了《××市流通食品安全监督抽检工作实施意见》（×食药监〔××〕×号），将流通环节食品安全质量作为重点工作常抓不懈，计划全年监测1380批次食品，并将监测任务层层分解县区局抓落实，截至6月30日，全市流通环节已完成抽检食品701批次，重点检测了婴幼儿配方乳粉、婴幼儿配方食品、乳制品、肉制品、白酒、饮料、食用油、休闲食品、粮食制品、调味品、速冻冷冻食品、季节性食品以及媒体关注的食品等。合格98.76%。

（市食药监局）

执法支队对餐饮企业自制月饼进行检查

市食药监局执法支队对市区多家自制月饼餐饮企业和部分外购月饼礼盒餐饮企业进行了检查，重点检查月饼制作原材料进货是否符合国家法律法规的规定，是否索证索票资料齐全；是否有独立的加工制作间，严格控制月饼加工制作过程，是否及时对设备、工具、用具和容器进行清洗消毒；食品从业人员是否持有效健康证明上岗等。

在监管的过程中，执法人员还对月饼现场采样5份，检测内容包括监督抽检项目酸价、过氧化值、铅、沙门氏菌、志贺氏菌、金黄色葡萄球菌，风险检测项目总砷、黄曲霉毒素B_1，已送往省食品药品检验所进行检验。

（市食品药品执法支队）

省食药监局领导来××县调研重大活动保障工作

为全面掌握机构改革及职能调整后的重大活动餐饮服务食品安全保障工作情况，进一步加强对食品安全监管业务指导，8月5日，省食品监督所所长××带队对××县重大活动食品安全保障工作开展调研，市食药监局副局长××陪同调研。

调研中，省、市领导认真听取××县市场监管局领导对全县近年来重大活动保障工作情况的介绍，尤其是重大活动餐饮安全保障工作组织管理体制建设情况、管理机制建设情况、重大活动餐饮安全保障培训情况、快检设备使用情况等方面内容，还就重大活动保障期间食品监管流程、预防性食品监测等相关问题进行探讨。

省、市局领导对××县在重大活动食品安全保障工作方面取得的成果予以肯定，并指出：一是要细化重大活动食品安全保障范围；二是加强对县级食品安全监管人员的业务培训；三是加强对承办重大活动的餐饮单位的现场指导。

（××县食安办）

××县启动食品生产加工小作坊整治工作

近日，××县食安办下发通知正式启动全县食品生产加工小作坊整治工作，整治时间从××年7月中旬至××年底，共分调查摸底、自查整改、整治验收、依法取缔四个阶段进行。整治坚持“监管、规范、提升、安全”原则，按照“查、治、管、扶、建”的方针，重点对农村和城乡结合部，特别是食品安全问题或隐患比较突出的农贸市场周边和校园周边的无营业执照、无生产许可证，不具备基本卫生条件的食品生产加工小作坊开展整治，整治品种包括豆制品、豆芽菜、谷物粉类制成品、血旺、食用植物油、异地销售的卤菜、糕点加工作坊等。通过综合整治，整合做大具有区域性集中加工特点的食品小作坊；积极帮扶具备一定条件的食品小作坊取得食品生产许可证；督促食品小作坊进行基本卫生条件改造，取得营业执照并签订质量安全承诺书；坚决取缔关闭无证照、整改后仍达不到基本卫生条件的小作坊；严厉打击制售假冒伪劣食品的黑作坊、黑窝点。力争到××年底，全县基本消除食品加工小作坊的食品安全隐患。

（××县食安办）

省餐饮环节食品安全监管调研组到××县开展调研

8月14日，省食品药品监督管理局食品消费处到××县调研餐饮环节食品安全监管相关课题，市食药监局副局长××陪同调研。

当天，调研组一行先后来到××镇敬老院、××路餐饮服务食品安全示范街、××路小餐饮食品安全示范街，认真对“老饭桌”监管、小餐饮监管、餐厨废弃物处置等相关课题进行了实地调研，调研组对××县的餐饮环节食品安全监管的各项工作给予了充分肯定。在随后的座谈会上，××部分区县还就农村自办宴席、餐饮服务单位从业人员培训规范等相关课题进行探讨。

省、市局领导对××县在餐饮环节食品安全监管工作方面特别是在小餐饮监管、餐厨废弃物处置取得的成果给予了肯定，并指出：一是监管观念要进一步转变，监管方法要更加科学，监管方式要更加多样；二是要抓重点，特别是加强源头治理，从源头上保证舌尖上的安全；三是要加强对县级食品安全监管人员的业务培训。

（××县食安办）

××县开展食品安全监管人员业务培训

为提升基层市场监督管理所（分局）食品安全监管人员的业务水平，保障食品安全监管工作有序有效的开展，××年8月22日，××县市场监管局召开食品安全监管人员业务培训工作会议。全县各市场监督管理所（分局）的食品安全监管人员参加了培训。会上，县局食品安全局同志分别就食品生产加工企业和小作坊的日常监管、餐饮服务许可及日常监管等内容进行了详细讲解，讲解深入浅出，操作性强，对基层食品监管人员具有很好的指导作用。

（××县食安办）

××县市场监督管理局开展中秋月饼市场专项检查

中秋佳节即将来临，为保障节日期间月饼市场消费安全，确保广大群众过一个安全、祥和的节日，8月26日，××县市场监督管理局食品安全局组织执法人员对县城区面包房及超市加工销售的月饼开展专项监督检查。对加工月饼的重点检查原材料采购制度，是否落实了进货查验和索证索票要求，是否存在使用过期、变质食品原料进行加工制作行为等；流通环节重点对月饼采购的索证索票、台账登记、储存条件等情况进行检查。此次检查均未发现生产销售假冒伪劣、过期霉变、有毒有害月饼的行为。

（××县食安办）

××区市场监督管理局倡导餐饮文明节俭风尚

××区市场监督管理局切实采取有效措施，倡导文明节俭新风尚。

一是强化宣传，营造良好氛围。结合自身工作特点，执法人员日常检查与稽查时，创新方式，开展形式多样的食品节约专题宣传，与餐饮单位量化分级管理、“寻找笑脸就餐”等工作相结合，引导餐饮服务单位在规范操作、注重安全的同时，响应政府号召，积极承担企业的社会责任。

二是严格管控，防止超标浪费。督促大型餐饮单位、中小学校食堂、部分企事业食堂建立节俭消费提醒提示制度，在餐饮单位醒目位置张贴悬挂“厉行勤俭节约，反对铺张浪费”的相关提示牌和标语，在餐桌摆放“反对浪费”标牌，在菜单上标明或标示食材分量，在套餐标准上注明建议消费人数，提供半份餐、打包等服务，积极引导消费者文明就餐、理性消费、勤俭节约、杜绝浪费，以实际行动与“舌尖上的浪费”作斗争，努力使厉行节约、反对浪费在全社会蔚然成风。

（××区食安办）

××区夏季企事业单位食堂食品安全检查“四到位”

一是安排部署到位。局稽查大队召开专题会议，部署安排对全区企事业单位食堂食品安全工作大排查，采取有力措施加强监管。

二是责任落实到位。检查采取各单位食堂自查、监管部门检查方式。督促落实各企事业单位食品安全主体责任，加强食堂内部管理。区市场监督管理局对各企事业单位食堂餐饮服务许可证、从业人员健康管理、食堂环境卫生、索证索票、清洗消毒、食品留样、食品添加剂管理、餐厨废弃物管理等方面展开检查。

三是监督检查到位。执法人员加强软硬件设施设备的监督检查，不留死角，督促各企事业单位食堂严格落实《餐饮服务食品安全操作规范》，严禁食堂加工制作冷荤凉菜，严禁食堂采购、储存、使用亚硝酸盐。

四是问题整改到位。对检查中发现硬件条件不符合要求、食品安全管理不到位的食堂，跟踪督促及时整改到位，确保专项检查全覆盖、零容忍，确保检查取得实效。目前已检查40家企事业单位食堂，出具监督意见书40份；查处5家餐饮服务许可证过期单位。

（××区食安办）

××区开展暑期学校食品安全提升工程

为加强学校食品安全管理工作，××区市场监督管理局利用暑期发动辖区各学校（托幼机构）开展了食堂食品安全提升工程。

一是布置学校（托幼机构）食堂加工操作间设施设备的改造升级，规范食堂加工操作间设施设备规范标准及要求，指导学校（托幼机构）食堂进行硬件改造。

二是安装食品安全远程视频监控系统。在学校（托幼机构）食堂清洗消毒间、烹饪加工、备餐等关键区域和环节安装视频监控系统，变事后监督至事中、事前监督，做到及早发现问题，迅速解决问题，从而构筑学校食堂食品安全新防线。

三是开展食品安全知识培训。区食安办编印了《××区食品安全知识宣传手册》对辖区各学校分管负责人、托幼机构负责人及专兼职食品安全管理人员开展食品安全知识和技能培训及各单位的自我培训，提高其食品安全意识。

目前，该项工作在区局的督促下，倒计时实施，各学校（托幼机构）表示在暑期内将全面落实工作任务。

（××区食安办）

××区三举措做好港口集团等两家食堂监管职能移交准备工作

日前，××区根据《关于重新界定国境口岸食品卫生监督监管职责的批复》文件精神，将原监管港口集团、长江港口所属两家食堂移交给××出入境检验检疫局管理。为确保港口集团、长江港口所属两家食堂移交期间食品安全工作不松、不断，8月5日，区市场监督管理局党工委副书记、稽查大队大队长××赴港口集团、长江港口所属两家食堂，为移交前工作作详细沟通。

一是及时传达文件精神，取得企业的支持和配合。提高认识，进一步增强做好食品安全工作的责任感、使命感。

二是认真履行职责，做好交接期间食品安全各项日常监督管理工作，以保持各项工作的连续性。

三是加强与企业沟通，确保职能移交工作不影响企业的正常生产经营秩序。提高食品安全意识，确保职责交接期的食品安全监管工作不松、不断、不乱，防止和及时处置群体性食物中毒等重大食品安全事故，切实保障职工饮食安全。

（××区食安办）

××区扎实开展食品安全监督抽检工作

为切实保障全区食品安全工作，提高食品安全监管效能，及时发现食品安全隐患，预防食品安全事故发生，8月15日起，××区市场监督管理局精心安排，组织开展食品安全抽检工作。

为确保抽检工作顺利实施，区市场监督管理局采取三项措施确保此次监督抽检顺利开展。

一是制订抽检计划，明确抽检重点。以生产和流通环节重点食品为重点抽检品种；以辖区大型超市、农贸市场为重点抽检对象。

二是开展抽检实地培训。特别邀请市食品药品监督管理局食品专业抽检人员现场指导，从抽样单填写到采样的实际操作手把手开展指导培训。

三是完善抽检程序，规范抽检操作。为确保此次监督抽检的合法性、程序性和规范性，××区市场局对抽检所需的抽检设备进行了配置，保障采样过程规范，尤其是确保采样过程中的无菌操作。

此次食品安全监督抽检工作做到了样品采集及时，封存规范，储藏运输符合要求，确保了样品的真实性和时效性，为有效掌握全区食品安全现状和食品安全监管工作重点提供了可靠依据。

（××区食安办）

××区举办餐饮服务执法能力培训班

为提高全区餐饮服务环节食品安全行政执法人员的业务水平和执法能力，规范餐饮服务食品安全监管，8月18日全天，区市场监督管理局举办“××区餐饮服务食品安全执法能力培训班”，辖区8个市场监督管理所所长、执法人员和稽查大队全体人员共计40余人参加了培训。

培训班上，区市场监督管理局党工委副书记、稽查大队大队长××就餐饮服务许可管理办法、餐饮服务许可审查规范、操作规范、餐饮服务许可现场核查要求、食物中毒的预防、餐饮服务日常监督管理办法等法律法规进行了图文并茂的详细讲解。为使参加培训人员有更直观的了解，培训会后，现场参观××餐馆、××生煎等餐饮单位的食品处理区粗加工、切配区、烹调间、面点间、冷盘间等功能间布局情况。

此次培训，不仅增强了全区餐饮监管人员对法律法规的认识和掌握能力，提高了监管队伍的综合业务水平，而且为今后进一步履行餐饮服务食品安全监管，推进执法监督的科学化、规范化、程序化奠定了良好基础。

（××区食安办）

××区召开上半年食品安全工作会议

8月22日上午，××区召开上半年食品安全工作会议。会议回顾总结了全区上半年食品安全工作开展情况，分析了食品安全工作形势，并对下半年重点工作任务作出全面部署。区委副书记、区长××出席会议并讲话。副区长××主持会议，区食安委22家成员单位主要负责人参加会议。

区食安办主任、区市场监督管理局局长××汇报了全区食品安全工作开展情况，对各街道“四员”制度落实情况进行了通报。上半年，全区食品安全工作紧紧围绕“科学监管，关注民生，保障人民群众身体健康”主题，深入扎实开展各项工作，全区食品市场秩序安全稳定，群众食品安全得到了有效保障。

一是突出重点，强化食品安全专项整治。组织开展了对集贸市场、食品生产加工企业、54所中小学、幼儿园食堂等重点区域和重点品种的联合监督检查；充分发挥流通领域“票证通”监管系统的作用，全面落实进货查验、索证索票等经营者自律制度；结合原工商执法网络监管平台，对辖区52家小作坊实施常态化巡查；强化源头监管，将全区规模种养户、农资单位共计17家全部纳入信用管理范围，经营台账建档率100%，抽检合格率100%。

二是创新举措，率先开展食品安全远程监控。借助摄像头动态监控、实时记录、视频回放等功能，对12家餐饮单位和16家学校托幼机构食堂的食品加工现场卫生状况、操作流程实行远程动态监管，第一时间排除隐患。

三是落实“四员”制度，筑牢食品安全防范网。在街道、村（社区）两级推行“四员”食品安全监管机制，有效延伸食品安全监管触角，筑牢食品安全防范网。

上半年，全区共出动执法人员1000余人次，检查食品流通、餐饮业经营户6000余户次；市场复检生猪3.5万头，检疫牛150余头，家禽150余万只；开展6次“瘦肉精”专项检查、“莱克多巴胺”常规检测；免疫大牲畜1.2万余头，家禽7万余只，免疫率、挂标率均为100%；立案查处食品类案件18件，罚没3.81万元；受理食品安全类投诉96件，全部办结；受理食品安全有奖举报4起，兑现奖励资金2000元。

区委副书记、区长××对我区食品安全工作取得的成效表示肯定，就进一步加强食品安全工作强调了三点意见。

一要提高认识，增强做好食品安全工作的责任感和紧迫感。我区食品安全总体平稳，群众满意度逐步提高，但是当前的食品安全形势还不容乐观，潜在的问题较为突出。抓好食品安全工作是维护××区社会和谐稳定，建设“平安××”一项重要内容，要把食品安全作为一项重要任务抓紧抓好，增强工作的持久性和长效性。

二要突出重点，扎实有效地推进食品安全监管工作。要善于抓住根本，建立健全食品安全工作体系，切实落实食品安全综合监督责任制和责任追究制度，努力做到协调一致、监管到位；要突出重点，切实加强对食品源头污染的管理，严格市场准入，深入开展专项治理行动，严厉打击违法行为。

三要强化责任，形成统一协调的执法监管合力。食品安全监管体制已经整合，区食安办要切实负起食品安全的综合监督、组织协调的责任，各成员单位形成合力，确保食品安全监管工作的各项任务落到实处。

会上，副区长××与22家成员单位签订了《××年××区食品安全工作责任状》，对下一步工作提出了具体要求。

（××区食安办）

报：市委，市人大，市政府，市政协，省食品安全委员会办公室。

发：市食品安全委员会各成员单位。

打印：×× 编校：×× 审核：×× 电话：××××××

××年8月31日印发 （共印10份）

第五节　会议纪要

一、会议纪要的定义

会议纪要是用于记载、传达会议情况和议定事项的公文，它不同于会议记录，对企事业单位、机关团体都适用。

二、会议纪要的特点

会议纪要主要有3个特点，如图4-6所示。

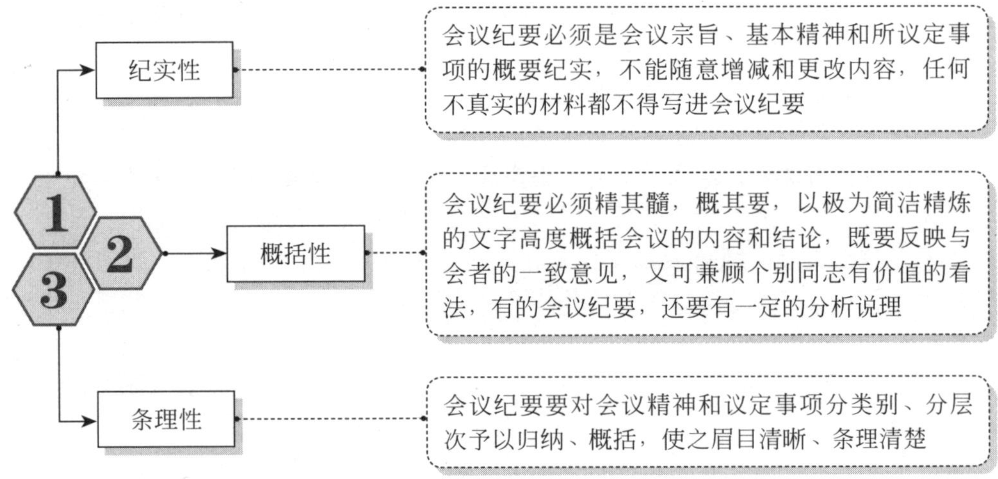

图4-6　会议纪要的特点

三、会议纪要的种类

会议纪要主要有6种，见表4-1。

表4-1　会议纪要的种类

序号	名称	内容
1	工作会议纪要	它侧重于记录贯彻有关工作方针、政策，及其相应要解决的问题，如《全国民族贸易和民族用品生产工作会议纪要》《全省基本建设工作会议纪要》
2	代表会议纪要	它侧重于记录会议议程和通过的决议，以及今后工作的建议，如《××省第一次盲人聋哑人代表会议纪要》

续表

序号	名称	内容
3	座谈会议纪要	它内容比较单一、集中，侧重于工作的、思想的、理论的、学习的某一个问题或某一方面问题，如《十省区、十个路局整顿治安座谈会纪要》
4	联席会议纪要	它系指不同单位、团体，为了解决彼此有关的问题而联合举行会议，在此种会议上形成的纪要，它侧重于记录两边达成的共同协议
5	办公会议纪要	对本单位或本系统有关工作问题的讨论、商定、研究、决议的文字记录，以备查考
6	汇报会议纪要	这种会议侧重于汇报前一段工作情况，研究下一步工作，经常是为召开工作会议进行的准备会议

四、会议纪要的写作格式

1. 标题

会议纪要的标题有两种格式：一是，会议名称加纪要，也就是在“纪要”两个字前写上会议名称，会议名称可以写简称，也可以用开会地点作为会议名称；二是，把会议的主要内容在标题里揭示出来，类似文件标题式的。

2. 开头

会议纪要的开头简要介绍会议概况，其中包括以下内容。

（1）会议召开的形势和背景。

（2）会议的指导思想和目的要求。

（3）会议的名称、时间、地点、与会人员、主持者。

（4）会议的主要议题或解决什么问题。

（5）对会议的评价。

3. 文号格式

文号写在标题的正下方，由年份、序号组成，用阿拉伯数字全称标出，并用“〔〕”括入，如：〔××〕67号。办公会议纪要对文号一般不做必须的要求，但是在办公例会中一般要有文号，如“第××期”“第××次”，写在标题的正下方。

4. 制文时间

会议纪要的时间可以写在标题的下方，也可以写在正文的右下方、主办单位的下面，要用汉字写明“年、月、日”，如“二〇一六年八月十六日”。

5. 正文

它是纪要的主体部分，是对会议的主要内容、主要精神、主要原则以及基本结论和今后任务等进行具体的综合和阐述。

6.结尾

一般写法是提出号召和希望，但要根据会议的内容和纪要的要求写，有的是以会议名义向本地区或本系统发出号召，要求广大干部认真贯彻执行会议精神，夺取新的胜利；有的是突出强调贯彻落实会议精神的关键问题，指出核心问题；有的是对会议做出简要评价，结合提出希望要求。

7.落款

落款包括署名和时间两项内容。署名只用于办公会议纪要，署上召开会议的领导机关的全称，下面写上成文的年、月、日期，加盖公章；一般会议纪要不署名，只写成文时间，加盖公章。

五、注意事项

会议纪要的编写要注意以下问题，如图4-7所示。

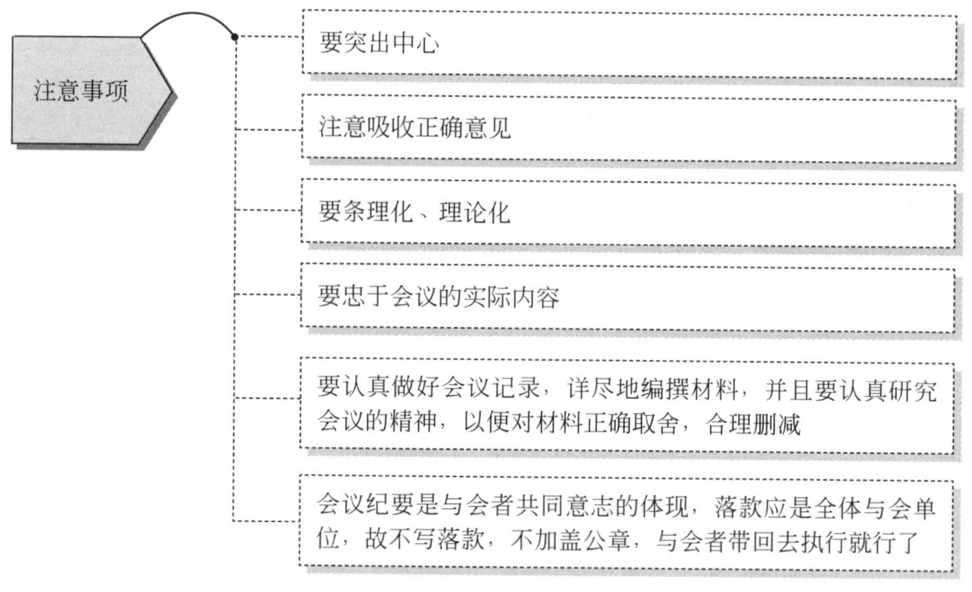

图4-7 注意事项

××年×月餐饮工作会议纪要

时间：××年×月×日。

地点：××会议室。

参会人员：××、××、××、××、××、××、××、××、××。

主持：××。

记录：××。

（一）××处长会上通报了市卫生监督所本月5日来院检查的情况，要求我院餐厅除做好常规工作外，本学期还要增加“农药残留检测仪”、“菜肴温度测控仪”各1台用于自检自查，卫生监督所在本月或下月来各餐厅抽检。在我们日常检查工作中发现各餐厅主要存在以下问题。

（1）餐厅老板安全意识重视不够，部分餐厅老板疏于经营管理。餐厅日常经营必须要有管理人员负责常规管理，加强对小窗口的监督管理。

（2）餐厅员工素质参差不齐，不能很好执行餐饮行业规范要求，准备请市卫生监督所的同志在4月份来学院给餐厅工作人员进行培训。

（3）有的餐厅留样食品极度不规范，要求餐厅留样必须品种齐全、专人管理、单独存放。

（4）液化气钢瓶摆放不规范，必须严格按照保卫处相关规定进行整改。

（5）有的餐厅存在工作人员在操作间抽烟，在餐厅住宿现象。对于此类违反规定的情形，要求各餐厅加强管理。

（6）餐厅内部改动经营品种、内部装修需报备，不合规范的必须取缔。

（7）个别餐厅内部环境太差，污水垃圾遍地，防蝇、防尘、防鼠设施不到位，严重违反餐饮食品管理要求，必须及时整改到位。

（二）保卫处××处长传达了院综治会议精神，并对餐厅工作提出指导性意见和整改要求。

（1）煤气钢瓶必须在×月×日前移出室外，并采取封闭的安全防范措施，否则从×日停止营业，如继续使用，发现一次处以500元的罚款。

（2）餐厅监控设施必须在×月×日前修复并正常使用，监控资料必须保存15天以上，否则处以200元每天的罚款。

（3）各餐厅操作间前后门必须在本学期内安装门禁系统，在此期间实行随时关闭措施，否则发现一次未关门或有其他人随意进出，处以50元罚款。

（4）所有罚款从该餐厅当月的营业款中直接扣除。

（三）××副院长就餐厅管理的各方面提出以下要求。

（1）餐厅管理主要包括：人员管理；设备管理是否到位、规范，如煤气罐、后门的管理；检查，包括对员工工作的检查、设备仪器的检查，如餐厅应添置煤气泄漏的检测仪器，用于定期检查。

（2）外购冷菜不可直接出售，其中存在许多安全隐患。

会议最后××副院长要求本学期保卫处和后勤与资产管理处结合我院实

际情况，在×月底前制定完成《餐厅管理规范制度》，主要包括人员管理、设施设备等管理办法，如烟道、地面清理的周期规定，餐厅周围卫生区域的责任划分等。

后勤与资产管理处
××年×月×日

第六节　办法

一、办法的定义

办法是有关机关或部门根据党和国家的方针、政策及有关法规、规定，就某一方面的工作或问题提出具体做法和要求的文件。

二、办法的特点

（1）办法的法规约束性侧重于行政约束力。

（2）办法的条款都具体、完整，不能抽象笼统。

三、办法的分类

根据内容、性质的不同，办法可分为实施文件办法和工作管理办法两种。

四、办法的写作格式

办法由首部和正文两部分组成。

1. 首部

首部，包括标题、制发时间和依据等项目内容。

（1）标题。由发文机关、事由、文种构成。

（2）制发时间、依据。标题之下用括号注明规定制发的年、月、日和会议，或通过的会议、时间及发布的机关、时间，或批准的机关、时间等。有的办法随“命令”“令”等文种同时发布，这一项目内容可不再写。

2. 正文

正文一般由依据、规定、说明这三层意思组成，可分章、分条叙述。办法中的各条规定，是办法的主体部分，要将具体内容和措施依次逐条写清楚。办法的结尾，一般是交代实施的日期和对实施的说明。

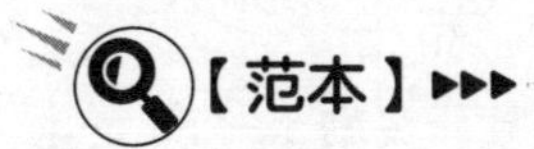

餐饮员工奖励办法

为了使本店的管理走上科学化、规范化、制度化的轨道，使本店成为适应市场经济竞争中的现代化的先进集体，同时又充分调动员工积极性，发挥员工的聪明才智，提高员工的主观能动性，自觉履行自己的职责，特定订本奖励办法。

一、奖励的对象

店长以下的所有员工有资格获此奖。

二、奖励金额的确定

凡本店员工做了一件需奖励的工作，先由所在部门主管（经理）根据《员工奖励办法》确定其员工的奖励事项（填奖单），再报店长审核后执行。

三、奖励事项的计算

在当月中员工工作出色，做了若干件需奖励之事，累计计算奖励金额或晋级。

四、奖励事项的发放

奖励每月确定一次，根据店长的审核意见，在当月工资中加上该员工的奖励金额并同工资一起发放。

五、奖励条件及具体金额

（1）提出改变本店的经营思想，经济效益显著，奖励20 ~ 500元或晋升一级。

（2）提出改革本店的经营管理，增加经济效益，奖励20 ~ 300元或晋升一级。

（3）提出提高服务质量的办法，具有社会效益和经济效益，奖励20 ~ 100元。

（4）提出节约增收的办法，具有经济效益，奖励20 ~ 100元。

（5）提出其他合理化建议被采用，奖励2 ~ 50元。

（6）在工作中为客人提供优质服务，受到客人书面表扬奖励2 ~ 30元。

（7）在工作中主动为客人提供优质服务，获得客人书面表扬且事迹突出，奖励5 ~ 20元。

（8）主动为客人排忧解难，受到客人书面表扬，奖励2 ~ 10元。

（9）争做好人好事，奖励2 ~ 5元。

（10）拾金不昧，奖励2 ~ 50元。

（11）发现安全隐患及可疑苗头，及时报告，并采取有效措施，避免重大损失，奖励10 ~ 100元。

（12）在危急关头见义勇为，保护了本店财产，奖励5～50元。

（13）有主人翁意识，降低成本合理控制开支，节约明显，奖励5～50元。

（14）有正义感，敢于揭发不良行为及作弊现象，奖励5～50元。

（15）坚持原则，能同歪风邪气、坏人坏事作斗争，奖励5～50元。

（16）获得月“星级员工称号”，次月晋升一级。

（17）获得年“先进员工称号”，次年晋升一级。

（18）积极参加行业技能比赛获得前五名者，奖励50～300元。

（19）在社会活动中作出显著成绩，给本店争良好信誉者，奖励10～100元。

（20）工作中大胆创新，改进工作方法，研制出特色菜品并产生显著的经济效益，奖励10～100元。

（21）积极思考，善于总结，把本店的先进管理经验、好人好事等发表在区级以上报纸、刊物上，奖励50～300元。

六、附件

（略）。

本制度由办公室监督实施，即日起施行。

第七节 安排

一、安排的定义

安排是短期内要做的，且范围不大、内容单一、布置具体的一类计划。

有时间观念，有效的合理安排学习、工作、休息、娱乐、玩耍等相关内容。每天都有计划安排，要做什么事情、需要多少时间，有根有据的安排计划。

二、安排的种类

（1）按性质分，有学习安排、生产活动安排、会议日程安排等。

（2）按范围分，有部门制定的安排、单位制定的安排、班组制定的安排等。

（3）按时期分，有日工作安排、周安排、月安排等。

（4）按表现形式分，有条款式、表格式等。

三、安排的特点

安排是计划类文体一种，它除了具有计划类文体特点的共性外，还有自身的一些特性。

1. 内容比较单一

安排中的事项比较单一，往往仅局限于某一项活动、工作内容，多项活动或工作内容综合安排较为少见。有的周安排、月安排，虽然也可以同时讲几项不同的事情，但大都是围绕同一中心工作进行的，而且所安排事项内容的表达，大多数又都是单一的，往往提及要点，很少详细阐明。

2. 措施要求比较具体

安排的措施比较具体，更为切合实际，实施过程中一般变动不大。空泛性和原则性、方向性灵活机动的安排无法落实执行，因此，这种安排既不实用，也不多见。

3. 时间较短

俗话说“长计划，短安排”，可见，安排的时间要求比较短，有的为“日”安排，有的为“周”安排，有的为“月”安排，有的为不长的“一段时间”安排。

4. 简明扼要

安排要简明扼要、眉目清楚、开宗点题，一般不要求写什么前言，也不要写出目标要求、实施措施和完成任务的步骤等，而是择其主要的把所要安排的工作列清，把要求、措施讲明。

安排的时限往往适用于近期工作，但是长期的计划也用“安排”行文，分析起来可能有两种情况：一是该计划缺乏完整的内容，只是对同项工作做些打算，简单地安排一下，所以有时不用计划，而用安排行文；二是该计划没经详细的论证研究，没有经过一定程序的讨论通过，所以用“安排”行文。

但是，有些计划很完整，也经过了一定的审批手续，却用“安排”行文，虽然是谦虚地表示，实则不太恰当。

四、安排的写作格式

1. 标题

如果有文头的，其标题常为安排的事项和安排二字组成，如《中共某某市委关于深入学习某某文件的安排》。

2. 主送单位

安排是对一项工作的全面部署，它涉及的范围是大多数单位和人员乃至所有单位和人员，所以这种文件一般不写受文单位。

3. 正文

正文事项不同，安排正文写法各有不同。一般含以下3部分内容，具体如图4-8所示。

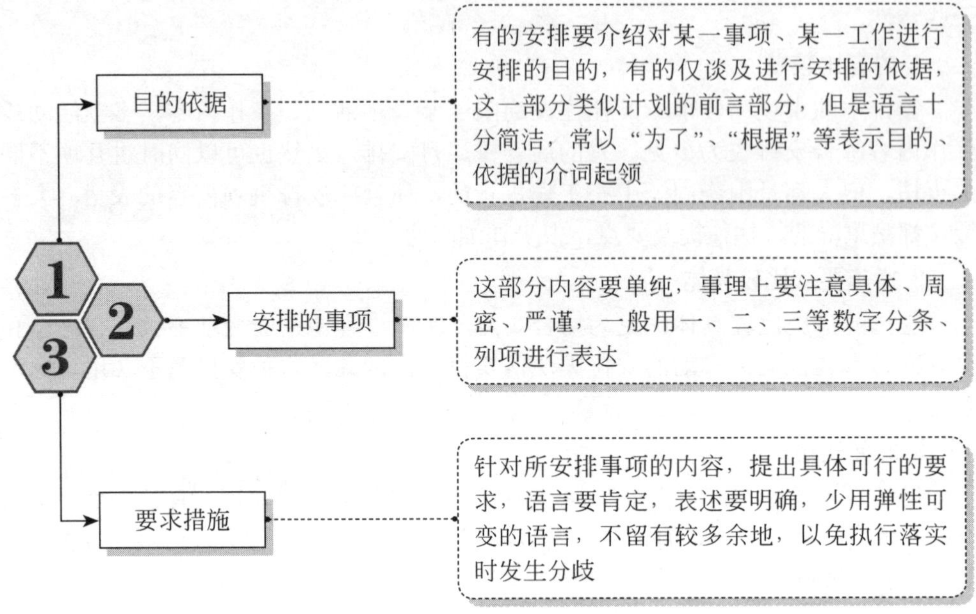

图4-8　安排的正文内容

4.结尾

安排一般不要求像计划、规划那样，讲述什么结尾，这也是安排行文要单纯、重点要突出的一种表现。

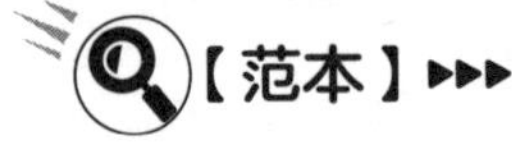

餐饮部班次安排

一、办公室班次安排

1.经理、总厨、副经理、行政副总厨班次

班次一：8:30 ~ 14:00；17:00 ~ 21:00。

班次二：11:00 ~ 14:00；17:00 ~ 21:00。

2.餐饮部办公室主管班次

班次一：8:30 ~ 12:00；14:00 ~ 18:00。

班次二：10:00 ~ 18:00。

班次三：10:00 ~ 22:00。

3.餐饮部办公室员工班次

班次一：8:30 ~ 12:00；14:00 ~ 18:00。

班次二：10:00 ~ 18:00。

二、各餐厅班次安排

1. 中餐厅班次安排

（1）楼面经理班次。

班次一：11:00 ~ 14:00；17:00 ~ 21:00（午晚餐）。

（2）服务员班次。

班次一：11:00 ~ 14:00；17:00 ~ 21:00。

（3）布草员。

班次一：8:30 ~ 17:00（午晚餐）。

（4）引领员。

班次一：11:00 ~ 14:00；17:00 ~ 21:00（午晚餐）。

班次二：11:00 ~ 20:00（午晚餐）。

（5）酒水员。

班次一：11:00 ~ 14:00；18:00 ~ 21:00。

班次二：12:00 ~ 20:00。

（6）领班。

班次一：11:00 ~ 14:00；17:00 ~ 21:00（午晚餐）。

班次二：12:00 ~午餐毕；18:00 ~晚餐毕（午晚餐）。

2. 西餐厅班次安排

（1）咖啡厅。

班次一：6:30 ~ 14:30（早、午餐）。

班次二：14:30 ~ 22:00（晚餐）。

班次三：22:00 ~ 6:30（夜宵、早餐）。

班次四：10:00 ~ 18:00；15:00 ~ 23:00（午晚餐）。

（2）西餐厅。

班次一：6:30 ~ 14:00（早、午餐）。

班次二：7:30 ~ 10:30；17:00 ~ 21:00（早、午、晚餐）。

班次三：11:00 ~ 14:00；17:00 ~ 21:00（午晚餐）。

班次四：14:00 ~ 21:00（晚餐）。

（3）楼面经理。

班次一：7:30 ~ 15:30（早、午）。

班次二：7:30 ~ 10:30；17:00 ~ 21:00（早、晚）。

班次三：11:00 ~ 14:00；17:00 ~ 21:00（午、晚）。

班次四：18:00 ~ 2:00（晚餐、夜宵）。

（4）西餐夜宵。

班次一：18:00 ~ 2:00（晚餐、夜宵）。

班次二：20:30 ~ 2:00（夜宵、早餐）。

3. 韩餐厅班次安排

（1）服务员。

班次一：11:00 ~ 14:00；17:15 ~ 21:00（午、晚餐）。

班次二：11:30 ~午餐毕；17:45 ~晚餐毕（午、晚餐）。

（2）传菜员。

班次一：11:00 ~ 14:00；17:15 ~ 21:00（午、晚餐）。

班次二：11:30 ~午餐毕；17:45 ~晚餐毕（午、晚餐）。

（3）引领员。

班次一：11:00 ~ 14:00；17:15 ~ 21:00。

（4）楼面主管。

班次一：11:00 ~ 14:15；17:15 ~ 21:00（午、晚餐）。

（5）布草员。

班次一：10:30 ~ 14:00；17:45 ~ 21:00。

4. 春江阁班次安排

（1）服务员。

班次一：11:00 ~ 14:00；17:15 ~ 21:00（午、晚餐）。

班次二：11:30 ~午餐毕；17:45 ~晚餐毕（午、晚餐）。

（2）传菜员。

班次一：11:00 ~ 14:00；17:15 ~ 21:00（午、晚餐）。

班次二：11:30 ~午餐毕；17:45 ~晚餐毕（午、晚餐）。

（3）引领员。

班次一：11:00 ~ 14:00；17:15 ~ 21:00。

（4）楼面主管。

班次一：11:00 ~ 14:15；17:15 ~ 21:00（午、晚餐）。

三、各厨房班次安排

1. 中厨房班次安排（二楼）

（1）炉头。

早班：9:30 ~ 13:30；16:30 ~ 20:30。

中班：10:00 ~ 14:00；17:30 ~ 21:00。

晚班：（a）11:00 ~ 14:30；18:00 ~ 21:30

（b）11:30 ~ 14:30；18:30 ~ 22:30。

（2）上杂。

早班：9:00 ~ 13:30；16:30 ~ 20:00。

中班：10:00 ~ 14:00；17:30 ~ 21:00。

晚班：11:30 ~ 14:30；18:00 ~ 22:00。

（3）砧板。

早班：（a）9:00 ~ 13:00；16:00 ~ 20:00。

（b）9:30 ~ 13:30；17:00 ~ 20:30。

中班：10:00 ~ 14:00；17:30 ~ 21:00。

晚班：11:30 ~ 14:30；18:30 ~ 22:30。

（4）打荷。

早班：9:30 ~ 13:30；16:00 ~ 20:00。

中班：10:00 ~ 14:00；17:30 ~ 21:00。

晚班：（a）11:00 ~ 14:00；17:30 ~ 21:30。

（b）11:30 ~ 14:30；18:00 ~ 22:00。

（5）凉菜间。

早班：9:00 ~ 13:00；16:00 ~ 20:00。

中班：10:00 ~ 14:00；17:30 ~ 21:00。

晚班：11:30 ~ 14:30；18:00 ~ 22:00。

（6）水台。

早班：9:30 ~ 13:30；16:30 ~ 20:30。

中班：10:00 ~ 14:00；17:30 ~ 21:00。

晚班：10:30 ~ 14:30；18:00 ~ 21:30。

（7）剪菜间。

中班：9:00 ~ 13:30；18:00 ~ 20:30。

连班：9:00 ~ 18:00。

2. 中厨房班次安排（四楼）

（1）炉头。

早班：10:00 ~ 14:00；17:30 ~ 21:00。

晚班：10:00 ~ 13:30；18:00 ~ 21:30。

（2）上杂。

早班：9:00 ~ 13:00；17:30 ~ 21:00。

中班：12:30 ~ 20:00。

晚班：10:00 ~ 14:00；17:30 ~ 21:00。

（3）砧板。

早班：9:00 ~ 13:30；17:00 ~ 20:00。

中班：9:30 ~ 13:30；17:00 ~ 20:30。

晚班：10:00 ~ 14:00；17:30 ~ 21:00。

（4）打荷。

早班：10:00 ~ 14:00；17:30 ~ 21:00。

晚班：10:00 ~ 13:30；18:00 ~ 21:30。

（5）凉菜间。

早班：9:00 ~ 13:00；16:00 ~ 20:00。

中班：10:00 ~ 13:30；16:00 ~ 20:30。

晚班：10:00 ~ 14:00；17:30 ~ 21:00。

（6）剪菜间。

连班：9:00 ~ 17:00。

（7）烧腊间。

早班：8:30 ~ 13:00；16:00 ~ 19:30。

中班：9:30 ~ 13:30；17:00 ~ 20:30。

晚班：9:00 ~ 13:00；17:00 ~ 20:30。

（8）厨师长。

班次一：10:00 ~ 14:00；17:30 ~ 21:00。

班次二：11:00 ~ 14:30；18:00 ~ 21:30。

3. 西厨房班次安排

（1）西厨房班次安排。

早班：6:00 ~ 14:00。

班次一：18:00 ~ 2:00。

班次二：20:00 ~ 4:00。

班次三：22:00 ~ 6:00。

班次四：16:00 ~ 0:00。

（2）沙律间。

班次一：6:00 ~ 14:00。

班次二：13:30 ~ 21:30。

班次三：9:30 ~ 13:00；16:30 ~ 20:30。

（3）西饼房。

班次一：4:00 ~ 12:00。

班次二：9:00 ~ 13:30；16:30 ~ 20:00。

班次三：13:30 ~ 21:30。

班次四：8:30 ~ 17:00。

（4）厨师长。

班次一：9:30 ~ 13:30；16:30 ~ 20:30。

（5）主厨房。

班次一：9:30 ~ 13:30；16:30 ~ 20:30。

4.韩厨房班次安排

早班：10:00 ~ 13:30；16:30 ~ 21:00。

中班：10:00 ~ 14:00；17:30 ~ 21:00。

晚班：11:00 ~收尾；18:00 ~收尾。

厨师长：10:00 ~ 14:00；17:00 ~ 21:00。

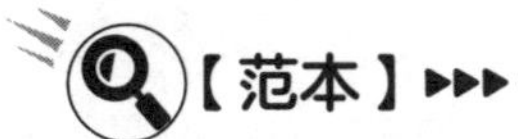

××西餐厅工作安排表

一、早班（6:00 ~ 15:00）

（1）6:00必须准时到达岗位并阅读交班留言本及区域安排表。

（2）6:00 ~ 6:30看区的员工准备好咖啡、茶、冰水、奶盅（根据住房率的高低来准备）。检查全场的餐具、台面是否干净整洁，看布菲的员工按布菲台上的食品摆出相匹的餐具餐卡，并检查电磁炉工作是否正常。

（3）7:00 ~ 8:00员工早餐时间。

（4）6:30 ~ 10:30早餐服务时间。

（5）10:20看区的员工开始收全场的奶盅、糖盅和咖啡杯，并摆上水杯，调整餐具。

（6）10:30早餐服务时间结束，开始收布菲（可以提前5分钟关闭电磁炉，收餐卡），把午餐不用的餐具全部收回餐具间。

（7）10:30 ~ 11:30午餐准备工作（把传菜间的餐具备齐，及更换冰水）。

（8）11:00 ~ 12:30员工午餐时间。

（9）11:30 ~ 14:30午餐服务时间。

（10）13:00 ~ 14:00负责传菜的员工，负责更换布草。

（11）14:30 ~ 15:00结束午餐布菲，看区的员工必须把餐边柜里的餐具等补充齐全点数，并清洁汁酱瓶和家私柜。

（12）15:00开例会时间。

（13）例会结束后和中班的员工工作交接。

二、中班（15:00 ~ 0:00）

（1）参加完例会后和早班的员工进行工作交接。

（2）15:30 ~ 16:30检查全场的餐具、台面是否干净整洁，负责传菜的员工认真检查并补充传菜的餐具和擦拭餐厅的水杯和下午茶所使用的餐具。

（3）16:30 ~ 17:30员工晚餐时间。

（4）18:30 ~ 22:00餐厅的晚餐服务时间（必须在18:00之前把开餐的准备工作做好）。

（5）22:00看咖啡厅的员工开始撤走桌面上的水杯，摆上咖啡杯并调整餐具为早餐做准备。传菜的员工负责摆放第二天布菲所需的餐具。

（6）23:00 ~ 23:30看餐厅的员工把所有不需要的餐具，整齐地摆放回餐边柜，清洁油醋瓶并放到指定位置，餐具点数。

（7）检查收档工作，并用餐巾台布把布菲台的餐具盖好。

（8）23:30同下班次员工交接，例会完毕后下班。

第五章　餐饮企业商务文书写作

第一节　合同

一、合同的定义

《中华人民共和国合同法》（简称《合同法》）第二条：合同是平等主体的自然人、法人、其他组织之间设立、变更、终止民事权利义务关系的协议。

合同，又称为契约、协议，作为一种民事法律行为，是当事人协商一致的产物，是两个以上的意思表示相一致的协议。只有当事人所作出的意思表示合法，合同才具有法律约束力。依法成立的合同从成立之日起生效，具有法律约束力。

二、合同的内容

根据《中华人民共和国合同法》第十二条规定：合同的内容由当事人约定，一般包括以下条款。

（1）当事人的名称或者姓名和住所。

（2）标题。

（3）数量。

（4）质量。

（5）价款或者报酬。

（6）履行期限、地点和方式。

（7）违约责任。

（8）解决争议的方法。

三、合同的订立原则

根据《中华人民共和国合同法》规定，缔约当事人在订立合同的过程中应当遵守五个原则，即当事人地位平等原则、自愿原则、公平原则、诚实信用原则和善良风俗原则。

《合同法》第三条：合同当事人的法律地位平等，一方不得将自己的意志强加给另一方。

《合同法》第四条：当事人依法享有自愿订立合同的权利，任何单位和个人不得非法干预。

《合同法》第五条：当事人应当遵循公平原则确定各方的权利和义务。

《合同法》第六条：当事人行使权利、履行义务应当遵循诚实信用原则。

《合同法》第七条：当事人订立、履行合同，应当遵守法律、行政法规，尊重社会公德，不得扰乱社会经济秩序，损害社会公共利益。

四、合同的写作格式

合同的结构一般由标题、正文、署名与日期三部分组成。

1.标题

标题一般直接点明合同的种类，如“房屋承建合同”，也可以直接写明订立合同的双方单位和合同项目。

标题下方应标明合同编号。

2.正文

（1）当事人。当事人首次出现应写全称，可用括号标明简称。

（2）正文条款。合同的主要条款按前文所述，共有8条。因合同事项需求，所以可根据当事人协商另加附则。

3.署名与日期

署名即签约单位或个人。署名时应写双方单位的全称，加盖双方单位公章或合同专用章，注明双方的地址、电话、联系人等。最后双方代表签名，签约日期位于签约单位下方。日期应写全年月日，不得省略。

酒店员工劳动合同书

甲方（用人单位）:________________　　　乙方（员工）:________________

根据《中华人民共和国劳动合同法》及相关法律、法规的规定，甲乙双方遵循合法、公平、平等自愿、协商一致、诚实信用的原则，订立本劳动合同（以下简称合同），共同遵守。

一、合同期限和工作内容

第一条　本合同期限为____年，自____年____月____日起至____年____月____日止。培训期为____天。

第二条　根据甲方工作需要，乙方同意从事____岗位（工种）工作，乙方的工作地点为________________。

第三条　乙方应按照甲方规章制度，按时完成规定的岗位工作任务，达到规定的质量标准。如乙方达不到规定的岗位职责要求，甲方可以调整变更乙方工作岗位（工种）。

二、工作时间

第四条　乙方应在工作时间内有效完成规定的岗位工作任务，尽量避免利用非工作时间完成工作任务。

第五条　甲方延长乙方工作时间的，除乙方自行要求延长工作时间完成岗位工作任务外，应按有关规定支付加班加点劳动报酬或安排乙方补休，但乙方需办理书面加班手续。

三、劳动保护、劳动条件

第六条　甲方按国家和省、市有关劳动保护规定为乙方提供符合国家劳动卫生标准的劳动安全卫生条件和必要的劳动防护用品。

第七条　甲方为乙方提供政治思想、职业道德、业务技术、劳动安全卫生及有关规章制度的教育和培训。

第八条　甲方按国家和地方有关规定，做好女职工和未成年工的劳动保护工作。

四、劳动报酬

第九条　乙方完成本合同及规章制度规定的岗位责任工作任务，甲方每月以货币形式支付乙方劳动报酬。

第十条　上述劳动报酬包括固定底薪、奖金等，具体操作由规章制度确定。

第十一条　规章制度在执行过程中因客观原因出现变化，甲方有权根据新修订且有效的规章制度调整各项劳动报酬标准。

五、劳动纪律和规章制度

第十二条　乙方在签订本合同时，甲方依法制定的各项规章制度和劳动纪律已依法告知乙方。

第十三条　乙方应严格遵守甲方制定的规章制度，完成劳动任务，提高职业技能，执行劳动安全卫生规程，遵守劳动纪律和职业道德。

第十四条　乙方有权参加业务（技术）学习（培训），享有参与民主管理和提出合理化建议、评选和被评选为先进员工等权利。

第十五条　甲方有权按照规章制度的岗位责任等规定，检查考核乙方完成工作任务的情况，并根据考核情况对乙方实施奖励或处分。

第十六条　乙方有权拒绝甲方安排违法、不道德或损害乙方身心健康的行为，有权提出批评并向有关部门检举控告。

第十七条　乙方应保守甲方的商业秘密，未经甲方同意，不得公开或泄露甲方客户资料、培训资料、公司运营管理指引、财务账册等商业秘密。甲方对乙方的个人资料，未经乙方的同意，不得公开和泄露。

第十八条　乙方违反劳动纪律，甲方可依据本单位规章制度，给予相应的处分、经济处罚等，直至解除本合同。

六、劳动合同的变更、解除、终止及续订

第十九条　符合《劳动合同法》规定的条件或者经甲、乙双方协商一致，可以变更本合同的相关内容或者解除合同。除因乙方不胜任工作，甲方可以依法适当调整其工作内容外，变更劳动合同，双方应当签订《变更劳动合同协议书》。

第二十条　甲方解除本合同，应提前三十日以书面形式通知乙方。有下列情形之一，甲方可以解除本合同。

（一）在试用期内的。

（二）乙方违反或不履行劳动合同的。

（三）乙方严重失职，营私舞弊，对甲方利益造成重大损害的。

（四）乙方严重违反劳动纪律或甲方规章制度。

（五）乙方被依法追究刑事责任或劳动教养的。

（六）乙方患病或者非因工负伤，医疗期满后不能从事原工作，也不能从事由甲方另行安排的工作的。

（七）乙方不能胜任工作，经过培训或者调整工作岗位，仍不能胜任工作的。

（八）劳动合同订立时所依据的客观情况发生重大变化，致使原劳动合同无法履行，经甲、乙双方协商不能就变更劳动合同达成协议的。

（九）经有关部门确认，甲方歇业、宣告破产或者濒临破产处于法定整顿期间的；依照第（六）、（七）、（八）、（九）条解除劳动合同的，甲方应提前三十日以书面形式通知乙方。

第二十一条　乙方解除劳动合同，应当提前三十日以书面形式通知甲方。有下列情形之一，乙方可以随时通知甲方解除本合同。

（一）甲方以暴力、威胁、监禁或者非法限制人身自由的手段强迫劳动的。

（二）甲方不能按照本合同规定支付劳动报酬或者提供劳动条件的。

第二十二条　因企业关闭、企业严重亏损等不可抗力原因不能履行合同的，甲乙双方可以解除合同，各自承担各自责任。

第二十三条　本合同期限届满，劳动合同即终止。甲乙双方经协商同意，可以续订劳动合同。

七、违反本合同的责任

第二十四条　乙方有下列情况之一的，应当承担违约责任。

（一）未按规定，单方面解除本合同或者不履行本合同的。

（二）严重违反劳动纪律或甲方依法制定的规章制度，符合开除、辞退条件的。

（三）严重失职，营私舞弊，泄露或其他形式侵犯甲方商业秘密，对甲方的利益造成重大损害的。

（四）被依法追究刑事责任的。

第二十五条　当事人一方违反本合同时，应承担违约责任，向对方支付违约金。

第二十六条　乙方违反规定或本合同的约定解除合同的，对甲方造成损失的，乙方应赔偿甲方下列损失。

（一）由甲方出资培训和招接收的人员，为其支付的培训费和招收录用费。

（二）对生产、经营和工作造成的直接经济损失。

（三）本合同约定的其他赔偿费用。

八、通知和送达

第二十七条　甲乙双方在本合同履行过程中相互发出或者提供的所有通知、文件、文书、资料等，均可以当面交付或以本合同所列明的通讯地址履行送达义务。一方如果迁址或变更电话，应当及时书面通知另一方。

九、因履行本合同发生纠纷的解决办法

第二十八条　乙方认为甲方侵害自己合法权益的，可以先向甲方书面提出，寻求解决。属双方因履行本合同发生争议，应当先协商解决，协商不成的，可自争议发生之日起法定期限内向甲方劳动争议调解委员会申请调解，或者法定期限内向劳动争议仲裁委员会申请仲裁。

十、其他

第二十九条　以下专项协议和规章制度作为本合同的附件，与本合同具有同等法律效力。

第三十条　本合同未尽事宜，双方可另协商解决；与今后国家法律、行政法规等有关规定相悖的，按有关规定执行。

第三十一条　本合同一式两份，甲乙双方各执一份，具有同等法律效力。

（特别提示：以上条款内容甲乙双方在签署本合同前，均应事先仔细阅读，并详细了解本合同以及附件内容，双方签字后即行生效。）

甲方：（盖章）____________　　乙方：（签名）____________

法定代表人：____________　　身份证号：____________

联系电话：____________　　联系电话：____________

____年____月____日　　____年____月____日

第二节　招、投标书

一、定义

1.招标书

招标书又称招标通告、招标启事、招标广告，它是将招标主要事项和要求公告于世，从而招使众多的投资者前来投标；一般都通过报刊、广播、电视等公开传播媒介发表；在整个招标过程中，它是属于首次使用的公开性文件，也是唯一具有周知性的文件。

2.投标书

投标书是指投标单位按照招标书的条件和要求，向招标单位提交的报价并填具标单的文书。它要求密封后邮寄或派专人送到招标单位，故又称标函。它是投标单位在充分领会招标文件，进行现场实地考察和调查的基础上所编制的投标文书，是对招标公告提出的要求的响应和承诺，并同时提出具体的标价及有关事项来竞争中标。

二、招标书的种类

1.按方式划分

有公开招标、邀请招标。

2.按时间划分

有长期招标书和短期招标书。

3.按内容及性质划分

有企业承包招标书、工程招标书、大宗商品交易招标书。

4.按招标范围划分

有国际招标书和国内招标书。

5.餐饮企业的招标书

主要是指餐饮企业（招标单位）或招标代理机构向相关单位所提供的有关此项目的一些基本信息。比如项目的资金来源、规模、开标时间及地点、所要求的资质等级、相关单位所要提供的相关资料等，以及便于相关单位编制投标文件的一些要求和注意事项。

三、招标书的写作格式

招标书一般由标题、正文、结尾三部分组成。

1. 标题

写在第一行的中间。常见写法有四种，如图5-1所示。

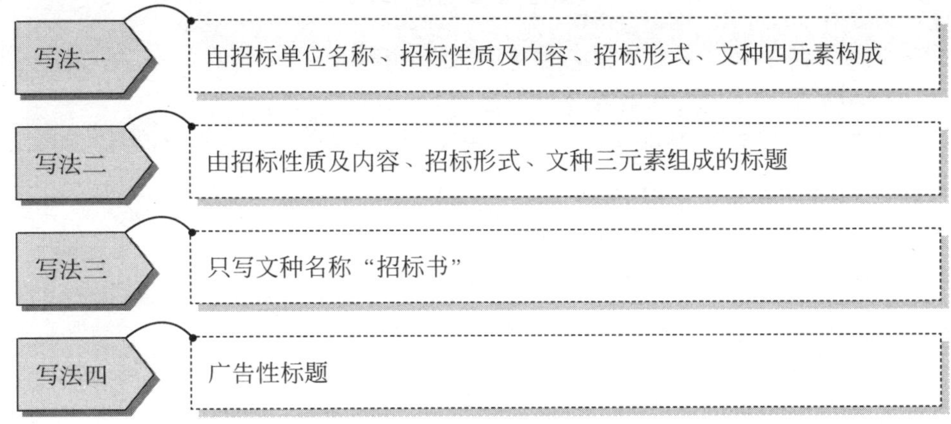

图5-1　招标书标题的写法

2. 正文

正文由引言、主体部分组成。

引言部分要求写清楚招标依据、原因。

主体部分要翔实交代招标方式（公开招标、内部招标、邀请招标）、招标范围、招标程序、招标内容的具体要求，以及双方签订合同的原则、招标过程中的权利和义务、组织领导、其他注意事项等内容。

3. 结尾

招标书的结尾，应签具招标单位的名称、地址、电话等。

四、投标书的写作格式

1. 标题

投标书标题正中写明“投标申请书”、“投标答辩书”或“投标书”即可。

2. 正文

投标书正文由开头和主体组成。

开头，写明投标的依据和主导思想。

主体，应把投标的经营思想和经营方针、经营目标、经营措施、要求、外部条件等内容具体、完整、全面地表述出来，力求论证严密、层次清晰、文字简练。

3. 落款

写明投标单位（或个人）的名称和投标日期。

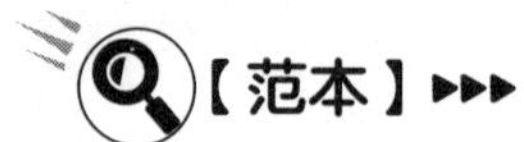
【范本】

餐厅装修招标书

项目名称：××餐饮有限公司餐厅装修工程。

招标单位：××餐饮有限公司（盖章）。

日期：××年×月×日。

一、投标须知

工程名称：××餐饮有限公司餐厅装修工程。

工程地点：××市××区。

建设规模：约××平方米。

质量标准要求：合格。

工期要求：合同签订日期起____日历天。

招标范围：本工程招标范围包括施工图范围内的所有土建、安装等工程。

资金来源：企业自筹。

计价方式：（略）。

二、工程概况

××餐饮有限公司员工餐厅装修工程建筑面积为××平方米，结构类型为砖混结构，屋面采用钢结构框架结构，层数为一层。

三、技术规格及要求

1.具体技术要求详见施工图纸。

2.除注明者外，本工程所用的材料、规格、施工及验收要求，均按照现行国家及行业规范、规定和设计要求执行。

四、合同的主要条款

1.本合同承包方式为：按中标价包干，结算时不作调整。

2.质量：合格。本工程验收标准：按本工程设计要求及相关规范，达不到合格质量标准，应无条件返修至合格，返工期间费用中标人自付，并承担给投标人造成的直接经济损失及工期延误的违约责任。

3.工期：本工程各标段要求建设工期为____日历天，开工日期以合同签订日期为准，招标人根据工程实际情况提供施工工作面，投标人要根据工程实际可施工工作面情况调整施工人员、机械、材料的投入，确保工程的进度和工期。工期每拖延一天，按每天______元进行处罚。

4.付款方式。

（1）合同签订后，甲方预付给乙方工程款的30%，作为合同的预付款，乙方必须保证按时进入施工现场，准时开工。

（2）工程完成60%时，甲方再付给乙方工程款的30%。

（3）整个工程完工后，甲方再付给乙方工程款的35%。

（4）剩余工程款的5%，作为工程的质保金，一年后无质量问题一次付清。

双方约定的工程款支付方式如下。

——中标人应设立资金监管账户，工程款全部转入资金监管账户。

——工程进度款的支付以银行转账的方式。

本工程的进度款只能用于本合同项目，不能挪为他用，承包人应承诺专款专用并出具承诺书。

合同外增加工程量，按实际核定完成量的50%支付工程款。

5.履约保证：投标人中标后，以现金转账或银行保函方式提交履约担保，保证金为______元人民币，工程通过竣工验收合格后，10天内退还履约担保。

6.双方约定的承包人违约责任。

（1）承包人在收到发包人指定工程师签发的开工令之前，投标书内承诺配备的工地人员必须在发包人指定工程师指定的日期进场，以保证项目管理机构有效运转。工程施工的项目经理和项目管理班子其他人员必须是该工程中标时所承诺的项目管理班子成员，项目管理班子成员不得擅自变更。项目管理班子成员因刑事犯罪、伤病丧失工作能力等确属不能履行职责需要变更的，所变更人员的资格、业绩和信誉不得低于中标时的条件，其余需要更换的，都不在免除责任范围内。施工期间承包人单方面提出变更中标的项目经理和项目管理班子其他成员，需经发包人同意。

（2）承包人与发包人签订施工合同后，承包人在投标书中承诺使用的主要施工机械设备必须在发包人指定工程师指定的日期进场，以保证工程顺利开工。

（3）承包人应服从发包人及其委托的现场工程师的管理，承包人对发包人关于工程质量、进度、有关资料的报表报送的及时性等正确指令，即收到联系整改通知单48小时不整改、7日内不整改完成，视为拖延工期，不服从监督管理，发包人有权对承包人进行违约罚款。

（4）承包人在投标文件中明确的施工组织设计如发生变更的须经现场工程师和发包人批准，未经批准擅自变更的发包人将收取相应违约金。

7.本工程范围内的材料、设备由中标人采购的，不得低于招标文件或设计文件规定和投标文件承诺的合格产品，产品质量必须满足相关验收规范，且在使用之前必须经招标人确认后方可使用。中标人必须提前向招标人提交材料样品、合格证等有关材质说明，不符合规格的材料不得进场，已经使用的要求拆除整改。

8.本工程严禁转包和违法分包，一经发现，将取消中标人资格，清退出场，并没收履约保证金，中标人并承担由此给招标人造成的一切经济损失。

五、工期要求

本工程各标段要求建设工期为______日历天，具体完成时间____年____月____日前验收并交付使用。

六、投标文件的组成

1.投标文件第一部分。技术标第一部分投标文件，包括如下内容。

（1）第一部分内容封面。

（2）项目管理班子配备情况表。

（3）项目管理班子关键职位（人员）履历表。

（4）项目管理班子人员资格证书复印件（人员所属单位必须是投标人）。

2.投标文件第一部分。技术标第二部分投标文件，包括如下内容。

（1）第二部分内容封面。

（2）主要施工工艺、方法说明。

（3）工程投入的主要物资（材料）情况描述及进场计划。

（4）工程投入的主要施工机械设备情况描述及进场计划。

（5）劳动力安排情况描述。

（6）确保工程质量的技术组织措施。

（7）确保安全生产的技术组织措施。

（8）确保文明施工的技术组织措施。

（9）确保工期的技术组织措施。

（10）拟投入的主要施工机械设备表。

（11）劳动力计划表。

（12）施工进度计划表或工期网络图。

3.投标文件第三部分。商务标投标文件，包括如下内容。

（1）封面。

（2）投标报价书目录。

（3）投标文件签署授权委托书。

（4）投标函。

（5）投标函附录。

（6）投标保函或投标保证金缴交凭证。

（7）工程量清单报价表（封面）。

（8）投标总价。

（9）工程项目总价表。

（10）单项工程费汇总表。

（11）单位工程费汇总表。

（12）分部分项工程量清单计价表。

（13）技术措施项目清单计价表。

（14）其他措施项目清单计价表。

（15）其他项目清单计价表。

（16）规费清单计价表。

（17）设备清单计价表。

（18）零星工作项目计价表。

（19）分部分项工程量清单综合单价分析表。

（20）技术措施项目清单综合单价分析表。

（21）材料设备品牌选用表。

（22）投标企业的劳保核定卡。

（23）电子投标计价文件。

七、定标及合同签订

1.招标人在评标后三个工作日内，按照评标报告中推荐的中标候选人顺序确定排序最前的中标候选单位为中标单位并发中标通知书，当确定中标的中标候选单位放弃或因不可抗力提出不能履行合同或者招标文件规定应提交履约担保而在规定的期限内未能提交的，招标人依序确定其他中标候选单位为中标单位。

2.中标单位在接到中标通知书后两个工作日内须持中标通知书与招标人签订工程承包合同并同时缴交履约保证金（______元人民币），所签订的合同不得对招标文件和中标人投标文件做实质性修改。中标人如不按本投标条款的规定与招标人签订建设工程施工合同，则招标人将有充分的理由废除对其授标权，同时扣罚中标人的投标保证金予以赔偿中标人给招标人造成的损失。

3.中标人收到中标通知书后五个工作日内不按招标文件要求提交履约保证金，招标人视为中标人放弃中标，招标人依序确定其他中标候选人作为中标人，并不予退还其投标保证金。

4.中标人不按招标人要求的时间组织进场施工之日起超过五天的，招标人视为中标人放弃中标，招标人依序确定其他中标候选人作为中标人。

5.中标人不履行与招标人订立的合同的，履约担保金不予退还，给招标人造成的损失超过履约担保金数额的，还应当对超过部分予以赔偿。

6.中标人应当按照合同约定履行义务，完成中标项目，不得将中标项目施工转让（转包）给他人。对中标项目施工的非关键性工作如果要分包给他人完成必须是投标文件明确的分包项目或经招标人同意，接受分包的人应当具备相应的资格条件，并不得再次分包。此种情况下，中标人应当就分包项目向招标人负责。

八、投标保证金退还

1. 投标费用：投标过程中所发生的一切费用，均由投标单位自行承担。

2. 投标保证金。

（1）投标单位须向招标单位交缴投标保证金，投标保证金数额为______元人民币。

（2）投标保证金包括以下条件。

如果投标单位中标，投标保证金保持全部约束力，直到中标单位与招标单位签订协议。

如果投标单位在投标有效期内撤回其投标，或被通知与招标单位签订合同后拒签，或未能执行缴交履约担保的规定，则招标单位有权没收投标保证金。

未中标的投标人应开具有税务专用章的往来票据向招标人办理退回投标保证金，招标人在招标工作结束七个工作日内将投标保证金无息退回投标人原账户。

九、其他方面要求

1. 招标工程类别及费率取费标准（略）。

2. 本工程实行风险包干制承包，招标人在计算合理低价时已根据工程的实际情况和工期及市场情况按1%的风险包干系数计入风险包干费。设计图纸中有明确表述的项目，均在风险包干范围内，中标后，招标人不再对工程量清单的项目和数量进行校对和调整。投标人必须按其报价依据施工图完成招标文件规定范围内的所有工程项目。

3. 本工程施工图纸和工程量清单对工程项目内容的说明为相互补充的关系，投标人应认真核对，充分考虑工程量清单比照施工图纸存在缺项、漏项的可能。若工程量清单有缺项、漏项，则应视为已包含在投标总价内，风险由中标人承担，中标后不予增补。

4. 主要材料设备品牌推荐表见下表。

主要材料设备品牌推荐表

序号	名称	规格型号技术参数等特殊要求	推荐品牌			
			品牌一	品牌二	品牌三	品牌四

续表

（1）技术参数及规格等除表内具体要求外，还应根据图纸要求 （2）投标人选用材料品牌时应考虑选用同一品牌（或系列）产品投标，使材料配套 （3）项目实施过程中，可能存在投标人在投标文件中填报的品牌无生产（或停产或无货或无相对应系列产品），招标人可从《主要材料设备明细表》其他备选的两种品牌中选择使用，中标单位不得拒绝且不得提出调价要求，如果以上《主要材料设备明细表》中某材料设备三种品牌均无生产（或停产或无货或无相对应系列产品），招标人可选择其他同等档次品牌使用，中标单位不得拒绝且不得提出调价要求 （4）本工程承包范围由承包人采购的材料、设备，不得低于招标文件规定和技术文件承诺的合格产品，且在使用之前必须经发包人、监理、设计单位共同确认后方可使用

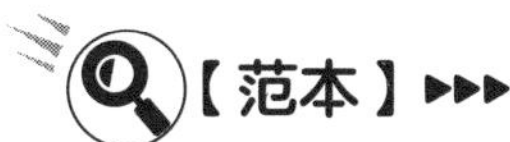

餐饮投标书

接标单位：

投标单位：

（1）根据已收到的招标编号________为________的食堂承包的招标文件，遵照《食堂承包招标投标管理办法》的规定，我单位经考察现场和研究上述食堂承包招标文件的投标须知、合同条件和其他有关文件后，我方愿以人民币________元的总价，按上述合同条件和其他有关文件的条件承包上述食堂的配送、管理和保修。

（2）一旦我方中标，我方保证在____年____月____日开工，____年____月____日竣工，即____天（日历日）内竣工并移交整个工程。

（3）如果我方中标，我方将按照规定提交上述总价5%的银行保函或上述总价10%的由具有独立法人资格的经济实体企业出具的履约担保书，作为履约保证金，共同地和分别地承担责任。

（4）我方同意所递交的投标文件在“投标须知”第11条规定的投标有效期有效，在此期间内我方的投标有可能中标，我方将受此约束。

（5）除非另外达成协议并生效，你方的中标通知书和本投标文件将构成约束我们双方的合同。

（6）我方金额为人民币________元的投标保证金与本投标书同时递交。

投标单位：（盖章）

单位地址：

法定代表人：（签字、盖章）

邮政编码：
电话：
传真：
开户银行名称：
银行账号：
开户行地址：
电话：
日期：____年____月____日

第三节　可行性报告

一、可行性报告的定义

可行性报告又叫可行性研究报告，是从事一种经济活动（投资）之前，双方要从经济、技术、生产、供销直到社会环境、法律等各种因素进行具体调查、研究、分析，确定有利和不利的因素、项目是否可行，估计成功率大小、经济效益和社会效果，为决策者和主管机关审批的上报文件。

二、可行性报告的特点

可行性报告主要有三大特点，如图5-2所示。

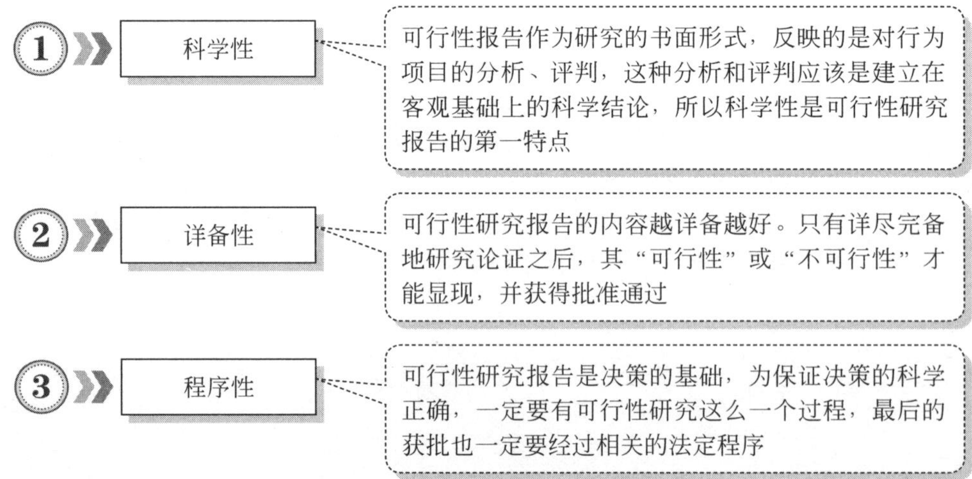

图5-2　可行性报告的特点

三、可行性报告的写作要求

可行性研究工作对于整个项目建设过程乃至整个国民经济都有非常重要的意义，为了保证可行性研究工作的科学性、客观性和公正性，有效地防止错误和遗漏，在可行性研究中要做到以下3点。

（1）必须站在客观公正的立场进行调查研究，做好基础资料的收集工作。对于收集的基础资料，要按照客观实际情况进行论证评价，如实地反映客观经济规律，从客观数据出发，通过科学分析，得出项目是否可行的结论。

（2）可行性研究报告的内容深度必须达到国家规定的标准，基本内容要完整，应尽可能多地占有数据资料，避免粗制滥造，搞形式主义。

在做法上要掌握好以下4个要点。

——先论证，后决策。

——处理好项目建议书、可行性研究、评估这三个阶段的关系，哪一个阶段发现不可行都应当停止研究。

——要将调查研究贯彻始终。一定要掌握切实可靠的资料，以保证资料选取的全面性、重要性、客观性和连续性。

——多方案比较，择优选取。

（3）为保证可行性研究的工作质量，应保证咨询设计单位足够的工作周期，防止因各种原因的不负责任草率行事。

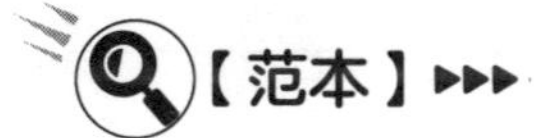

开餐厅可行性报告

一、××餐厅目标市场分析

（一）××餐厅具有良好的市场

茶餐厅作为大众食肆的代号，见证了中国香港大半个世纪的变迁，它充满的平民气氛，它承载的本土文化，给人一种“街坊”的亲切感。难怪不少港人说：一旦离开了中国香港，也会挂念着茶餐厅。

茶餐厅的方便快捷，与争分夺秒的现代人生活节奏十分合拍。茶餐厅定价大众化，每餐每人平均消费约二十至四十元人民币，即使天天光顾，本地白领也消费得起。

茶餐厅食物款式多，既有中式酒楼供应的肉类、海鲜，又有西餐厅售卖的牛排、火腿奄列、西多士、沙律、咖啡及奶茶，还有煲仔饭、碟头饭、盅头饭、生滚粥、粉面、煎炸小食、明炉小炒等本地传统的大排档食品，此外，还有一些独具茶餐厅特色的食品，其中“鸳鸯”可能是“最××餐厅”的饮品，所谓的“鸳鸯”就是奶茶和咖啡混合，这种中西合璧的茶餐厅独创饮料，最是体现现代融汇东西方、中国港台文化的城市特色。

随着都市人生活节奏的不断加快，相应的工作压力也越来越大，吃饭便成了疲惫的都市人忙里偷闲的又一种调节方式。都市人吃的乐趣已不再是简单的色、香、味，如果开一种以特色取胜的茶餐厅定能吸引众多休闲消费顾客。休闲茶餐厅所以受欢迎主要是能随意组合。点吃茶点大多为烘托休闲环境，让人以休闲玩乐和解决温饱为一体，尽情地放松自己。其次是价格适中，一般情况下一杯茶加一些休闲菜点，三五个朋友，人均20元左右，普通消费者可以接受。另外，吃休闲茶点时间较长，人们相约吃休闲茶点就图它有个宽松的空间，能得到较长时间的休息，常常一坐就是两小时，甚至半天。随着休闲消费的发展，茶餐厅正成为都市人现代的消费潮流。

（二）××餐厅目标市场分析

餐厅市场细分见下表。

市场的细分（市场细分表）

<table>
<tr><th>区域</th><th>年龄</th><th>月平均零用钱/元</th><th>频率</th><th>爱好</th></tr>
<tr><td rowspan="12">市区</td><td rowspan="3">14～19学生</td><td rowspan="3">50～200</td><td>经常买</td><td rowspan="3">奶茶，点心</td></tr>
<tr><td>偶尔买</td></tr>
<tr><td>不买</td></tr>
<tr><td rowspan="3">20～24大学生</td><td rowspan="3">700～1000</td><td>经常买</td><td rowspan="3">甜品，茶类</td></tr>
<tr><td>偶尔买</td></tr>
<tr><td>不买</td></tr>
<tr><td rowspan="3">25～30白领，年轻人</td><td rowspan="3">自己赚钱</td><td>经常买</td><td rowspan="3">米饭类，点心类</td></tr>
<tr><td>偶尔买</td></tr>
<tr><td>不买</td></tr>
<tr><td rowspan="3">30～50</td><td rowspan="3">自己赚钱</td><td>经常买</td><td rowspan="3">甜品，茶类</td></tr>
<tr><td>偶尔买</td></tr>
<tr><td>不买</td></tr>
<tr><td rowspan="3">郊区</td><td rowspan="3">14～19学生</td><td rowspan="3">50～150</td><td>经常买</td><td rowspan="3">奶茶，点心</td></tr>
<tr><td>偶尔买</td></tr>
<tr><td>不买</td></tr>
</table>

续表

区域	年龄	月平均零用钱/元	频率	爱好
郊区	20～24大学生	500～1000	经常买	甜品，茶类
			偶尔买	
			不买	
郊区	25～30白领年轻人	自己赚钱	★经常买	米饭类，点心类
			偶尔买	
			不买	

根据调查，我们店的目标消费者主要以年轻的白领和学生为主；主推价廉物美的茶类、点心类和方便的餐饮为主。

二、××餐厅店址选择分析

（一）道路、交通状况分析

××路位于××的老城区内，因为沿街是繁华的商业区，周边有品牌一条街的××街，还有适合学生一族的××街和××街，还有就是在××路上的各种商铺。因此我们选址这儿是没错的，而且周围交通便利，有××的各路环线，南面也就是××火车站。××的××路可以说是每个××人节假日必去的地方。

××路周围是直通汽车站的人民南路和直通火车站的人民北路，北面又是连接××街的西林南路。还有周边的交通也很便利，不仅有××3路、4路、22路等还有直通欢乐谷的××17路，还有到达××各镇的公交线路，交通可谓四通八达，十分方便。

（二）消费量分析

对于我们店来说，主要针对的是年轻的上班族和学生朋友们，而××路作为××地区主要的商业街又是上班族和学生节假日放松的首选之地，因此来我们店消费的顾客一定不会少。像是寒暑假人就更多了，学生可以选择来我们店聚餐，联络同学感情。

像是上班族在周末节假日逛街逛累了，正好来我们店歇歇脚，坐下来喝杯东西，吃点小点心或者是米饭类填饱肚子。××路作为繁华的商业街，周围又都是商场，逛街的人又很多所以到饭点周围的餐厅就开始供不应求，以此看来我们店开在这儿是明智的选择！

（三）竞争者状况分析

在××路上有一半商业街上都会有快餐店，像是有一家KFC、麦当劳和必胜客，之后就是有两家火锅店，再者就是有一家自由港，还有的就是在临街上的××和旁边步行街上的××粉丝和麻辣烫。

对于我们店来说具有竞争的也就是一家自由港，因为他们家和我们家一样也是做奶茶甜点的，其他的几家根本是两个品种所以也就不存在所谓的竞争了，而且我想凭着我们店里新颖的特色甜点也一定会把顾客招揽过来的。

现在虽然肯德基和麦当劳在中国还很受欢迎，但随着人们健康观念的提升，现在越来越注重养生健康，越来越注重对食物的选择。我们店力推的是健康养生菜，相信会得到消费者的青睐。

三、××餐厅经营分析

（一）投资估算

我们的××餐厅准备开在××路上，该地区的月租是××元每个月，我们租了两个门面，每个门面大概70平方米，那也就是每月租金××元。

我们店还需要桌椅、空调等各种费用，还包括店内的装修费用、软装潢等，估计费用在30万元，在50个月折旧。

（二）经营损益估算

本项目经营损益预算具体如下。

1.月营业额估算

月营业额共计：80×4000=320000元。

2.合适的茶餐厅经营面积估计

如果餐厅平均每天每平方销售额为30元，每天的销售额为4200元，合适的使用面积为4200÷30=140（平方米）。为此，我们把营业面积确定为140平方米，这样餐厅的使用面积应能得到保障。

3.成本、获利、风险分析

（1）经营费用估算。

——固定费用。

人员工资：10人，共计9000元。

房租：15000元。

折旧费用：3000000÷50（月）=6000元。

水电费用：3000元。

总计：33000元。

——变动费用考虑的比例。

包装、杂费：2.2%。

商品损耗：0.3%。

营业税：6%。

总计：8.5%×123120=10465元。

（2）投资收益估算。

——销售毛利=营业收入×毛利率（餐厅属休闲场所，考虑毛利率为30%），即69000元/月=230000×30%。

——预计每月税前损益=销售毛利–变动费用–固定费用，即34720元/月=69000–12980–21300。

——预计每年税前损益=每月税前损益×12，即416640元/年=34720×12。

（3）投资风险评估。

——损益平衡点分析。

损益平衡点销售额=固定费用÷（毛利率–变动费用率）

=21300÷（30%–8.5%）=4579.5元

——经营安全率。

经营安全率=1–损益平衡点销售额÷预期销售额

=1–320000÷230000=39.13%

4.启动资金准备

启动资金=半年租金+装修、设备、装潢费用+流动资金

121000=90000+11000+20000

5.五年投资总效益预测（不考虑资金时间价值）

（1）每年获利=月税前损益×12，即416640元/年=34720×12。

（2）五年累计获利=每年获利×5，即2083200元=416640×5。

（3）投资回报率=每年累计获利÷总投资额，即41.6%=416640÷1000000。

（4）投资回收期=总投资额÷每年累计获利，即2.4（年）=1000000÷416640。

四、××餐厅市场定位分析

因为在这个市场中有几家高档的和几家低档的餐厅，所以我们店的市场定位是中档的，我们的主消费群上班族和学生族是有这个消费能力的。

我们店里的食物分为三个档次，分别是高档、中档和抵挡。高档食物是主要针对白领的商务套餐，中档的是一些有特色的甜点食物，针对喜欢新颖的学生朋友们，低档的主要是指奶茶类和饮料类，这样就能吸引逛街逛累的顾客进我们店来歇歇脚。我们店里还主推一个巧克力火锅，它不同于传统意义上的火锅，巧克力火锅以巧克力为主要材料，烹饪以煮水果为主，口味属于甜味，再在其中放入提子、草莓、香蕉、苹果、菠萝等任何喜欢的鲜果，杏脯、木瓜等干果也是不错的选择，这就是我们店的特色主推菜。

五、××餐厅分析结论

（一）××餐厅的项目是具有可行性的

综上所述××餐厅开发项目具有可行性的理由如下。

（1）项目有明确的目标市场，目标顾客的正确定位使项目具有广阔的市场，使项目具有开发的价值，而且具有很大的发展空间。

（2）项目选址定位是正确的。我们店的位置处于繁华的商业街，而且无论平时或节假日人总是很多的，所以不愁没生意。我们店周围不仅有便利的交通，而且四周还有KTV、电玩城、休闲快餐、酒吧、数码广场、服装专卖、家居饰品、彩妆、美容美发等众多商铺，人流肯定很多的，我相信我们店选在这是正确的。

（3）项目的获利相当可观。该项目的安全率高达41.6%，处于优秀项目的范畴。每年获利416640元，五年的累计获利可达2083200元，投资回报率高。

（4）项目具有大学生创业的优势。我觉得我们的优势就是大学生在学校里学到了很多理论性的东西，有着较高层次的技术优势，而目前最有前途的事业就是开办高科技企业。技术的重要性是不言而喻的，大学生创业从一开始就必定会走向高科技、高技术含量的领域，“用智力换资本”是大学生创业的特色和必然之路。一些风险投资家往往就因为看中了大学生所掌握的先进技术，而愿意对其创业计划进行资助。

（二）××餐厅开发对策分析

1.项目资金缺乏对策

对于我们来说，资金是最大的问题，而这个问题政府给我们解决了，弥补了我们的不足。

2.经营经验不足对策

我们现在还是学生，没有真正地去接触过社会、接触过做生意，所以难免会有点磕磕碰碰，但是我觉得这不算什么，只要我们肯学，有很多东西都是可以学会的。急于求成、缺乏市场意识及商业管理经验的缺乏，是影响大学生成功创业的重要因素。学生们虽然掌握了一定的书本知识，但终究缺乏必要的实践能力和经营管理经验。此外，由于大学生对市场营销等缺乏足够的认识，很难一下子胜任企业经理人的角色。

3.培养吃苦耐劳的精神

对于我们来说现在最缺的是吃苦耐劳的精神，但我相信我们是可以克服这个问题的，因为对于刚创业的年轻人来说，总会有不如意、辛苦的时候，而我们不会放弃，我们会努力的，因为这条路是我们自己选择的，无论多难，我们会坚持住的！

六、附件

（1）店址方位图（略）。

（2）店址布局图（略）。

第四节　计划

一、计划的定义

计划是党政机关、企事业单位、社会团体对今后一段时间的工作、活动作出预想和安排的一种事务性文书。

二、计划的特点

计划主要有七大特点，如图5-3所示。

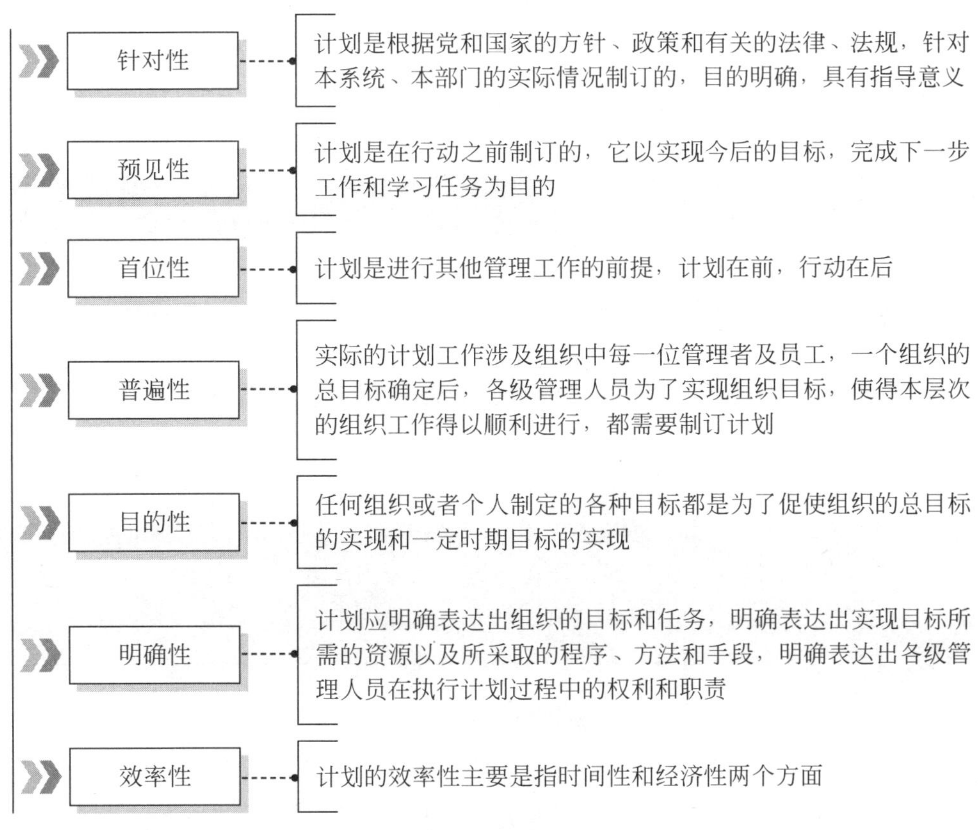

图5-3　计划的特点

三、计划的分类

不同的分类方法可以把计划分为很多种类，具体见表5-1。

表5-1 计划的种类

分类标志	类型
形式	宗旨、目标、战略、政策、规则、程序、规划和预算
职能	销售计划、生产计划、财务计划、新产品开发计划、人事计划等
广度	战略性计划和作业性计划
时间跨度	短期计划、中期计划和长期计划
明确性	具体计划和指导性计划

四、计划的结构

计划通常由标题、正文、落款三部分构成。

1.标题

计划的标题应包括制发单位、时间限断语、事由和文种类别（计划）四部分，一般四者要齐全。事由要标明是“工作计划”，还是“生产计划”或其他计划；时间限断语是计划适用的时限范围，但有时因制订者认为计划的执行范围仅在本单位，已很明显，在标题中将其省略；比较规范的计划仍要标明制文单位。

2.正文

计划的正文，一般先扼要说明制订该计划的缘由、根据，对完成任务的主客观条件作些分析，说明完成该计划的必要与可能性。其次是计划的具体内容，即在多长时间完成哪些任务，并设计完成任务的步骤和方法等。最后是结尾语，提出重点或强调有关事项，做出简短号召。

3.署名、日期

高级机关制订的计划，也有在正文后不另署制文单位和制文日期的，此时制文单位名称应于标题，制文日期往往在标题下括号内注明。

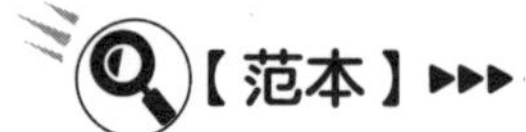

餐饮项目计划书

一、发展前景

就部队目前的饮食情况考虑，虽然营养搭配合理，但是缺乏新意，长期下去，官兵们会产生厌烦感，这样会导致工作效率的下降。

据考察，现在不论在城乡、集贸市场、大街小巷，还是公园、小区及夜市，烧烤及休闲小吃随处可见，它已成为消费者饮食文化中不可缺少的一部分，造就了一个庞大的消费市场。随着时尚更新，烧烤和煮烫食品因其自然淳朴的做法和原始野性的味道，受到越来越多消费者的青睐。约上几个朋友围桌而坐，叫上冰凉的鲜啤酒，边烤边吃、边喝边聊，四溢的烤肉香加上“滋滋”的烤肉声，都是令人垂涎欲滴的理由，足以让每一位美食家按捺不住。

目前烧烤小吃已成为人们热衷的食品，风靡国内外，但真正有特色、能吸引回头客的特色烧烤却不多见。特别是在夏天，夜晚休闲的时候人越来越多，那么品尝烧烤小吃是一个不可或缺的活动，这样不仅可以丰富官兵们的业余生活，而且还会增加彼此的交流和沟通，使我们更好地团结一致，为祖国的美好明天贡献自己的力量，所以开一家有特色、有风格的烧烤小吃店还是会有不错的市场收益的。

二、店面简介

本店位于我们部队内，主要针对的客户群是部队官兵。经营面积约为100平方米左右。主要提供各种烧烤和煮烫食品，烧烤和煮烫食材主要有各种肉类，如猪肉、鸡肉、鸡翅、翅中、牛肉、羊肉、羊排、羊腿、各种香肠和肉丸等，海鲜类，如鱿鱼、虾、扇贝、各种鱼肉及肉丸等，蔬菜类，如土豆、香菇、豆腐、白菜、茄子、红薯、黄瓜、尖椒、韭菜、白菜、生菜、豆芽、冬瓜等，并提供啤酒和各种饮料。本餐厅采用自助的方式，使顾客有轻松的就餐环境与选择空间。本餐厅装饰自然、随意，同时负有现代气息，墙面采用偏淡的温色调，厨房布置合理精致，采光性好，整体感观介于家庭厨房性质与酒店厨房性质之间。

三、发展战略

（1）本餐厅开业之前，要做宣传。因为主要客户群是部队内的官兵，餐厅位置坐落在部队内，所以不需作很大的宣传，开始的时候采取一些优惠政策即可。

（2）本餐厅采取自助餐的方式，免费茶水。烧烤和煮烫食材都是新鲜的，我们将始终秉承物美价廉的原则为顾客提供高质量的服务，本着服务广大官兵的原则，给顾客提供更多的优惠，价格上优惠于其他同标准的餐厅，以吸引更多的客源，用长远的眼光看待企业的发展，着眼于企业的持续发展。

（3）餐厅使用精致的陶瓷自助餐盘，即节约又环保，而废弃物也不能随便倾倒，可以与养殖户联系，让其免费定期收取，如此可以互利。据悉，竞争者在这方面做得并不到位，因此良好的就餐环境是可以吸引更多的顾客的。

（4）夏天吃烧烤的会多一些，冬天由于天气寒冷，吃火锅的人又会增多，鉴于季节影响，我们采取烧烤和火锅一体的商业模式，这样不至于由于季节因素影响我们的营业状况，在不同的季节均可盈利。

（5）市场经济是快速发展的、变化的、动态的，因此要以长远的眼光看待一个企业的发展并进行分析，制作出长期的计划，每过一个阶段就该对经营的总体状况进行总结，并做出下一步计划和调整，如此呈阶梯状的发展模式。在经营稳定后，可以考虑扩大经营规模，增加其他服务项目，并可以寻找新的市场，做连锁经营，并慢慢打造属于自己的品牌，做大做强，可以往专为部队提供饮食的餐饮行业发展。总之，要以长远的眼光看待问题，如此才能有企业的未来。

四、餐厅管理结构

店长2名，主管1名，收银员2名，厨师兼采购2名，服务员3名。

经营理念侧重于以下特点。

主要的文化特色：休闲放松、愉快饮食。

主要的产品特色：具有休闲特色的烧烤和煮烫食品。

主要的服务特色：会员制的跟踪服务。

主要的环境特色：在严肃紧张的军营中打造一个休闲舒适的进餐环境。

五、市场分析

部队的饮食一直是个问题，部队的饮食营养搭配虽然比较合理，但方式单一，只是简单的炒、炖，无法满足官兵们的精神追求，时间长了自然会产生厌烦感。

本企划就是根据这一点，为了丰富部队的饮食文化，提高部队官兵的饮食方式的多元化，旨在为部队官兵提供更加舒适愉快的饮食环境。下面我们看一下本项目存在的优势和劣势。

1.优势分析

目前来看，烧烤和煮烫小吃已经成为一种时尚，因其自然淳朴的做法和原始野性的味道，受到越来越多消费者的青睐。所以本项目能吸引消费者的眼球，特别是在饮食方式单一的部队中。本餐厅经营解决了部队餐厅饮食方式单一的问题，为部队官兵丰富了业余生活，为他们解决了外出就餐的麻烦，这是本店的一大特色。另外，本餐厅采用自助就餐方式，很容易受到顾客欢迎，并能节省部分人力资源。同时，餐点还提供冷饮、冰粥等，并提供免费茶水。顾客都喜欢在干净卫生的餐厅就餐，然而大部分的烧烤都是在露天的流动小摊上进行的，这种就餐环境威胁消费者的饮食安全，因此舒适整洁的就餐环境将是本店的另外一大特色。

2.劣势分析

创业初期餐厅的规模较小，餐厅的人力资源、服务项目等都比较有限，而部队区外的竞争也是比较激烈的，因此还存在着不小的劣势。另外，由于我们平时时间有限，在管理上有时会无暇顾及，这就需要聘请一位有丰富经验的主管来帮我们打理这家餐厅，由于我们是在部队里边，管理比较严格，所以招聘优秀的店员也是个比较麻烦的问题。

3. 机会分析

据我们的市场调查与分析，本店产品的市场需求是存在的，并具有很强的竞争力。而本人曾经正是军人——这个最大客户群中的一员，更能了解顾客需要什么样的产品和服务，从这些方面来看，还是很有机会把握住市场的。

4. 威胁分析

因为这是我们投资的第一个项目，之前也没有相关的开店经验，所以在管理上我们可能会存在问题，这就需要我们多借鉴其他创业者的经验以及自己的慢慢积累，形成一套有效的管理模式。其次，虽然我们的餐厅是自助式的，但烧烤食品的配料决定着其口味，所以我们应该选择好的配料，使我们的产品有独特诱人的口味，让消费者流连忘返，这样我们才会有好的经营业绩。

六、促销和市场渗透

前期宣传：大规模，高强度，投入较大。

后期宣传：重视已有顾客关系管理，借此进行口碑营销；定期赞助部队组织的晚会，借此进行宣传，通过活动时时提升顾客的消费意识；针对节假日，开展有针对性的促销策略，如发传单等。

七、财务状况分析

据计算分析，餐厅设立初期，会发生如下费用。

（1）办理营业执照、税务登记证、卫生许可证等各项费用2000元。

（2）场地租赁费5000元。

（3）餐厅装修费15000元。

（4）烧烤设备15台，每台300元，大约4500元。

（5）冰箱、冰柜冷冻设备3台5000元。

（6）桌椅、厨房用具等设备10000元。

（7）招聘主管1名，月薪3000元；厨师兼采购2名，月薪3000元；收银员2名，月薪2000元；服务员3名，月薪2000。共计19000元左右。

（8）水电燃气费等10000元。

综上分析，餐厅建立初期，需要大约70000元。

下面我们再来分析一下我们餐厅预计未来盈利情况。

我们可以以份为单位计量，一份即一盘（盘为中盘）。

——肉售价8元/份左右，成本为5元/份，利润是3元/份。

——蔬菜2元/份，成本为1元/份，利润为1元/份。

——海鲜10元/份，成本6元/份，利润为4元/份。

——啤酒售价3.5元/瓶，成本3元/瓶，利润为0.5元/瓶。

下面再来分析一下客流量。

大部分顾客吃烧烤食品以肉食为主，蔬菜瓜果只是辅食。因为中午时间有限，客流量会少一些，预计50人左右，每人消费量在2份肉、2份海鲜、1份蔬菜，我们即可获利15元左右，所以中午利润在750元左右。晚上时间相对充分，预计100人左右，总利润额1500元左右，啤酒预计每天销售400瓶，利润200元，所以每天利润总额为2500元左右，月利润总额为80000元左右。

每月除去水电费、员工工资、税费，利润净额为50000元左右。

按照预计利润，我们可在2个月内收回成本。

八、营销组合策略

1.有形化营销策略

由于本餐厅的经济实力尚弱，因此初期将采取避实就虚的营销战略，避开大量的硬广告营销，而采取一整套行之有效的承诺营销进行产品宣传。通过菜单、海报、文化手册、广告、促销活动等向消费者进行宣传。

2.技巧化营销策略

为了使本餐厅能够在顾客心目中树立起权威感和信赖感，本餐厅将会建立一套完整的会员信息反馈系统，实现营销承诺。

（1）顾客反馈表。在服务中严格要求工作人员树立顾客第一的观念，认真听取顾客意见。

（2）将顾客满意进行到底。树立“顾客满意自己才满意”的观念，做到时时刻刻为顾客着想。

（3）建立餐厅顾客服务调查表，定期由专人负责对顾客进行跟踪服务。

九、大力打造“休闲食品”的品牌形象

因为我们餐厅采用的是健康环保的无烟烧烤，烧烤出的食品口味鲜美独特、绿色健康。因此我们餐厅围绕“绿色、健康、休闲”为核心，树立自己独特的品牌，推动健康休闲来实现营销目标。作为一个餐厅开展休闲营销，我们有着天然的优势，本餐厅将严格贯彻绿色休闲餐厅的标准，无论从原料采购、食品加工还是卫生环境，都将严格把关，努力营造出休闲舒适又不失时尚的就餐环境。

十、重视搞好一系列的企业公关活动

本餐厅将通过一系列的公关活动，处理各方面的关系，为餐厅的发展提供宽松有利的经营环境。

（1）与员工建立团结、信任一致的合作关系。在员工之间搭建起平等、便捷的沟通方式，通过发行内部刊物、提供奖励、集体娱乐等方式增加员工的凝聚力和工作积极性。

（2）与顾客建立良好的关系。为保证充足的人力资源，获得稳定的顾客群，得到可靠的后勤保障，应积极参与维护部队环境、支持部队文化事业；尊重顾客的合法权利，提供优质餐品和服务，正确处理顾客的要求和建议。

（3）政府关系。及时了解并遵守政府相关法律法规，加强与政府部门的联系，主动协助解决一些社会问题；与宣传媒介建立并保持广泛关系，向其提供本行业的真实信息。

十一、管理风险

1. 内部管理风险

餐饮业是一个技术含量相对较低的行业，但是它需要严格的管理才能赢得消费者的信赖，对于中国自办的餐厅来说大部分存在着内部管理松散、服务人员素质较低的问题，如何建立现代企业制度，健全企业经营机制，强化企业内部管理，关系着企业的生与存、成与败。

2. 如何应对

（1）找出有关成本的各项组合。

（2）制定标准调理手册。

（3）良好的库存（仓库）管理。

（4）多看、多听、多比较。

（5）导入奖惩制度。

（6）同业可以为师。

十二、树立自己的品牌和客户群

（1）初期（1 ~ 3月）。市场策略为通过积极有效的营销策略，树立“休闲食品”的良好的品牌形象，提升知名度、美誉度；收回初期投资，积极进行市场推广。

（2）中期（1年）。巩固、扩展已有的市场份额，进一步健全餐厅的经营管理体制，提高企业的科学管理水平；着手准备品牌扩张所必须的企业形象识别系统、统一的特色优势餐品、统一的管理模式等方面的建设。

（3）长期（2年）。届时，餐厅运营已经步入稳定良好的状态，随着企业的势力与影响力的增强，服务范围不再能满足潜在顾客的需要时，以特许经营的方式，开拓新的市场空间，扩大餐厅的辐射范围和影响力。

十三、店面设计

1. 视觉识别

店名：一方面应该和自己的经营业务有紧密的相关，另一方面要照顾到经营的场所是在部队内部，要贴近部队文化特色，易于为部队群体喜爱和接受，店名应有格调，意味悠长。

颜色：以黄色、红色、橙色等暖系色调为主，辅以轻快活泼的冷系色调，彰显时尚、潮流、雅致、品位。

2.店面布局

恰当运用灯光、地毯、隔断等元素，尽量一方面有效利用空间，一方面显得错落有致，不显开阔平淡之感。可适当设计一些较为私密的桌位，让长时间逗留的顾客充分享受那份怡然自得的情调。分区布局，让每个细分群体的消费者都有自己喜爱的角落和桌位。

灯饰和灯光：灯饰是餐厅装饰的重要元素，选择各种不同样式的灯饰可以有效增强餐厅的美感。灯光是烘托餐厅气氛的重要部分，可以选择不同颜色的灯光，烘托出餐厅宜人的气氛。同时，顾客应该保留在自己的空间按照自己的要求调节灯光的便利。

墙面装饰和窗帘：按照季节及时调整，各种织物材质、图案、颜色尽量显得和谐，显示餐厅的格调，贴近消费者感官享受。

桌位：桌位设计和摆放应该总体上和谐，个体上有差异，避免给消费者大排档那样的感受。

工艺品摆放：工艺品的选择应该贴近餐厅气氛和消费者偏好，烘托出餐厅的品位。

餐具：干净，整洁。

背景音乐：以浪漫、柔和的轻音乐为主，响度适中，切合季节变化。

第五节　策划案

一、策划案的定义

策划案又叫策划书，即对某个未来的活动或者事件进行策划，并展现给读者的文本；策划书是目标规划的文字书，是实现目标的指路灯。撰写策划书就是用现有的知识开发想象力，在可以得到的资源的现实中最可能最快的达到目标。

二、策划案的分类

策划案一般分为商业策划案、创业策划案、广告策划案、活动策划案、营销策划案、网站策划案、项目策划案、公关策划案、婚礼策划案等。

三、策划案的格式

1.策划书名称

尽可能具体的写出策划名称，如“×年×月××餐饮企业××活动策划书”，置于页面中央，当然可以写出正标题后将此作为副标题写在下面。

2.活动背景

这部分内容应根据策划书的特点在项目中选取内容重点阐述，对其作好全面的分析，将内容重点放在环境分析的各项因素上，对过去、现在的情况进行详细的描述，并通过对情况的预测制订计划。

3.策划书的活动目的及活动的意义

活动的目的、意义应用简洁明了的语言将目的要点表述清楚；在陈述目的要点时，该活动的核心构成或策划的独到之处及由此产生的意义（经济效益、社会利益、媒体效应等）都应该明确写出。活动目标要具体化，并需要满足重要性、可行性、时效性。

4.写清资源需要

列出所需人力资源、物力资源。可以列为已有资源和需要资源两部分。

5.活动开展

作为策划的正文部分，表现方式要简洁明了，使人容易理解，但表述方面要力求详尽，写出每一点能设想到的东西，没有遗漏。在此部分中，不仅仅局限于用文字表述，也可适当加入统计图表等；对策划的各工作项目，应按照时间的先后顺序排列，绘制实施时间表有助于方案核查。人员的组织配置、活动对象、相应权责及时间地点也应在这部分加以说明，执行的应变程序也应该在这部分加以考虑。

6.经费预算

活动的各项费用在根据实际情况进行具体、周密的计算后，用清晰明了的形式列出。

7.注意

内外环境的变化，不可避免地会给方案的执行带来一些不确定性因素，因此，当环境变化时是否有应变措施、损失的概率是多少、造成的损失多大、应急措施等也应在策划中加以说明。

8.活动负责人

注明组织者、参与者姓名及嘉宾、单位（如果是小组策划应注明小组名称、负责人）。

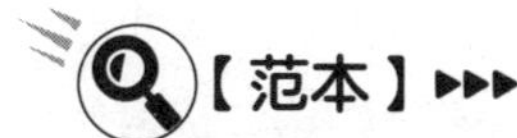

××美食网站策划书

一、网站建设的背景

全球经济正在进入信息化时代，数字经济、网络经济、信息经济正在逐渐成为经济发展的主流。随着互联网应用的快速增长，网络越来越快的进入到了千家网户中。网络凭借其卓越的互动性与便捷的交流手段正成为最有发展潜力与前途的新兴媒体，成为众商家倍为关注的宣传热点。尤其是传统大型企业更应该充分利用互联网技术，为客户、合作伙伴在网上提供信息服务，并且借助互联网，敏锐地捕捉商机。

当下旅游行业如日中天，利用网络宣传地方美食文化是如今最流行有效的方法。建设地方美食的网站不仅可以长期宣传地方美食文化，还可以提高地方知名度，同时还可以让游客更加了解地方的美食。所以，建设美食网站，是地方美食文化发展的需要，建设××网站，是旅游业和饮食业发展的需要。

二、网站建设的目的

1.提高××知名度，树立健康形象

在快速的经济增长的形式下，对于××公司而言，公司的品牌知名度和形象至关重要。美食行业的品牌千千万，竞争者数也数不清，要想在这么多个公司中脱颖而出，在人们心底留下特别的印象就要靠公司的品牌知名度和健康的公司形象了，这些都是影响消费者是否购买该产品的重要因素。通过建立网站，企业的品牌和形象就可以通过互联网在全国乃至全世界范围内宣传。

2.扩大公司经营规模，提高销售业绩

××发挥现代网络技术优势，突破地理空间的局限性，让每一个想吃××美食的人都能及时吃到，这样公司的经营范围就扩大到了全国而不只是一些城市。

三、市场分析

中国历来有“民以食为天”的传统，餐饮业作为我国第三产业的一个支柱产业，一直在社会发展与人民生活中发挥着重要作用，特别是最近几年，我国餐饮业呈现出高速增长的发展势头，成为“热门”行业之一，与此同时，我国餐饮业发展的质量和内涵也发生了重大变化。行业的经济领域和市场空间不断拓宽，经营档次和企业管理水平不断提高，经营业态日趋丰富，投资主题和消费需求多元化，产品化和国际化的发展步伐加快，餐饮现代化的进程不断推进。

餐饮行业进入网络营销必须注重行业的品牌建设和特色经营，提升餐饮业的文化品位和网络餐饮的文化特色。要搞电子商务，必须提高餐饮业的文化品位，摒弃传统餐饮业低层次的服务方式，走特色美食文化之路。有了自己的网站或有了自己的虚拟店面，不能只是简单地介绍饭店的地址、订座电话或几张炒菜图片，一定要突出餐饮的深层次服务，如企业精神、特色菜肴、休闲、文化娱乐、在同行业中的特色优势、投诉处理、意见反馈甚至互动交流。总之，餐饮业要触网，最重要的是要提升它的特色文化品位，重点定位在培养各阶层顾客对品牌的忠诚度上，处处体现出企业对客户的“爱心、欢乐、洁净、美味”的体贴，同时也要兼顾网络文化的特点，让消费者能在网络上产生闻其香、诱其色、顺其意、进其餐、醉其眠的感觉。

四、网站的定位

地区性：让网站成为××市旅游美食的首要浏览网站门户。

权威性：通过与各协会的合作，定格网站的行业权威性。

涵盖范围：集成美食新闻发布管理、网站内容管理、美食路线定制系统管理、预订管理、广告发布管理、美食提示、友情链接、会员注册管理、订单管理、留言信息管理等诸多系统。

五、网站的规划

传统的美食网站大多是美食做法查阅平台，即供人浏览查阅美食信息，而我们强调的是客户服务和信息咨询平台，意指除了美食信息本身，浏览者、客户与美食网站之间互动的流程、渠道同样也是重要的建设内容。

网站特色：用户可以在网站发布自制的美食路线，由我们向游客和食客们提供信息并反馈，这样双向的信息交流互动，可以开拓更大的市场。

网站内容：美食电子商务简介、会员注册、订单确认、信息保密措施、美食帮助等。

服务内容：普通在线、在线反馈、在线客户咨询等。

美食信息建设：按照美食信息的结构来编辑、整理和表现信息，每个美食要素介绍都分为以下四个级别。

概况级：对××市美食情况的总结性介绍和评价。

精选级：按高、中、低、经济型的四个档次分别推荐餐饮，介绍各自的特色。

详细级：有关该餐饮店的数据信息，用户可按条件检索查询。

补充级：提取帖子中食客们对该美食的体验和评价。

服务功能：美食信息的汇集、传播和交流；美食信息的检索和导航；美食产品和服务的在线销售，包括预订座位、打折以及积分优惠券等。

发展规划：通过剔除和减少产业竞争所比拼的元素节省了成本，又通过增加和创造产业未曾提供的元素提升了买方价值，随着时间的延续，优越的价值带来高访问量和订单数量，使成本进一步降低。

六、网站的特色

网站介绍的这些美食适用于各个年龄层，网站主要针对的是游客和食客以及对××的地方文化有兴趣的网络人群，该部分人群对××的地方美食都不甚了解，有极大的兴趣。

地方美食的特点：奶油小攀、××臭豆腐、××香糕、××老酒……均有××传统美食文化，独树一帜的产品，必将成为生活中最值得回味，让人流恋忘返的记忆。

关于食品有它的特殊性，同样的东西，有的朋友喜欢吃，有的朋友不喜欢，这就是所谓的众口难调。

七、网站结构

1. 主页面

主页面结构如下图所示。

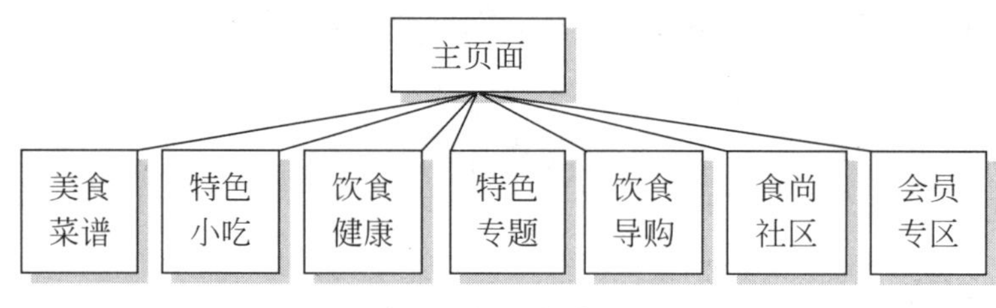

主页面包括的内容

2. 网站总体结构

网站总体结构见下表。

网站总体结构

	第一层栏目	第二层栏目	功能说明
结构	一、美食菜谱	特色菜谱 农家菜谱	提供推荐菜谱和人气指数以及详细做法给游客，方便游客选择
	二、特色小吃		提供了××地区的特色小吃，方便游客选择
	三、饮食健康		提供了不同季节适合食用的蔬菜水果
	四、特色专题		节假日酒店餐馆推出的特色打折菜品
	五、饮食导购		提供了××地区特色餐馆，让游客可以方便快捷地找到自己喜欢的餐馆
	六、美食搜索	菜谱搜索	使浏览者可以根据表单提供条件迅速找到自己喜爱的美食
		小吃搜索	
		关键字搜索	
	七、食尚社区	谈天说地	给游客提供论坛评论美食
		食尚旅游	
		食尚DIY	
	八、会员专区	会员登录	向会员免费提供酒店餐馆的优惠券（积分兑换制）
		会员注册	

续表

	第一层栏目	第二层栏目	功能说明
结构	九、关于××	××名人	作为网站对内和对外重要的宣传窗口，可以快速、清楚了解××地区的特色和故事
		××故事	
	十、客户服务	专线服务平台	使游客和食客们遇到问题时能迅速联系我们并得到解决

八、××网的推广

（1）利用各地门户网站的人气来宣传。在各地门户网站相关版块（尤其是淘宝网，每天浏览量巨大）频繁发表相关的帖子，在帖子的底部签名档附带本站的链接。如果在淘宝网的话，浏览量会更多，但网站浏览量从低到高需要一个过程。

（2）在相关户外旅游网站和白领经常光顾的网站发表文章，把美食和旅游，以及白领一族的健康联系起来，可以和点击量高的旅游网站建立友情链接，借助他们的人气来壮大自己，而这些网站对链接的网站质量有较高的要求，一般的网站是无法吸引他们的注意的。

（3）在腾讯网论坛发表文章，召集网友建立QQ群，成立QQ广播电台。QQ是当今最流行的聊天工具，网友遍及全国各地，这对于网站收集信息和宣传有很大的帮助。QQ广播电台是新兴起的一种宣传渠道，而建立电台只需借助软件和一个声麦就可以解决，成本低廉，可以读一些散文、网友的原创故事，播报美食资讯、娱乐快报，介绍各地特色小吃和播放音乐等，要知道一些文字的东西通过语言表达出来，带给人的感觉是有差异的，可以使人重新找回听广播的日子，找回曾经的快乐。

（4）寻找一些全国连锁的实力商家进行合作，可以由他们提供最新的活动信息，通过网友了解各地加盟商的活动，在本站予以免费发布，这样可以实现双赢。

九、网站技术

由于成本原因，可以先租用虚拟主机。

我们会采取个性化开发，建设一个别具风格的网站模板。

网站安全性能维护我们交给专业公司代劳。

选择ASP，JSO，动态程序以及相应数据库。

十、网站维护和测试

1.网站测试

（1）建立网站内容发布审核机制，始终保持网站内容的合法性。

（2）保持网站服务器正常工作，对网站访问速度等进行日常跟踪管理。

（3）保持合理的网站内容更新频率。

（4）网站内容制作符合网站优化所必须具备的规范。

（5）重要信息（如数据库、访问日志等）的备份机制。

（6）保持网站重要网页的持续可访问性，不受网站改版等原因的影响。

（7）对网站访问统计信息定期进行跟踪分析。

2.网站维护

（1）最多3次点击可到达最详尽的内容和信息。

（2）最多3次点击可到达产品详细内容页面。

（3）定期对服务器的稳定性和安全性进行测试，对网站访问速度等进行日常跟踪管理。

（4）安装网站反毒软件，对邮箱实施保护。

（5）对程序定期检查，并对数据库内容进行备份保存。

（6）对网页的浏览器和显示器进行测试是否兼容。

十一、网站建设费用清单

网站建设费用清单见下表。

网站建设费用清单

序号	项目	费用/元人民币
1	网站新闻发布系统	500
2	网站留言系统	500
3	域名使用宽带	200M，500/年
4	搜索引擎推广	1000
5	设备日常费用、维护费用	2000
6	数据库和网页设计	5000
	总计	网站每年维护费用：8700

第六节　广告

一、广告的定义

广告，即广而告之之意。广告是为了某种特定的需要，通过一定形式的媒体，公开而广泛地向公众传递信息的宣传手段。广告有广义和狭义之分，广义广告包括非经济广告和经济广告。非经济广告指不以盈利为目的的广告，又称效应广告，如政府行政部门、社会事业单位乃至个人的各种公告、启事、声明等，主要目的是推广；狭义广告仅指经济广告，又称商业广告，是指以盈利为目的的广告，通常是商品生产者、经营者和消费者之间沟通信息的重要手段，或企业占领市场、推销产品、提供劳务的重要形式，主要目的是扩大经济效益。

二、广告的特点

广告不同于一般大众传播和宣传活动，主要表现在以下5点。

（1）广告是一种传播工具，是将某一项商品的信息，由这项商品的生产或经营机构（广告主）传送给一群用户和消费者。

（2）做广告需要付费。

（3）广告进行的传播活动是带有说服性的。

（4）广告是有目的、有计划，是连续的。

（5）广告不仅对广告主有利，而且对目标对象也有好处，它可使用户和消费者得到有用的信息。

三、广告的要素

以广告活动的参与者为出发点，广告构成要素有：广告主、广告公司、广告媒体、广告信息、广告思想和技巧、广告受众、广告费用及广告效果。

以大众传播理论为出发点，广告信息传播过程中的广告构成要素主要包括：广告信源、广告信息、广告媒介、广告信宿等。

餐厅广告语

（1）服务不能第二，顾客永远第一。

（2）花一样的钱，吃更好的饭。

（3）饭店熟悉的味道，美味飘香千万家。

（4）美味无限，回味无穷。

（5）风味特色，美食美客。

（6）超值享受，放不下的好滋味。

（7）温暖你的是服务，感动你的是美食。

（8）真心出美味，真诚遇顾客。

（9）乐在海洋——可食可玩可住。

（10）名优特菜、河鲜海鲜、风味小吃，欢迎惠顾。

（11）当然，我们的魅力无需多言。

（12）给肠温柔抚摸，给胃舒服享受。
（13）服务每一“时刻”，用心去感受美味。
（14）食尽美味，品出家珍。
（15）新鲜可口，充满浓厚的情意！ ××寿司料理店。
（16）集中外烹饪之精华，汇南北清真之大成！ ××清真饭庄。
（17）挡不住的诱惑，满足您的口味。
（18）系出名门，一脉相连。
（19）常吃常鲜，新席新筵。
（20）美味餐饮品质佳，纯正美味香万家。
（21）主随客变，如您所愿。
（22）天天美食，美食美刻。
（23）特别的菜，给特别的你。
（24）南北口味，集于一堂。
（25）吃了不想走，走了还想来。
（26）不怕您开口，就怕你笑口。
（27）品一品尝一尝，欢乐在××。
（28）借问酒家何处好，××乐园酒家优。
（29）粤菜世界，食在××！
（30）万般皆下品，唯有“海鲜”高。
（31）美味和实惠，为您呈现。
（32）我们期待，能给你不一样的惊喜。
（33）多元化餐饮服务专家，好味道让您回味无穷。
（34）热情周到迎宾至，美酒佳肴送客归。
（35）店面虽小，但精彩一点儿也不打折。
（36）让美味为食欲平反。
（37）停下脚步，享受惬意。
（38）美食美客，有你有我，欣赏不如品尝。
（39）你想要的味道，我懂的。
（40）天下好享受，魅力没法挡。
（41）美满婚姻“水边”始。
（42）吃玩随君意，龙虾海鲜城！
（43）温馨食尚，念念不忘。
（44）佳味满堂乐满楼。
（45）君临特色小店，小菜薄酒任尽觞。
（46）美味，可口，卫生！

（47）离乡背井冷清清××就是你的家，送给您一片温暖，献给您一片深情。
（48）雅厨雅座，美食美客。
（49）意境悠闲，意味不凡。
（50）食全食美，食新食异！
（51）价格不变，服务更佳，上步宴客，最佳选择！
（52）安心坐下来吃一碗吧！既便宜又好吃！
（53）传承饮食文化，传播特色美味。
（54）大师范儿，美味享受。
（55）让您的食欲大振，胃口大开！
（56）吃了就美，花钱不悔。
（57）挽卿手共白头，××酒店誓千秋。
（58）消闲舒雅琴声乐韵，举酒畅谈其乐悠悠。
（59）潮州名肴甲天下，美食家的好去处。
（60）不来一次是你的错，只来一次是俺的错。
（61）无须远渡重洋！ ××野味宴。
（62）千帆竞发扬子江，万冠云集新世界。
（63）请君试问东流水，特色余香谁短长。
（64）尽情享受，包君满意！
（65）两全其美，二人“必胜”套餐；四海一心，四人“必胜”套餐大优惠。
（66）温馨每一点，快乐每一点。
（67）烛光闪耀度圣诞，美酒佳肴迎新年。
（68）美味酬宾，佳肴留客。
（69）八方朋友来相聚，特色美味请君尝。
（70）专致专注，品质服务。
（71）寒风凛冽的夜晚，热腾腾的火锅，是您最佳伙伴！
（72）因为饭菜有特色，所以味道很独特。
（73）生活快节奏，健康新享受。
（74）××阁每晚显特色！
（75）美味佳肴，宫廷味道。
（76）舌头都会觉得甘甜！
（77）体贴你的心和胃，让你越吃越有味。
（78）上客闻香至，捧肴出厅堂。
（79）雍容华贵，皇朝气派。
（80）汇四海品味，聚五洲宾友！

第七节　启事

一、启事的定义

启事是指将自己的要求，向公众说明事实或希望协办的一种短文，属于应用写作研究的范畴，通常张贴在公共场所或者刊登在报纸、刊物上，机关、团体、企事业单位和个人都可以使用。

二、启事的特点

启事具有公开性、广泛性、实用性、随意性的特点。

三、启事的分类

按其内容，启事可分为不同类型，主要有招生启事、寻物启事、招聘启事、挂失启事、征集启事、征婚启事、庆典启事等。

四、启事的写作格式

启事一般由三部分组成，如图5-4所示。

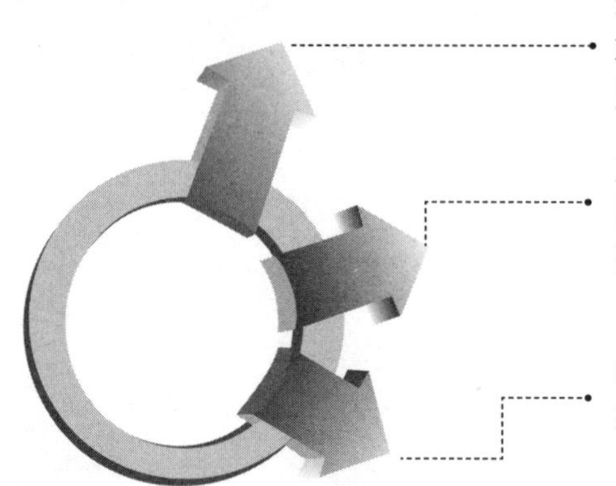

图5-4　启事的结构

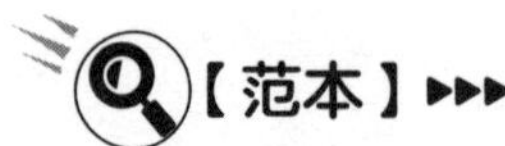

××餐厅主管招聘启事

招聘职位：餐厅主管。

工作地：济南。

薪资待遇：50000元/年

招聘人数：3人。

发布日期：××年×月×日。

福利待遇：免费班车、餐饮补贴、专业培训、绩效奖金、弹性工作、包吃住。

职位描述如下。

（1）认真贯彻餐饮部经理意图，积极落实各个时期的工作任务和日常运转工作。

（2）具有为餐厅多作贡献的精神，不断提高管理水平，业务上精益求精。

（3）拟订本餐厅的服务标准、工作程序。

（4）对下属员工进行定期业务培训，不断提高员工的业务素质和服务技巧，掌握员工的思想动态。

（5）热情待客，态度谦和，妥善处理客人投诉，不断改善服务质量；加强现场督导，营业时间坚持在一线指挥，及时发现和纠正服务中产生的问题；与客人建立良好的关系，并将客人对食品的意见转告总厨师长，以改进工作。

求职电话：××××××，××经理。

工作地址：××市××区国际会展中心北××米。

公司信息（略）。

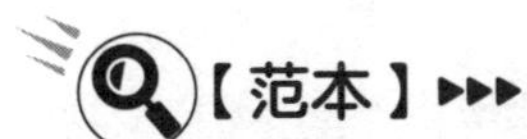

××餐饮企业招聘启事

招聘职位：菜品研发经理。

公司名称：××市××餐饮有限公司。

职位月薪：××元/月。

工作地点：××市。

发布日期：××年×月×日。

工作性质：全职工作。

经验要求：不限。

最低学历：不限。

招聘人数：1人。

职位类别：行政主厨。

职位描述如下。

（1）熟悉掌握各类食材原料特性和搭配，能够独立研发新产品或改良产品的配方和工艺流程，制定标准作业书。

（2）熟练掌握新产品开发生产的各个关键节点及生产成本，提高产品质量，降低运营成本。

（3）将通过审核的新产品推广到各门店，确保生产人员熟练掌握加工要领，索取反馈意见并加以完善。

（4）根据各店及新开店面实际情况（地理位置、客户群体、店面规模等），拟订适合该店的经营产品手册（品种、成本、营养价值、食用方法、加工方法等）。

（5）协助解决各店产品从原料到成品加工过程中各环节出现的质量问题，经常检查原料情况，防止变质、短缺，把好进货质量关。

（6）能够收集研究有关新产品的信息，跟踪、了解餐饮及市场动态信息，随时掌握与菜品研发相关的政策及行业法规，并且与菜品研发相结合。

（7）良好的表达沟通、观察分析、判断及组织协调能力；参加菜品相关培训及到其他餐饮企业学习，提高自身研发能力；参加公司及厨政的相关会议并传达落实会议精神。

（8）熟悉各种菜系及品种的烹调方法，在创新过程中要以新原料、新技法、新器皿、新技术的研究评价并推广应用，并对营养学有较深的研究。

（9）负责研发和试制新菜品，保证菜品质量和口味，同时通过器皿配备和造型搭配，提高顾客对菜品的认可度。

（10）负责新菜品开发的计划排期，根据公司规划，定期组织菜品研究与开发，并负责完成各个时期菜品研发责任指标及菜品研发工作总结、汇报。

（11）根据研发结果，制定新菜品的菜品标准，对厨师长及主要制作厨师进行培训，检查督导下属对新菜品标准和制作流程的执行情况，确保新菜品标准的执行。

（12）负责新工艺的开发和新设备的引进；负责所有产品的保质期测试和配方优化；根据不同季节和重大节日，组织特色食品节，推出季节菜，增加品种，促进销售。

（13）负责对各门店的菜品销售量排名进行分析、汇总，将优势菜品纳入日常销售菜牌中，同时剔除非优势菜品。

（14）负责制定、审核新菜品的成本价格和销售价格及毛利率，确保合理使用原材料，控制菜品的装盘规格和数量，减少损耗降低成本，并达到公司的相关标准。

（15）负责厨政系统菜品、原料研究开发，组织厨师队伍定期的技术培训规划、指导、考核和评估，组织对关键原料品质的鉴定工作。

（16）成立创新小组，小组成员由各门店选拔，研究、开发新菜，配合行政总厨，经常带领创新小组在餐饮业考察、交流、学习。

工作地址：××大道××号××大厦1楼。

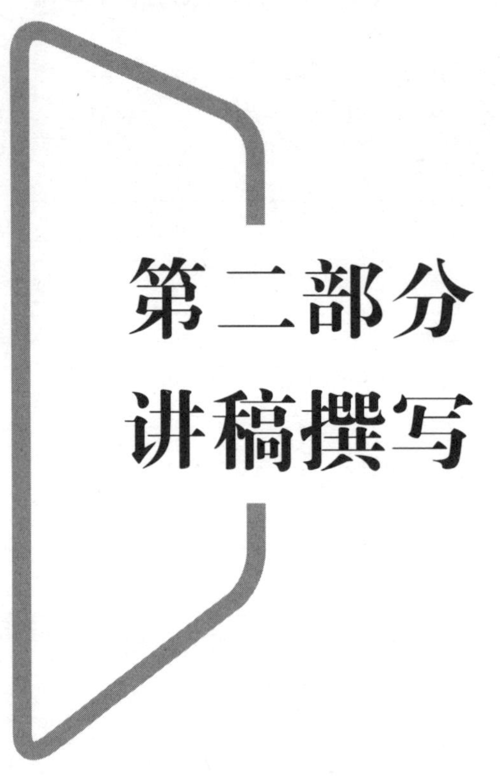

第二部分 讲稿撰写

第六章　餐饮企业领导讲稿撰写

第一节　餐饮企业讲稿撰写基本知识

一、餐饮企业领导讲话稿的概念

所谓领导讲话稿，就是领导者为实施领导，在各种会议上所作的指示性发言。那么餐饮企业领导讲话稿，当然也就是指餐饮企业领导人在各种会议或者重要场合所作的带有指示或指导性讲话时所用的文稿。餐饮企业领导讲话稿是餐饮企业领导者从事领导管理活动的重要载体和手段。

二、餐饮企业领导讲话稿的类别

餐饮企业领导讲话稿是领导参与公务活动的一种方式，是实施领导职能的重要途径。在某些场合，领导即兴讲话，不需要讲话稿，但在正式场合，为了提高讲话质量，需要事先拟写好讲话稿或讲话稿提纲。由于领导公务繁忙，一般需由文秘人员代拟讲话稿。撰稿人首先要了解的便是领导讲话稿的类别。

餐饮企业领导讲话稿依据不同的场合、对象和用途，可以分为3类22种。

1.会议类讲话稿

会议类讲话稿这是领导讲话稿中数量最多、比重最大的一类，平时所说的领导讲话稿，主要是指这一类。这一类讲话稿主要分为14种，如图6-1所示。

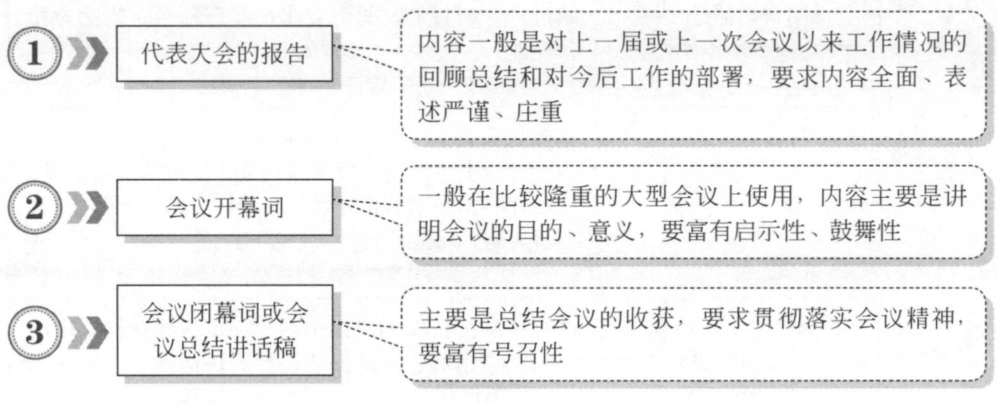

图6-1

④ 工作会议讲话稿：根据既定的会议内容讲对某一项或几项工作的要求，要讲得鲜明、透彻、实在

⑤ 动员会议讲话稿：主要讲进行某项工作的意义和方法，要讲得入情入理、振奋人心、鼓舞斗志

⑥ 庆功会、表彰会讲话稿：主要是概括、总结、肯定受表彰单位或个人的成绩和经验，对其进行表彰、鼓励，对与会人员提出学习、推广的要求，要富有激情和感召力

⑦ 庆祝会、纪念会讲话稿：根据庆祝、纪念的主题，立足现实，回顾历史，展望未来，要讲得客观、准确、实际

⑧ 专题报告会的报告：如学习理论心得报告、外出考察报告等，内容要有厚度、深度，给人以启示和借鉴

⑨ 碰头会、汇报会讲话稿：根据碰头、汇报的情况，肯定成绩，针对存在的问题或薄弱环节，有针对性地强调一方面或几方面的工作，要有具体要求，有力度

⑩ 现场会、经验交流会讲话稿：充分运用与会人员看到和听到的先进事迹和经验，进行深入分析和总结，要求学习、推广，促进工作，要有较强的说服力、号召力

⑪ 研讨会、座谈会总结讲话稿：根据与会人员发言情况进行总结，并提出改进工作或进一步研讨的意见、要求，要有较强的概括力和条理性

⑫ 综合性会议上的专题发言稿：主要是分管某一条战线、某一方面工作的领导在综合性会议上就自己分管的战线或工作讲情况和意见，要主题突出，富有指导性、参考性，要讲“实”，不要讲“虚”，要讲“适”，不要讲“过”

⑬ 在新旧领导工作交接会议上的讲话稿：这是一种很特殊的会议讲话稿，在这种会议上往往有三个讲话稿，一是卸任领导的讲话稿，一是接任领导的讲话稿，一是上级领导的讲话稿

在各种邀请会、协作会、联席会上的讲话稿

这也是一种比较特殊的会议，这种会议面对的不是下级，而是外地、外部门的客人，作为东道主发表讲话，要对客人表示欢迎，对本地、本部门的情况作一简介，还要讲会议的目的和议程，要讲得诚挚、热情、实在

图6-1　会议类讲话稿

2. 宣传类讲话稿

宣传类讲话稿是出于宣传某种主张、某项工作、某件事情的目的，在非会议场合的讲话稿，主要分为以下4种，如图6-2所示。

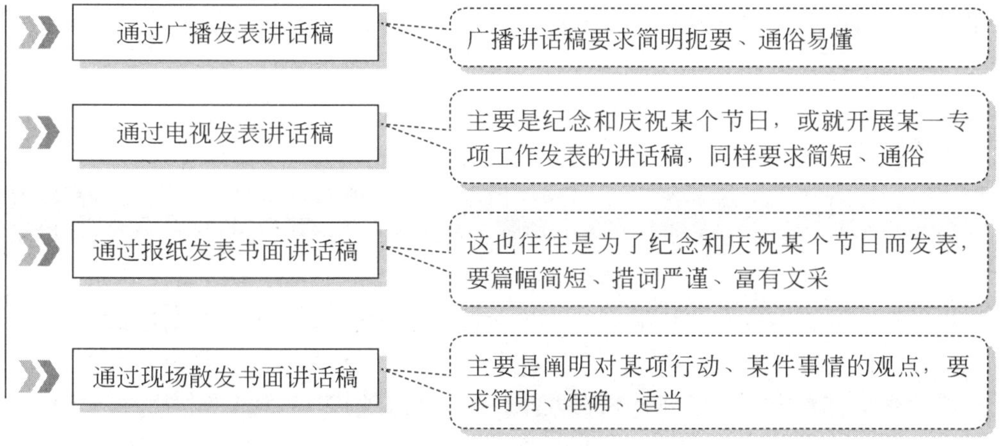

图6-2　宣传类讲话稿

3. 礼仪类讲话稿

礼仪类讲话稿是出于感谢、答谢、慰问、庆贺等目的，在各种非会议仪式、场合的讲话稿，主要分为4种，如图6-3所示。

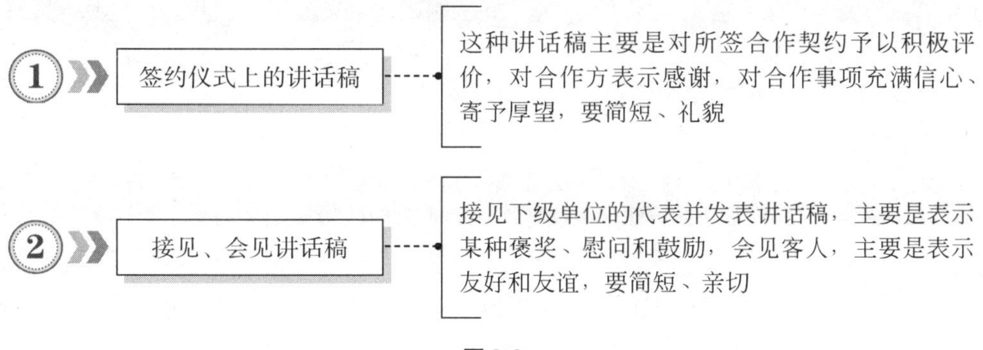

图6-3

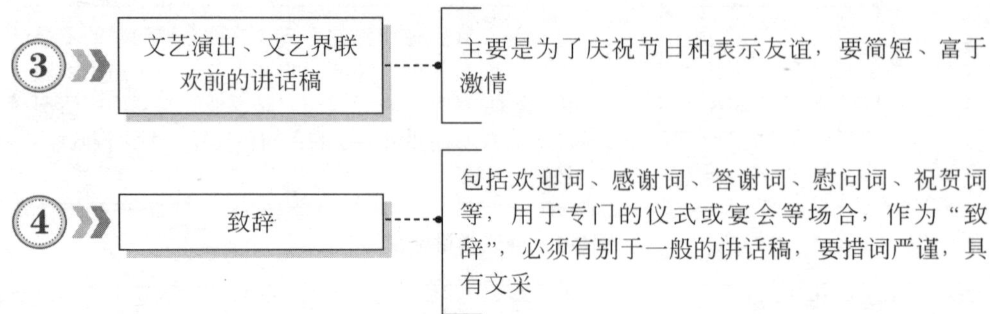

图6-3　礼仪类讲话稿

以上分类，主要是从讲话稿的场合、对象、用途的不同而划分的。对于领导讲稿的种类，还可以从其他不同的角度来划分。比如，从讲话稿方向的角度来划分，分为下行、平行、上行三类。下行讲话稿即指对下级的讲话稿；平行讲话稿即指那些礼仪性的讲话稿，如向兄弟单位介绍情况和经验的讲话稿，在邀请会、协作会上的讲话稿等；上行讲话稿即某一级领导向上级领导汇报工作的发言，这对于上级来说显然不能算领导讲话稿，但对于本级秘书人员来讲，则是需要自己帮助起草和整理的“领导讲话稿”。从讲话稿的内容来划分，可以分为总结性讲话稿、部署性讲话稿、号召性讲话稿、辅导性讲话稿、应酬性讲话稿等多种。从讲话稿的规范与否来划分，还可以分为规范性讲话稿、（如代表大会的报告）、非规范性讲话稿（其他讲话稿）或正式讲话稿、非正式讲话稿等。怎样分类并不重要，重要的是要针对不同讲话稿的内在需求，把握住它们的基本风格和特点，使自己写出的讲话稿具有强烈的“文体感”，起到“以文辅政”的作用。

三、领导讲话稿的作用

各种不同种类的领导讲话稿有共同的普遍效用，又有其各不相同的特殊效用。撰写领导讲话稿，首先要知道领导要讲什么，需要什么效果和作用，清楚了这一点，讲话稿的撰写才会有明确的目标，有了明确的目标，在撰写工作中才能具有较强的自觉性、针对性、主动性和科学性，减少和避免盲目性和不确定性。

总的来讲，各种领导讲话稿的作用如图6-4所示。

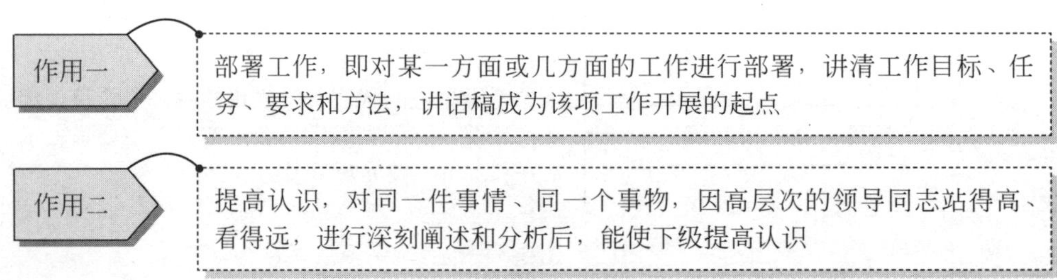

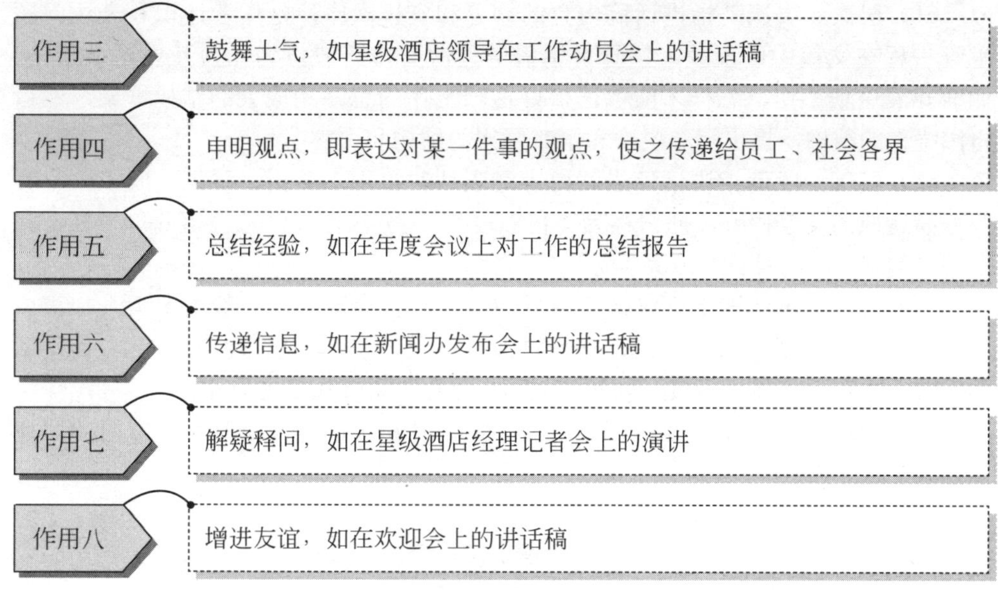

图6-4　讲话稿的作用

四、领导讲话稿的结构

领导讲话稿的结构分外在结构和内部结构。

1.外在结构

领导讲话稿的外在结构由标题（包括讲话稿者姓名、讲话稿时间）、称谓、开头、正文、结尾几部分构成。

2.内部结构

领导讲话稿的内部结构主要由层次、段落、过渡、照应等要素构成，如图6-5所示。

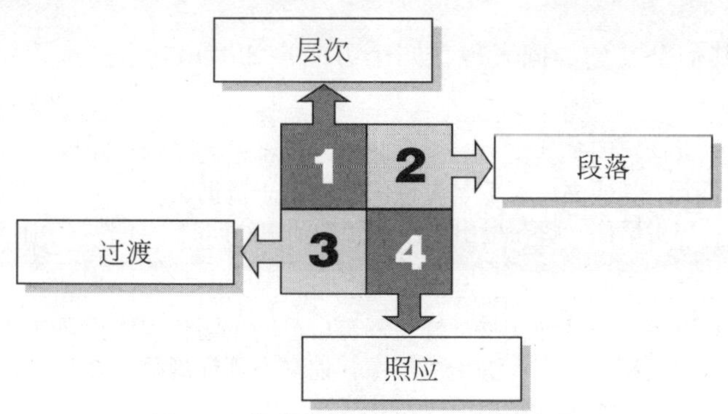

图6-5　领导讲话稿的内部结构要素

（1）层次。层次是指讲话稿内容的划分和安排次序，是作者认识和表达问题思维进程在文稿中的反映。领导讲话稿的层次安排一般按为什么开展这项工作、如何开展这项工作、怎样才能保证搞好这项工作的思路构成大的结构框架，然后再围绕大的结构，提出第二层次和第三层次的结构和内容。

（2）段落。段落指讲话稿思路内容在表达时，由于转折、强调、间歇、整齐等原因造成的文字停顿，通常称为“自然段”。划分段落要注意段落的单一性、完整性、匀称性、特殊性、联系性。

（3）过渡。过渡即上下段落、前后层次的连接和转换。一般情况下，一篇成功的讲话稿都要通过段落过渡、句子过渡、词语过渡、标题过渡等方法，使讲话稿结构上下贯通、前后衔接，以便听众的思路跟上讲话稿者的思路。

（4）照应。照应指讲话稿内容前后呼应、互相关照、互相联系。常用的照应方法有3种，如图6-6所示。

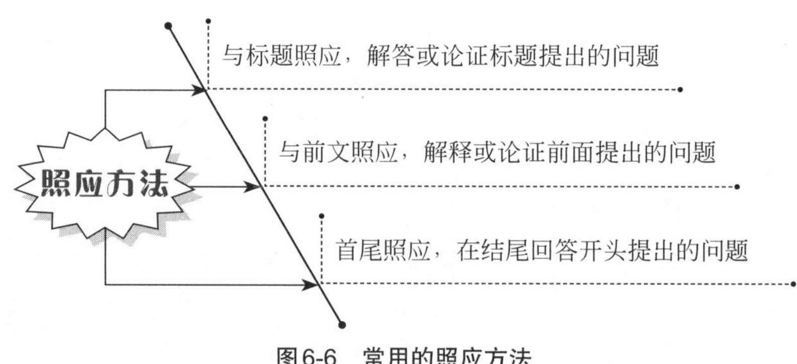

图6-6　常用的照应方法

五、与其他公文的异同

领导讲话稿属于公文范畴，它同我们平时所发出的决议、决定、指示、意见、通知等其他公文以及调查报告、工作总结等文体既有联系，又有区别，既有共性，又有个性。

讲话稿与其他公文的异同表现在四个方面，如图6-7所示。

讲话稿同其他文书一样，其出发点都是为了指导和推动工作，但在内容上，其他文书大多是专项的，侧重于贯彻某项决策提出明确要求，而领导讲话稿一般在提出工作任务和要求的同时，还侧重于阐明指导思想

讲话稿同其他文书一样，都有自己的主题和大体相同的结构，但在具体写法和表述上，讲话稿不像其他文书那样规范，没有什么固定格式，但也不能随心所欲，想怎么讲就怎么写

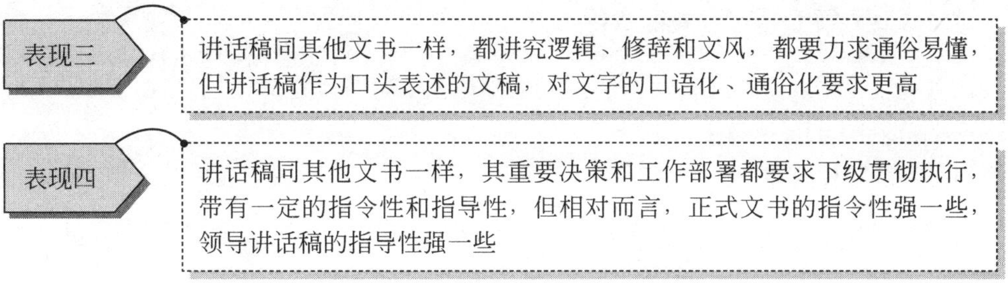

表现三
讲话稿同其他文书一样，都讲究逻辑、修辞和文风，都要力求通俗易懂，但讲话稿作为口头表述的文稿，对文字的口语化、通俗化要求更高
表现四
讲话稿同其他文书一样，其重要决策和工作部署都要求下级贯彻执行，带有一定的指令性和指导性，但相对而言，正式文书的指令性强一些，领导讲话稿的指导性强一些

图6-7　讲话稿与其他公文的异同

第二节　餐饮企业领导讲稿写作流程

餐饮企业领导讲稿的撰写主要有8个步骤，如图6-8所示。

了解背景，弄清意图
1
2
明确主题，确定内容
收集资料，熟悉情况
3
4
提炼观点，拟订提纲
打好腹稿，形成初稿
5
6
整体把握，调整完善
字斟句酌，反复修改
7
8
打印校核，定稿上交

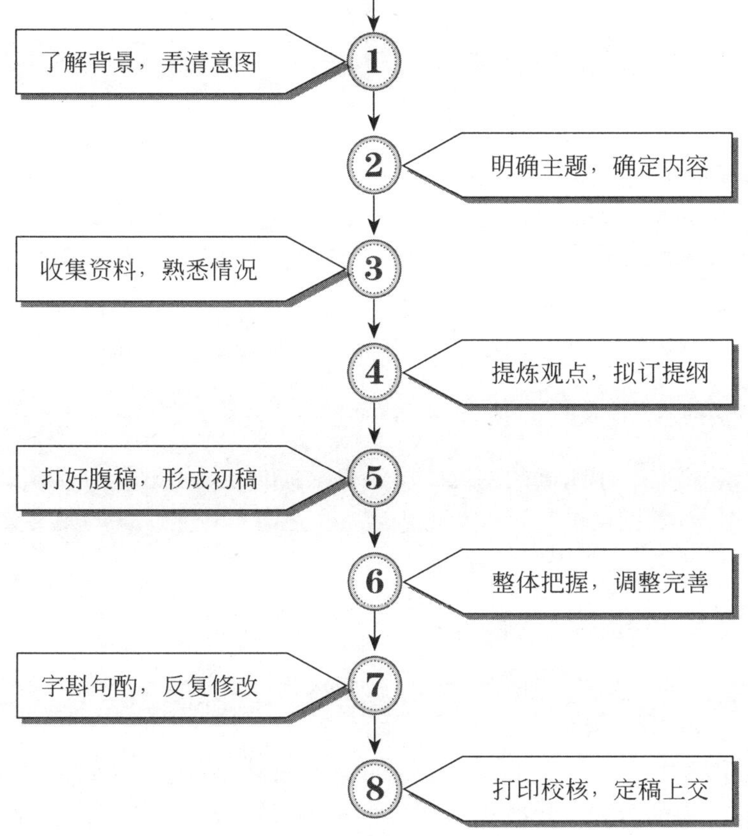

图6-8　餐饮企业领导讲稿撰写步骤

步骤一：了解背景、弄清意图

餐饮企业领导讲话稿都有其背景和意图。在撰写领导讲话稿之前，撰稿人一定要把背景和意图弄清楚。

1.讲稿写作背景

讲稿写作的背景包括大、中、小3个方面，如图6-9所示。

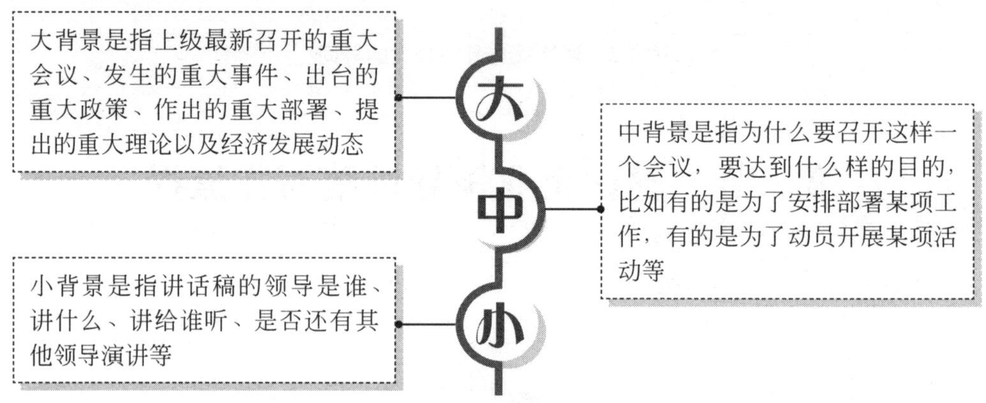

图6-9　领导讲稿的背景

2.讲稿写作意图

弄清意图就是要弄清讲话稿的领导对这次会议、这项工作有什么具体的想法和要求，比如是想通过肯定成绩，鼓舞士气、推广经验、促进工作，还是想找出问题，加压鼓劲、采取针对性的措施推动工作等。

在弄清了背景和意图的基础上，再确定讲话稿的类型和基调。

步骤二：明确主题、确定内容

任何会议都有一个明确的主题。实践中，有的会议主题是由领导集体或领导个人确定的，有的则需由文秘人员来确定。主题一旦确定，就要始终突出这个主题，围绕这个主题来安排内容、组织材料。

步骤三：收集资料、熟悉情况

文秘人员不可能对每一项工作都了解、都熟悉，这就要求我们在起草领导讲话稿之前，广泛收集资料，尽可能的熟悉情况。

这里讲的“资料”，是指起草者为着既定的起草目的，从各方面搜集、摄取并写入讲话稿之中的事例、知识或论据，是构成讲话稿的材料。讲话稿中常用的资料，大体上有3类，如图6-10所示。

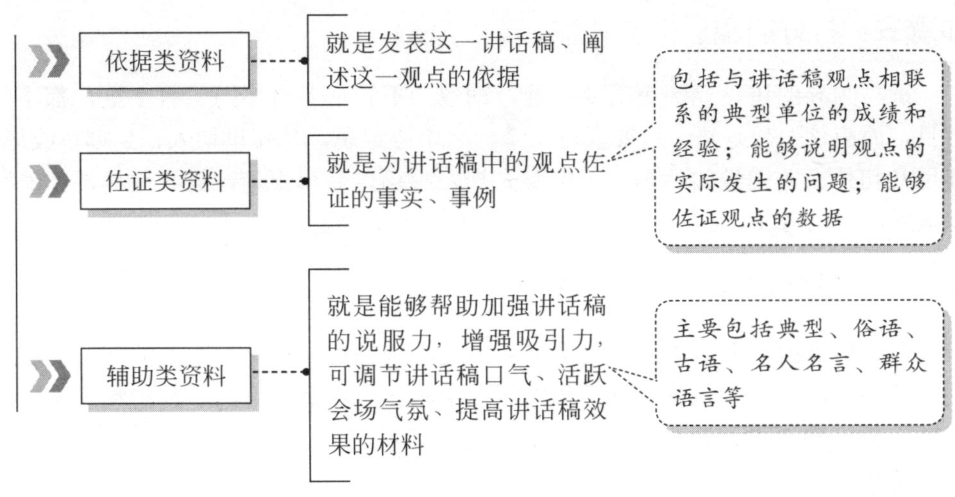

图6-10　讲稿材料的种类

步骤四：提炼观点、拟订提纲

讲话稿的观点，就是讲话稿人通过讲话稿所表达的看法或主张。实际上，讲话稿的主题思想也是观点，是这一讲话稿的"大观点"。一篇讲话稿有了大观点，还要有与之相配套的中观点、小观点。

锤炼观点是撰写讲话稿的关键。锤炼出了观点，再对观点进行整体安排与组合，就形成了写作提纲，这样，讲话稿的撰写就完成了一大半。

这里要注意3个问题，如图6-11所示。

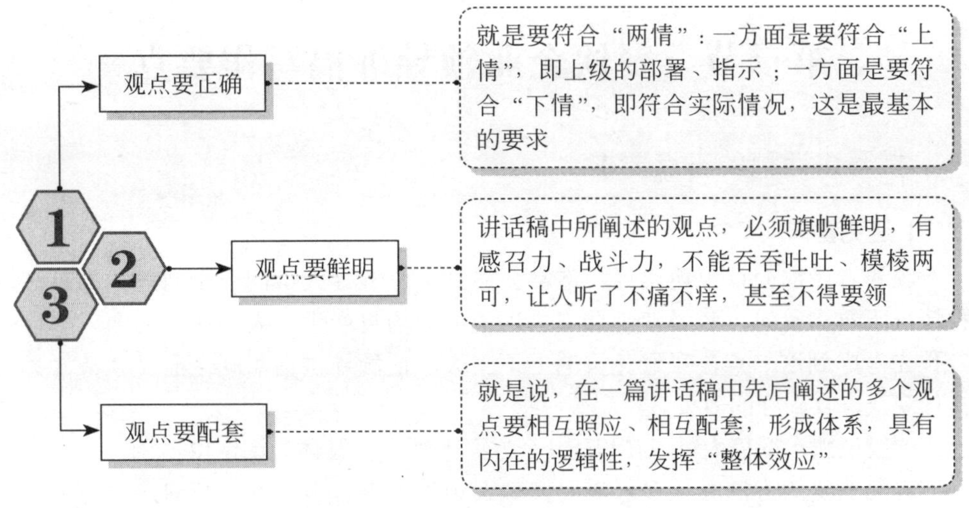

图6-11　提炼观点注意的问题

步骤五：打好腹稿、形成初稿

撰写领导的讲话稿，更需要冷静、细致，不管任务有多急、有多重，都不能盲目，而应该先想好每一块要表达一个什么中心意思，从哪里切入、到哪里收尾，要用几句什么关键性的话等，一定要先打好腹稿以后再下笔，只有这样，才能写得顺畅，一气呵成。

步骤六：整体把握、调整完善

不管初稿由一人写成，还是由多人写成，这都是一个十分重要的环节。就是要通读初稿，然后从整体上感觉和判断：主题和重点是否突出；逻辑和层次是否清晰；措施和要求是否到位；详略和篇幅是否恰当等。在此基础上，进行调整、补充及删减，完善材料。

步骤七：字斟句酌、反复修改

如果说前一个环节是从总体上、从大的方面对材料进行修改的话，那么这一环节就是从细微之处进行润色和加工。

内容包括：语言风格、词句使用、修辞标点、段落安排、字体设置等。要通过这一环节的精雕细刻，使材料在外在表现上上一个层次。

步骤八：打印校核、定稿上交

在检查无误之后，进行校对，然后交给领导审核。

第三节　餐饮企业领导讲稿写作要点

一、撰写讲话稿的三点要求

1.避免雷同

领导者参加会议应邀讲话，常常会遇到多位领导人讲同一个问题，如果在这种情况下再重复讲，势必使听众失去兴趣，会场将产生无人关注的局面。撰稿人应预先考虑到这一点，在避免雷同上下工夫，使领导讲话稿既全面又独特，紧紧抓住观众，收到好的效果。

一般说来，撰稿人可以在以下4个方面下功夫，具体如图6-12所示。

避免重复的方法有很多，需要撰稿人预先着手，多角度展开同一主题下的不同论述，以使领导讲话稿独具色彩而富有成效。

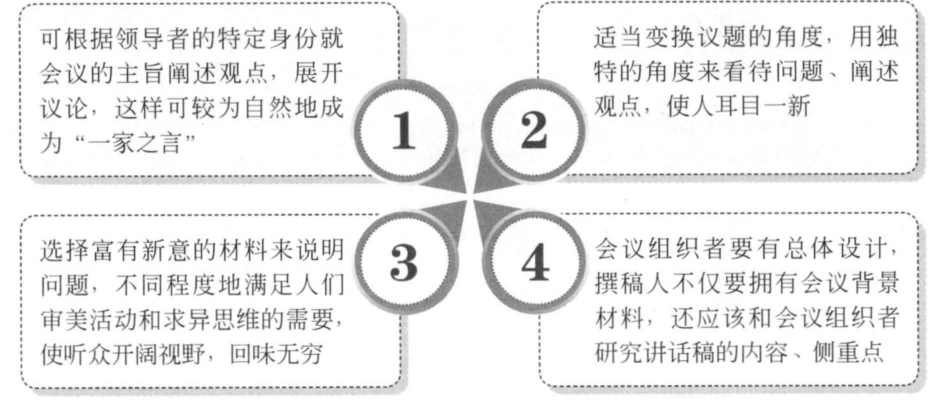

图6-12　如何避免讲稿雷同

2. 独树风格

领导讲话稿最忌千篇一律地发表意见，平淡无奇。领导者的讲话稿只有突出个性，才能够紧紧地抓住听众，引起听众强烈的共鸣，从而使讲话稿化作听众的意愿和自觉行动，成为促进工作目标实现的强大动力。

讲话稿应具有其独特的风格，或真挚细腻，或警喻深刻，或文采飞扬。撰写领导讲话稿，不应拘于一章一法的限制和束缚，应随讲话稿的内容和场合而随时变化，不仅要逻辑严明、思路清晰，而且要生动活泼、文采盎然，这样可使讲话稿更富有生气，富有感染力、号召力。

3. 适当调剂

由于会议不同，领导的讲话稿有长有短，如果是遇到长一些的讲话稿，一般来讲与会者会感到疲劳，精力往往不会像开始那样集中，特别是到会议最后，主要的东西已经讲完，听众的情绪开始松弛下来，以至台上开大会，台下开小会，这样，讲话稿就需要调剂情绪和气氛了。对这一点，撰稿人也要预先考虑到，适当在较长的讲话稿中增加一些“调剂品”，激发听众的情绪和注意力。运用即兴调剂要因领导讲话稿的内容而变化，因听众不同而变化，有时用在开头，有时用在中间，有时用在结尾。

讲话稿即兴调剂是领导者机智灵活的表现，能够很好地借鉴使用调剂艺术将使领导讲话稿自始至终保持活力，富有吸引力。

二、撰写讲话稿的四个不能

撰写讲话稿时，一定要注意以下4个方面，具体如图6-13所示。

1. 不能面面俱到、过于求全

我们通常过分追求完整性，生怕不全面、不系统，生怕分量达不到。解决这一

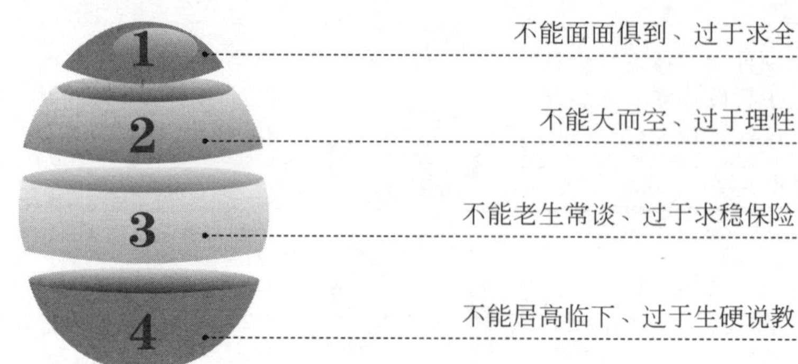

图6-13　撰写讲话稿的四个不能

问题，就是要统筹兼顾、突出重点。无论什么场合的讲话稿，它的容量总是有限的，想把每个问题都讲到，讲得很充分、很新颖难以做到，能在几个问题、几个观点上有所突破，讲出点新意来，给人以较大的启发，就很好了。

2.不能大而空、过于理性

这主要表现在3个方面，具体如图6-14所示。

图6-14　三个方面的表现

一般来讲，领导的讲话稿思想性、理论性较强，越是高层次的领导越是如此。讲话稿中，主题、观点是灵魂，而事实是血肉，离开鲜明、生动的事实，讲话稿就会成为空洞、苍白的说教。

3.不能老生常谈、过于求稳保险

对这个问题，要注重从两个方面下工夫。

第一，要善于赋予老问题新的内容和特点。现实生活和工作实践中，问题的老和新是相对的，而且往往交织在一起，可以说老中有新、新中有老。不少问题，过去有，现在有，将来也会有；许多话题，过去强调，现在强调，将来还要强调。因此，我们要注重和善于“老题新作”，把功夫下在新老的结合上。

第二，要善于发现新问题，探讨新思路、新办法。

事物是不断发展变化的。要做到这两条，不仅要有意识地加强思想锻炼，还要深入实际。

4.不能居高临下、过于生硬说教

领导讲话稿是给人听的，首先要让人有认同感，讲话稿时领导的表情、语气和态度，与会者的情绪和反应，均可在同一时刻显示出来。特别重要的，就是要讲得人心的话，要适应与会者的心理特点，尊重与会者的兴趣爱好，努力把话讲到与会者的心里去。要以心换心，多讲交心话、真心话、热心话、关心话，即使是提出批评意见，也要以理服人，以情感人。

三、撰写讲话稿的材料准备

素材是写作的基础，讲话稿的撰写是要建立在素材充分的基础上，实际上是对素材的归纳、消化、加工和升华的过程。搜集素材有两个含义，一个是要有众多的文本材料，另一个就是平时多注意思考，进而形成有独特见解的观点群。

1.平时收集分析材料

收集材料，就是掌握素材，包括综合情况、重要数据、生动事例及重要思想观点。有时积累的一些材料可能平时用不上，但在关键时候就可能用上一个观点、一个事例、一句话。

收集材料途径有3个，如图6-15所示。

途径一　**调查研究，取得第一手现实材料**

特别是写“讲话稿”、“意见”、“规划”时特别需要这样的依据，要客观地倾听，平等地讨论，适当地提问，注意点面情况的结合，对调查的材料要做必要的核实

途径二　**广开“材”源，积累第二手材料**

即收集一些与所写公文有关事物的变革情况，以便分析其发展变化，作出正确的分析判断，提出有见解的观点，报纸、文件、会议材料、信息、简报等与自己工作有关的材料，都可及时记下来，分门别类，积累起来，用时非常方便

途径三　**有备无患，储备基础材料**

积累一些与文稿写作有关的公文，包括法规、政策、文件、讲话稿、纪要等，甚至收集一些古今中外的精辟议论，作为形成文稿观点和进行综合分析的依据，或直接引证所用

图6-15　收集材料的途径

2.系统思索储蓄观点

好文章要有真知灼见，那就要在思想认识上达到一定程度，形成观点并有较强的逻辑线索之下才能形成。观点问题实际上就是对客观事物的分析认识得出的结论，是在认识客观事物运动规律的前提下如何结合实际去有针对性地认识问题、揭示问题、解决问题的思路。

所谓储备观点，就是讲要注意积累一些有战略性的思想，有备无患，需则用之，否则现学现卖、现想现卖，很难写好讲话稿。

第七章　撰写餐饮企业领导讲稿的艺术

第一节　餐饮企业讲稿的艺术性

餐饮企业领导讲话稿如何把握撰写的艺术非常重要，主要表现在以下3个方面。

一、鲜明的主题

主题是讲话稿内容的灵魂和纲领，是讲话稿成败的关键所在，无论写什么内容，必须鲜明。

提炼和确定讲话稿主题，与其他主题有所不同，更要突出强调与领导思想、观点和工作意图的一致性。

餐饮企业领导的意图应该是讲话稿的主题，有关中心内容、基本观点、主要事例等，都要以贯彻领导意图为核心。也就是说，提炼和确定主题，是写好讲话稿的首要前提。

二、体现风格特征

讲话稿的风格特征主要取决于餐饮企业领导本身的特点。不同领导，由于其在身份、经历、语言、性格、素质等个性特点方面的差别，所以讲话稿的风格也不一样。

1. 身份特点

决定领导身份特点的因素一般有3个，如图7-1所示。

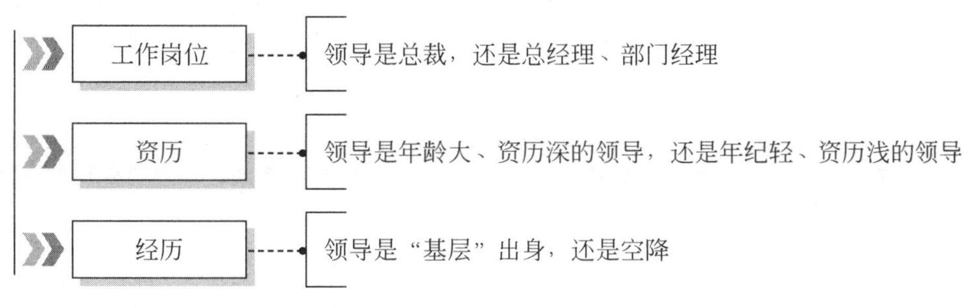

图7-1　决定领导特点的因素

身份不同，讲话稿的内容、口气、表达方式也有区别，在撰写讲话稿时需要特别注意。

2. 语言特点

这是最能反映领导讲话稿风格的一个重要方面。一般情况下，领导的语言特点主要有4种，如图7-2所示。

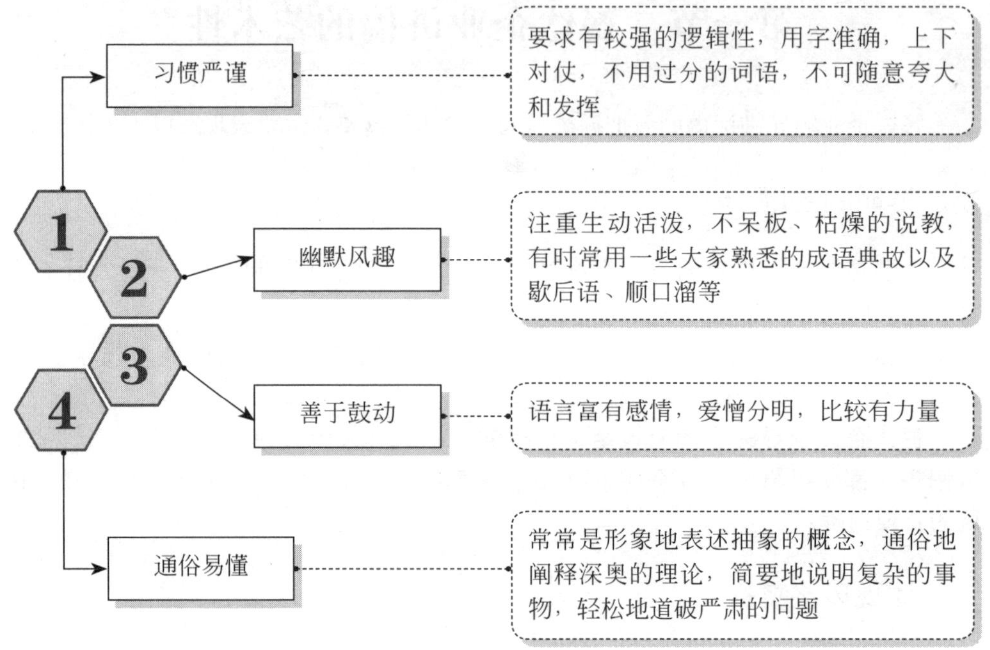

图7-2 领导的语言特点

3. 性格特点

不同领导有不同的性格，不同性格的领导讲话风格差异很大，那么讲话稿也要有不同的风格。比如，有的领导性格直爽，讲话稿干练、果断、坚决，简洁明快，那么讲话稿适用短话、直话、硬话。有的领导性格细腻，讲话稿习惯具体详尽，那么讲话稿就要多引用详细的数据和事例，语句也会长一点、软一点。

4. 素质特点

素质特点主要指领导的思想水平和文字能力。

三、新意和深度

正确处理求全、求实与求新、求深的关系，使讲话稿具有新意和深度，如图7-3所示。

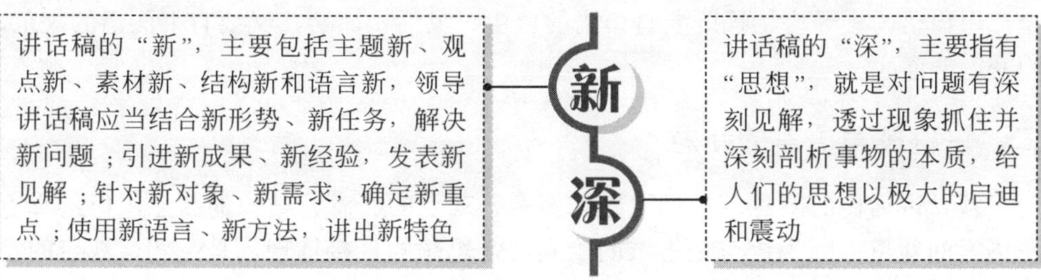

图7-3　领导讲话稿的新意和深度

第二节　餐饮企业讲稿语言艺术

领导讲话稿的语言既区别于正式书面文件，又区别于一般的口头随意交谈，是介于两者之间的一种具有特殊性的语言。

一、讲话稿语言的基本特点

领导讲话稿语言的基本特点可以概括为“两通”“一短”“口语化”。

1.“两通”

“两通”的含义如图7-4所示。

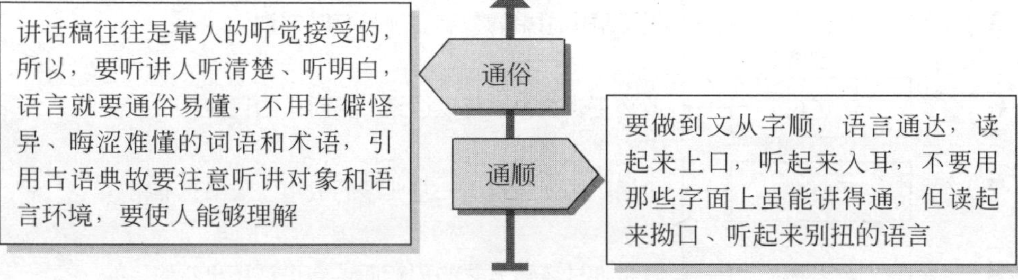

图7-4　“两通”的含义

2.“一短”

“一短”就是句子要短，这也是从人的听觉习惯考虑的。不是说一律要用短句，但长句一定要少用，尤其不要用那种一口气读不完的长句。句子长了，听起来容易连不上、听不清，产生误解，还容易使听讲人生厌。

3.“口语化”

领导讲话稿语言要通俗易懂，要多用口语，但通俗中要有庄重、高雅，不能全部用口语。领导讲话稿既要有口语的自由、灵活、简短，又要有书面语的规范、缜密、严谨。

二、讲稿撰写语言的新意

领导讲话稿的新意，包括主题的新意、观点的新意、结构的新意，但落脚点是语言的新意。因为语言是思维的工具，是思想的直接体现，是主题、观点的物质承担者。讲话稿内容的新意要通过语言的这一形式来传递、感受、领悟。

1.领导讲话稿语言出新的体现

出新是对餐饮企业领导讲话稿的基本要求，也是最高要求，领导讲话稿的出新，可以通过以下方面来体现，如图7-5所示。

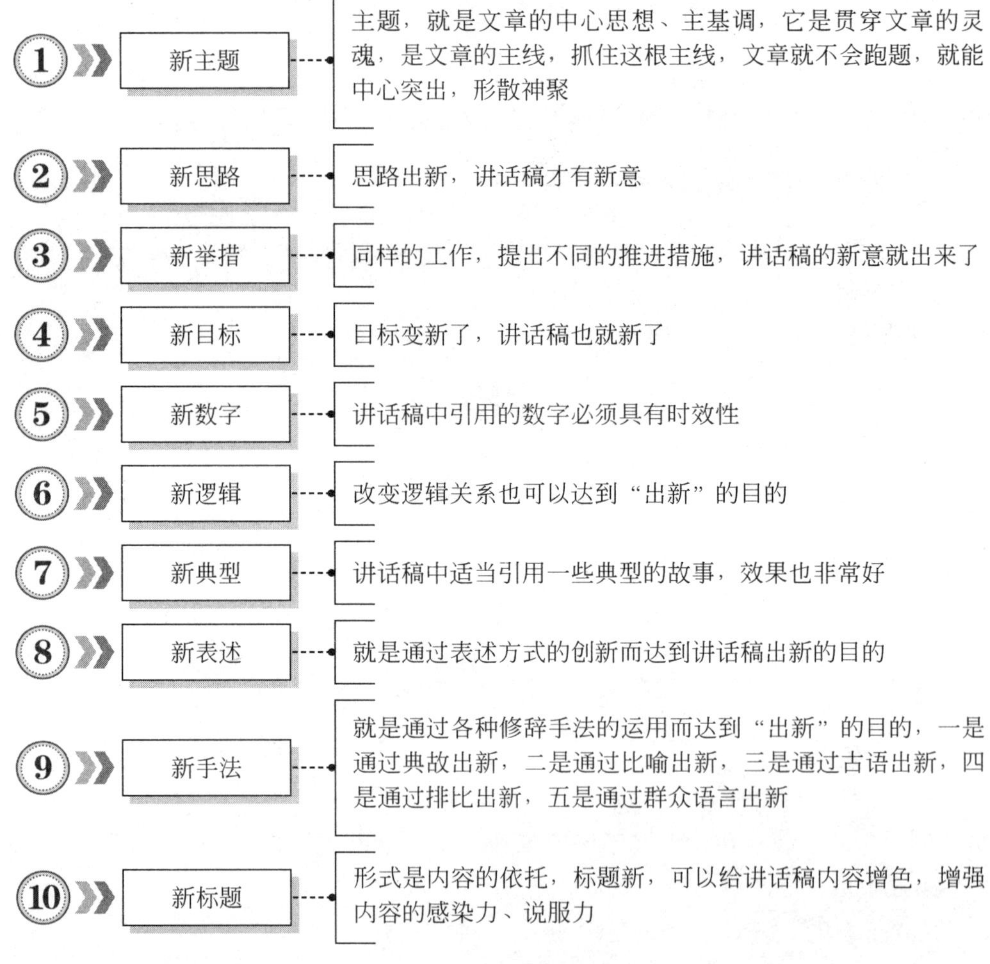

图7-5 讲话稿如何出新

2.领导讲话稿如何出新

那么，领导讲话稿怎样“出新”呢？可以考虑以下5种途径，如图7-6所示。

1. 转换论述方式：因为领导讲话稿的一个普遍现象是承上启下，往往上级开了什么会，上级领导讲了什么话，下级也要开个类似的会，下级领导也要讲类似的话，这样就必须避免“下抄上”、“如法炮制”的问题
2. 进行具体分析：不是一般地、笼统地讲问题，而是展开讲，对问题及其原因进行具体分析，进行具体分析的语言，绝不可能是照抄来的语言，因此就很有可能产生出富有新意的语言
3. 提出新的要求：就是根据具体情况提出新的、具体的要求，而这种新要求本身就是新语言
4. 采用修辞方式：在讲话稿中适当采用比喻、借代、排比、对仗、幽默、警句等修辞方式，也会达到“出新”的效果
5. 组合、创造新的词汇：组合、创造新的词汇要注意，一定要出之有理，出之自然，不能生造那些半通不通，使人似懂非懂、受之勉强的所谓“词汇”

图7-6　讲话稿如何出新

三、领导讲话稿语言的形式美

形式是内容的依托。讲话稿语言的形式美可以给讲话稿内容增色，增强内容的感染力、战斗力。讲话稿语言的形式美有很多，如图7-7所示。

- 整齐美：这是符合人们传统审美习惯的一种美，它包括语言排列和句式的整齐一致，语句的对称、均衡、和谐等
- 抑扬美：这是解决讲话稿的声音问题的，古诗词有严格的平仄格律，文章、讲话稿也应当讲究平仄，要使语言有起有落、高低相应，实现抑扬之美

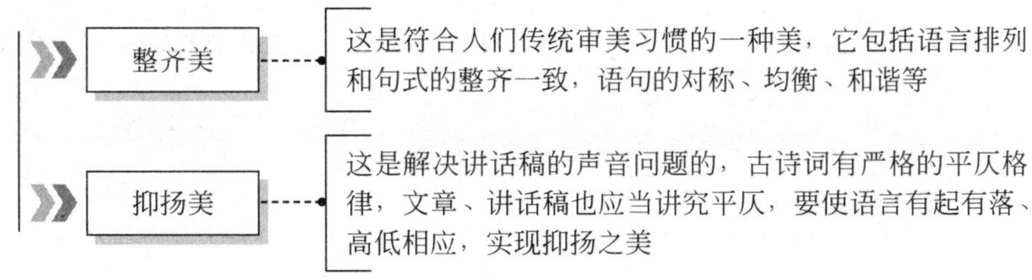

图7-7

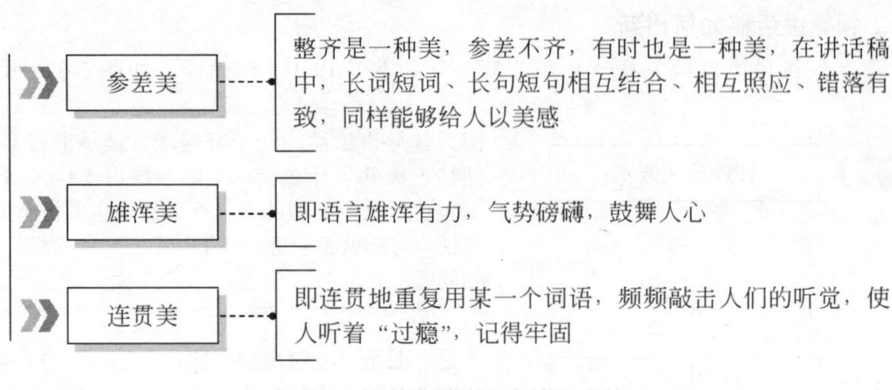

图7-7　领导讲话稿语言的形式美

第三节　餐饮企业讲稿的布局艺术

一、讲话稿的布局形式

一般来讲，领导讲话稿可分为五部分，即标题、称谓、开头、主体、结尾。需要重点研究的是它的主体部分，其主体部分通常又具有以下3种结构形式。

1.板块式

板块式即分为几个板块，具体讲又有5种不同情况，如图7-8所示。

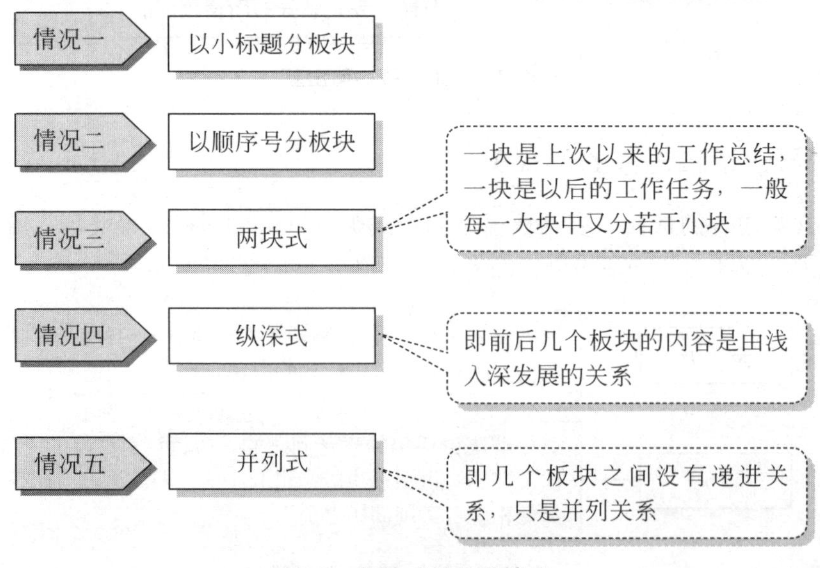

图7-8　板块式的几种情况

2. 自然式

自然式即讲话稿不分板块，只分若干个自然段，多数是依照内容的逻辑关系来安排的。

3. 提纲式

提纲式即像列提纲那样，在一篇讲话稿中讲多个问题，每个问题开头有一个主题句，每个问题的篇幅都很简短。

二、讲话稿结构形式的选择

以上所讲的多种结构形式，用哪一种，要从5个方面考虑，如图7-9所示。

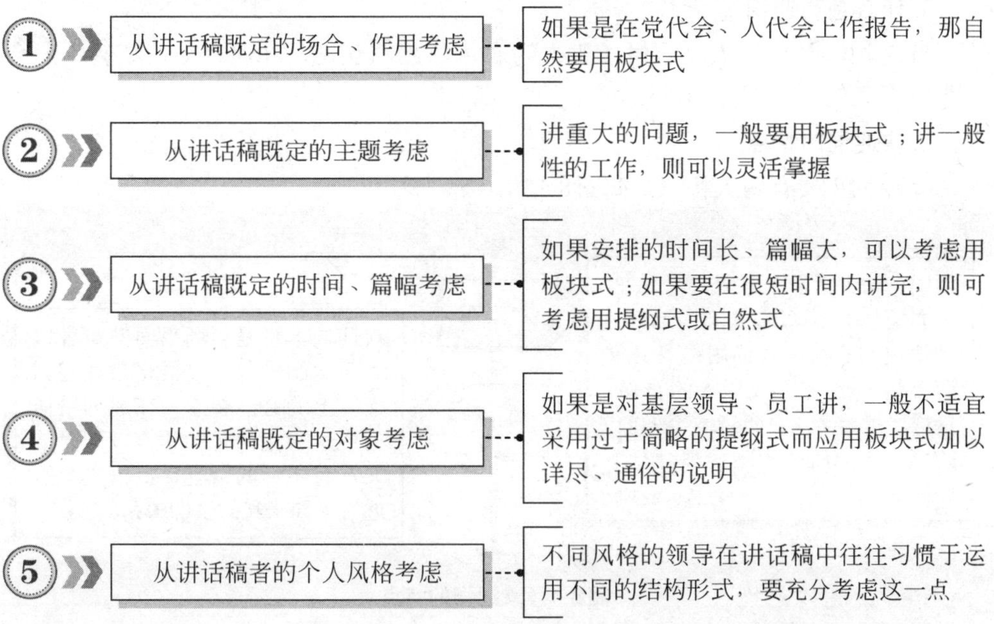

图7-9　结构形式的选择

第八章　餐饮企业讲话类文书写作

第一节　欢迎词、欢送词

一、欢迎词

1.什么是欢迎词

欢迎词，是指客人光临时，主人为表示热烈的欢迎，在座谈会、宴会、酒会等场合发表的热情友好的讲话。

2.欢迎词的特点

欢迎词主要有两大特点，如图8-1所示。

中国有句古话是“有朋自远方来，不亦乐乎”，所以致欢迎词当有一种愉快的心情，言词用语务必富有激情和表现出致词人的真诚，这样才可给客人一种“宾至如归”的感觉，为活动的圆满举行打下好的基础

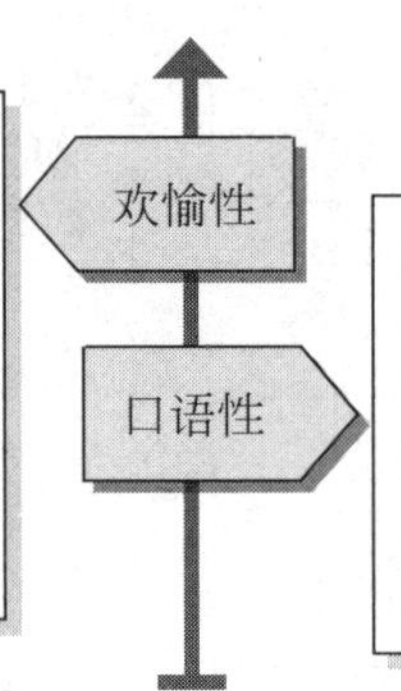

欢迎词本意是现场当面向宾客口头表达的，所以口语化是欢迎词文字上的必然要求，在遣词用语上要运用生活化的语言，即简洁又富有生活的情趣，口语化会拉近主人同来宾的亲切关系

图8-1　欢迎词的特点

3.欢迎词的格式

欢迎词一般由标题、称呼、正文和落款四部分组成。

（1）标题。标题写法一般有两种。一种是单独以文种命名，如《欢迎词》。另一种是由活动内容和文种名共同构成，如《在××会上的欢迎词》。

（2）称呼。称呼要求写在开头顶格处，要写明来宾的姓名称呼，如“尊敬的各位先生们女士们”、“亲爱的××大学各位同仁”。

（3）正文。欢迎词的正文一般可由开头、中段和结尾三部分构成，具体如图8-2所示。

（4）落款。欢迎词的落款要署上致词单位名称、致辞者的身份、姓名，并署上成文日期。

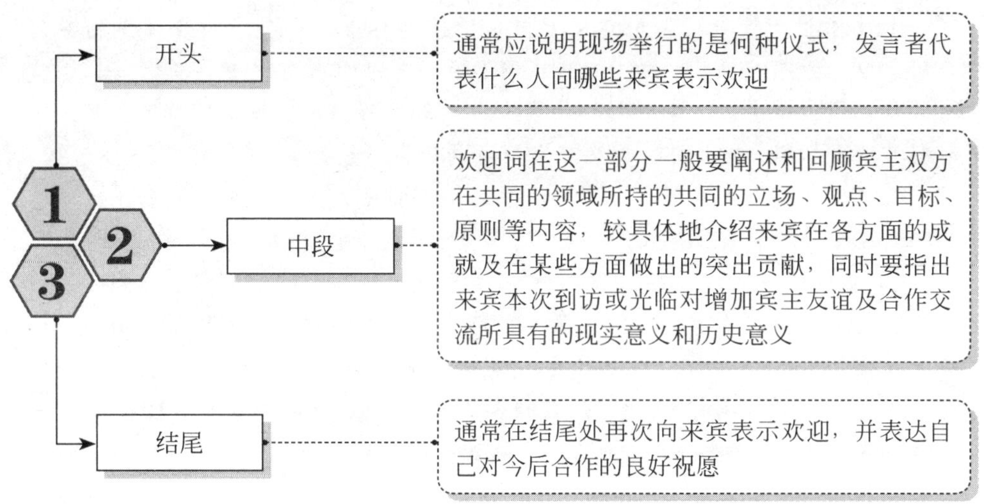

图8-2　欢迎词正文的三部分

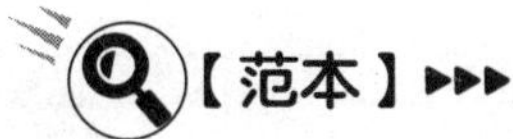

××餐厅开业庆典欢迎词

尊敬的各位领导、各位嘉宾，女士们、先生们：

大家好！

在这丹桂飘香的季节，在红山女神的故乡，在第一只鸟飞起的神奇地方，在辽阔富饶的建平大地上，××鱼府于公元××年×月×日，农历八月初八，在今天，正式开业了！

我谨代表××鱼府向今天莅临盛会的各位领导、各位嘉宾表示热烈欢迎和衷心感谢！向为鱼府建设付出心血和汗水的全体施工管理者和服务人员表示最真诚和最亲切的问候！

××鱼府乘八面来风、应万众期盼今天终于诞生了！××鱼府能够惊艳登场、震撼问世，离不开各界领导、各位朋友一直以来的关心、关照、关怀和关爱。在这里，请允许我向各位朋友深情地鞠上一躬，表示我最衷心的感谢！

在此，我要特别感谢的是××的朋友们！

如果说××鱼府像一株稚嫩的小苗，那么，××的朋友们就是培植幼苗的宝贵土壤，就是普照幼苗的灿烂阳光，就是滋养幼苗的解渴甘露，就是嬉戏幼苗的欢乐海洋！

在这隆重吉祥的开业盛会上，在亲朋好友的共同见证下，就在此时此刻，尊敬的××的各位朋友们，请接受我深情一拜！

千秋伟业千秋景，万里江山万里美！按高标准、严要求投资建设的××鱼府，设计新颖、风格别致、功能齐全，无论是主体建筑还是装饰装修，都构思独特、气势恢宏、手笔大气！给客人提供舒适、幽静、安全的氛围，客人来时有“宾至如归”的温馨，走时有“宾去思归”的留恋。

我国是举世闻名的美食之国，有源远流长的舌尖文化。××鱼府不但环境幽雅，这里更是美食美味之所在。

“有朋自远方来，不亦乐乎”，××鱼府开业以后，我们期待各界领导、四方来宾、各位朋友给予更多的关照和支持，同时也希望鱼府管理层和全体职员要强化管理、规范运作、热忱服务、爱岗敬业，全心全意把××鱼府打造成有品位、有档次、有影响、有效益的一流食府！让它成为××美食流光溢彩的新篇章，让它成为××美食亮丽的风景线！

优雅的环境，绝对的美味，上乘的服务，这就是××鱼府的服务特色。××美味哪里去？××鱼府！

最后，祝大家天天富足，年年有余！想吃鱼，就来咱家××鱼府！

谢谢大家！

二、欢送词

1.什么是欢送词

欢送词是客人应邀参加了活动，主人为表达对客人的欢送之意，在一些会议或重大庆典活动、参观访问等结束时的讲话。

2.欢送词的特点

欢送词具有惜别性和口语性。欢送词要表达亲朋远行时的感受，所以依依惜别之情要溢之言表，尤其是公共事务的交往，更应把握好分别时所用言辞的分寸。另外，欢送词的口语性也很强，遣词造句也应该注意使用生活化的语言，使送别既富有情趣又自然得体。

3.欢送词的结构

欢送词一般包括标题、称谓和正文三个部分。

（1）标题。欢迎词的标题有三种。

第一种：完全性标题。由“致辞人+事由+文种”构成。

第二种：省略性标题。由“事由+文种”构成。

第三种：简单性标题。只写文种，如“欢送词”。

（2）称谓。写对欢送对象的称呼，要把所有来宾都包括进去。

（3）正文。正文包括3个部分，如图8-3所示。

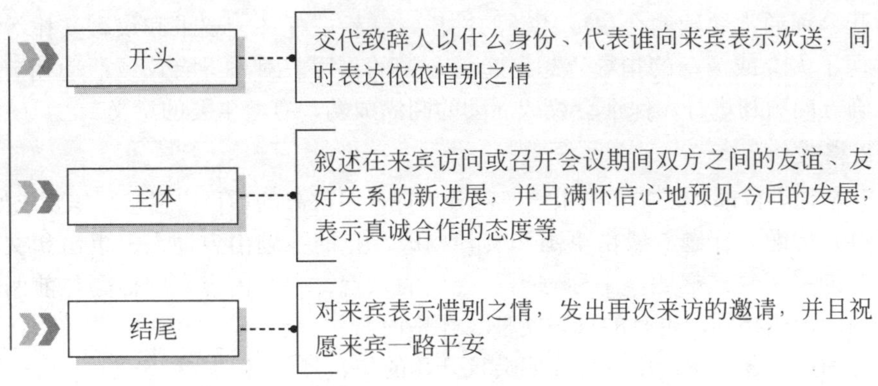

图8-3　欢迎词的正文

【范本】

××餐饮企业送别××先生的欢送词

尊敬的××先生：

再过半小时，您就要启程回国了。我代表××餐饮企业，并受××副总裁之托，向您及您率领的代表团全体成员表示最热烈的欢送！

我十分高兴地看到，近一个星期以来，我们双方本着互惠互让的原则，经过多次会谈，达成了几个实质性协议，取得了令人满意的成果。在此，我们对您在洽谈中表现出的诚意和合作态度，深表感谢！我衷心地希望您和您的同事们今后一如既往，为进一步发展我们双方的经济贸易往来而不懈努力！

我们期待着您和您的同事们明年再来这里访问。

谨致最良好的祝愿！

××餐饮企业　总经理××

第二节　开幕词、闭幕词

一、开幕词

1.定义

开幕词是在重要会议或重大活动开始时，为会议主持人或主要领导人讲话所用的文稿。开幕词的主要特点是宣告性和引导性。

开幕词通常要阐明会议或活动的性质、宗旨、任务、要求和议程安排等，集中体现了大会或活动的指导思想，起着定调的作用，对引导会议或活动朝着既定的正确方向顺利进行，保证会议或活动的圆满成功，有着重要的意义。

2.格式

开幕词由首部、正文和结束语三部分组成，各部分的项目内容与写作要求如下。

（1）标题。标题一般由事由和文种构成，有的标题由致词人、事由和文种构成，有的采用复式标题，主标题揭示会议的宗旨、中心内容，副标题与前两种标题的构成形式相同，也有的只写文种《开幕词》。

时间在标题之下，用括号注明会议开幕的年、月、日。

（2）正文。包括开头，主体和结尾三部分，如图8-4所示。

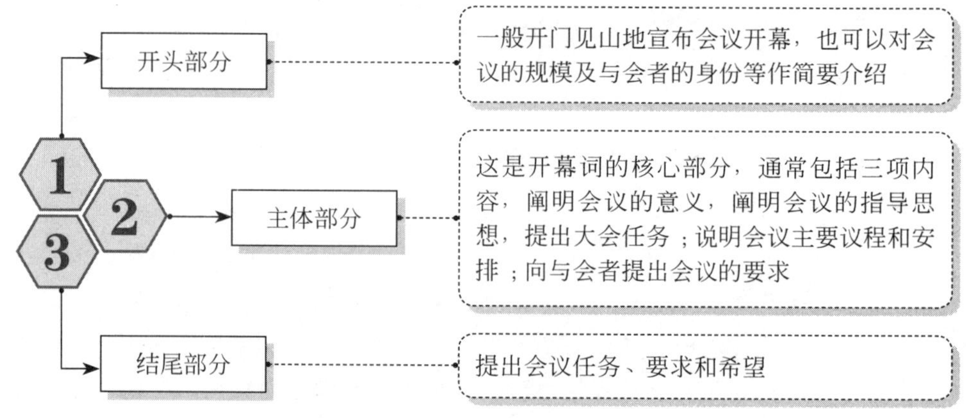

图8-4　开幕词的正文

（3）结束语。开幕词的结束语要简短、有力，并要有号召性和鼓动性。写法上常以呼告语另起一段，用“预祝大会圆满成功”结束。

××美食节开幕词

尊敬的各位领导、各位嘉宾，现场的朋友们：

大家上午好！

随着生活质量的提高，饮食文化的不断发展，美食已不再停留在酒足饭饱的层次上，而是成为了提升生活品位、休闲社交、了解和领略民俗风情为一体的精神文化盛宴。在这清风送爽，荷花争相吐艳的季节，经过数月紧张有序的筹备，我们迎来了××县荷花文化美食节，开展汉、彝、回三种特色风味美食制作比赛。今天，在这里隆重举行的首场比赛是汉族风味美食制作，旨在通过文化美食节这一平台，以诱人可口的特色美食和底蕴深厚的荷文化为媒，进一步打响××素有“迤西文献名邦”“滇中粮仓”“花灯之乡”“梅葛故里”“鱼米之乡”美誉的小城名片，架起各界人士认识××、了解××、走进××、热爱××的纽带和桥梁。

在此，谨代表大赛组委会向出席本次盛会的各位领导、各位嘉宾表示热烈的欢迎！对支持、关心这次大赛的各界人士表示衷心的感谢。

二、闭幕词

1.定义

闭幕词，是会议的主要领导人代表会议举办单位，在会议闭幕时的讲话。其内容一般是概述会议所完成的任务，对会议的成果作出评价，对会议的经验进行总结，对贯彻会议精神提出要求和希望。

2.闭幕词的特点

闭幕词与开幕词一样，具有简明性和口语化两个共同特点，其种类与开幕词相同。凡重要会议或重要活动，与开幕词相对应，一般都有闭幕词，这是一道必不可少的程序，标志着整个会议或活动的结束。闭幕词通常要对会议或活动作出正确的评估和总结，充分肯定会议或活动所取得的成果，强调会议或活动的主要精神和深远影响，激励有关人员宣传会议或活动的精神实质和贯彻落实有关的决议或倡议。具体特点如图8-5所示。

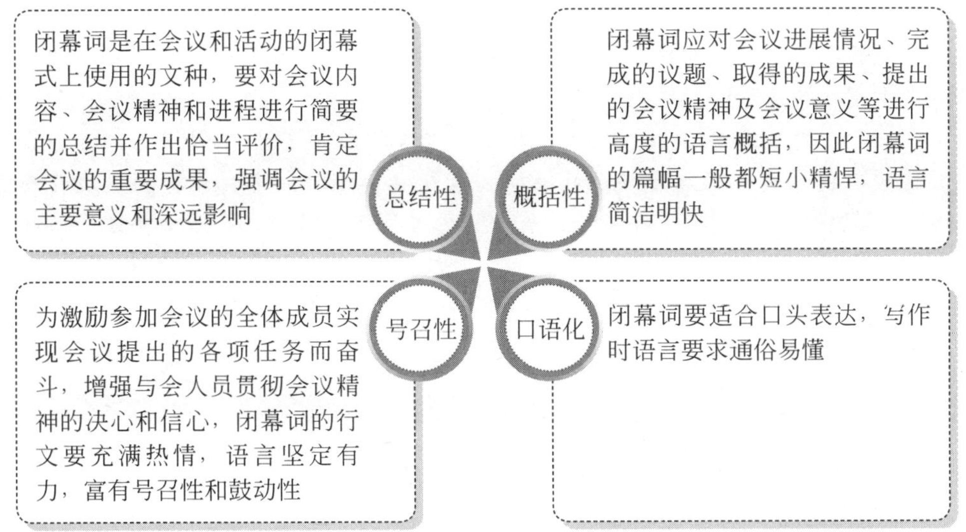

图8-5　闭幕词的特点

3.闭幕词的格式

闭幕词的写作格式包含4个部分，如图8-6所示。

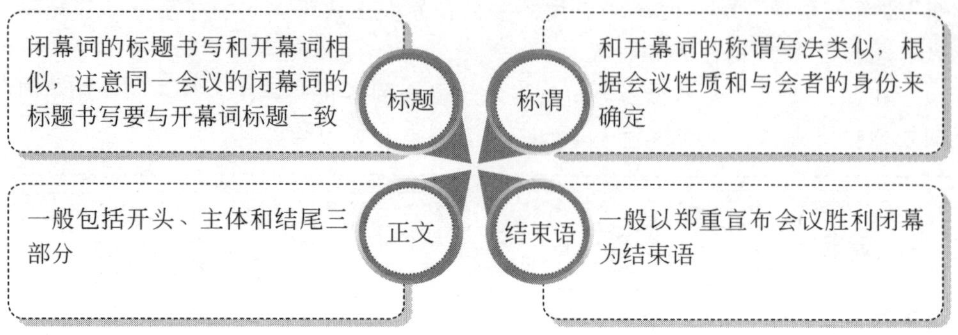

图8-6　闭幕词的格式

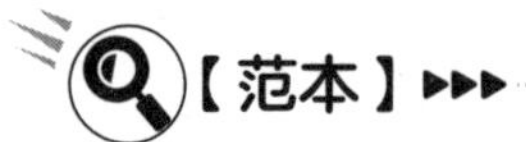

餐饮物料供销行业协会成立大会暨第一届会员代表大会闭幕词

尊敬的各位领导、各位代表：

××省餐饮物料供销行业协会成立大会暨第一届会员代表大会，在省、市有关领导关怀和支持下，在省商务厅、民政厅的监督和指导下，在全体会员代表的共同努力下，顺利完成了各项议程，即将圆满结束。在此，我谨代表协会全体理事及会员，对莅临今天大会的各级领导、各界朋友、媒体记者再次表示诚挚的谢意！对给予协会工作大力支持并担任协会名誉会长及特邀顾问、顾问的各级领导表示衷心的感谢！对全体会员代表为本次大会圆满召开所做出的努力表示衷心的感谢！

××餐饮物料供销行业协会，作为一个全省性的行业社团组织，为全省餐饮物料供销行业搭建了一个相互学习、相互交流、促进合作、共同发展的平台。我们有理由相信，在省委、省政府的关怀与支持下，在省商务厅、民政厅的直接指导与监督下，在广大会员的积极参与和共同努力下，协会将坚持以"弘扬××特色美食名饮，开发研究新奇特原材料，促进餐饮业繁荣发展"为主要宗旨，以"用心服务、亲情服务、主动服务"为理念，以"创办一流协会"为目标，充分发挥"铺路人、搭桥人、娘家人"的作用，努力推动全省餐饮物料行业的发展与壮大。

各位代表，××餐饮物料供销行业协会的成立，必将推动全省餐饮物料行业的健康发展。在此，希望全体会员和理事会全体成员齐心协力，团结餐饮物料行业的广大有志之士，共同推动全省餐饮物料供销行业的研发、生产、销售的发展，开创行业发展的新局面，为提高人民生活水平，振兴全省餐饮物料流通领域，为发展××经济做出新的贡献！

最后，非常感谢各位理事和全体会员的信任，推选本人担任协会第一届理事会会长，在深感荣幸的同时本人也深知责任的重大。作为协会的会长单位，一定会努力发挥领头作用，积极推动协会的各项建设；作为个人，本人代表公司担任协会会长，将认真履行会长的职责，虚心向业界同仁学习，不辱使命，为行业发展和全省经济发展尽微薄之力。

现在，我宣布：××省餐饮物料供销行业协会成立大会暨第一届会员代表大会闭幕！

谢谢！

第三节　祝酒词、答谢词

一、祝酒词

1.定义

祝酒词是在酒席宴会的开始，主人表示热烈欢迎、亲切问候、诚挚感谢，客人进行答谢并表示衷心的祝愿的应酬之辞，是招待宾客的一种礼仪形式。祝酒词其内容以叙述友谊为主，一般篇幅短小，文辞庄重、热情、得体、大方，是很流行的一种演讲文体。

2.类型

祝酒词主要有两种类型，如图8-7所示。

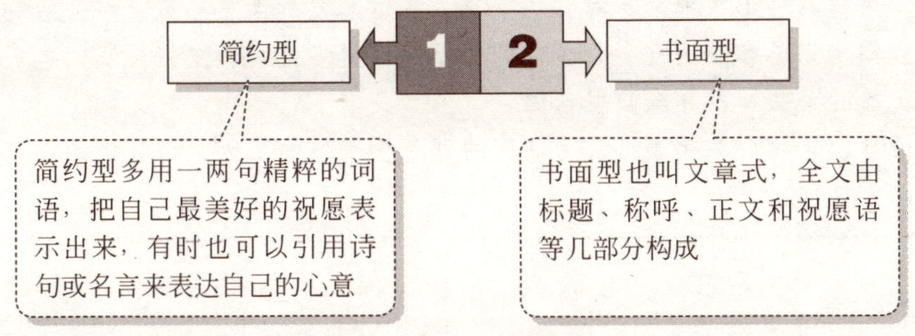

图8-7　祝酒词的类型

3.格式

（1）标题。标题可以直接写为《祝词》《祝酒词》等，也可以由讲话者姓名、会议名称和文种构成，如《××在××会上的祝酒词》《××在××宴会上的讲话》等。

（2）称谓。称呼一般用泛称，可以根据到会者的身份来定，如“各位女士、各位先生”“朋友们”等。为了表示热情和亲切、友好之意，前面可以加修饰语“亲爱的”“尊敬的”“尊贵的”等。

（3）正文。致词人（或代表谁）在什么情况下，向出席者表示欢迎、感谢和问候；谈成绩、作用、意义；展望未来，联系面临的任务、使命。篇幅简短，语言口语化，态度热情。

（4）结尾。常用“请允许我，为谁、为什么而干杯”。

××餐厅宴会祝酒词

各位来宾，女士们、先生们：

大家晚上好！

今晚，××餐厅贵客盈门，高朋满座！各位能在百忙之中莅临我店，我们深感荣幸。首先，请允许我代表××餐厅全体员工，向出席今晚联谊会的各位来宾、各位朋友致以衷心的感谢和诚挚的问候！祝各位身体健康，家庭幸福，万事如意！

××餐厅自××年开业以来，已走过了六年不寻常的发展历程。六年来，我们与社会各界朋友尤其是与在座的各位嘉宾建立了深厚的情谊，我们的工作日新月异，先后荣获了全国“××先进单位”“××先进单位”等荣誉称号。这些成绩的取得，是与各位朋友的关心和支持分不开的。我们希望借“顾客联谊会”这样一种形式来表达对各位来宾、各位朋友的由衷感激。在今后的岁月里，我们仍需要各位朋友一如既往的给予我们更多关爱和支持，我们也一定会以更优质的菜品和服务来回报各位。

最后，让我们举起酒杯，为共同的理想和美好的明天，为我们的友谊天长地久，干杯！

二、答谢词

1.什么是答谢词

答谢词，是指特定的公共礼仪场合，主人致欢迎辞或欢送词后，客人所发表的对主人的热情接待和关照表示谢意的讲话。答谢词也指客人在举行必要的答谢活动中所发表的感谢主人盛情款待的讲话。

2. 答谢词的类型

依据不同的致谢缘由和致谢内容，答谢词可划分为两个基本类型，如图8-8所示。

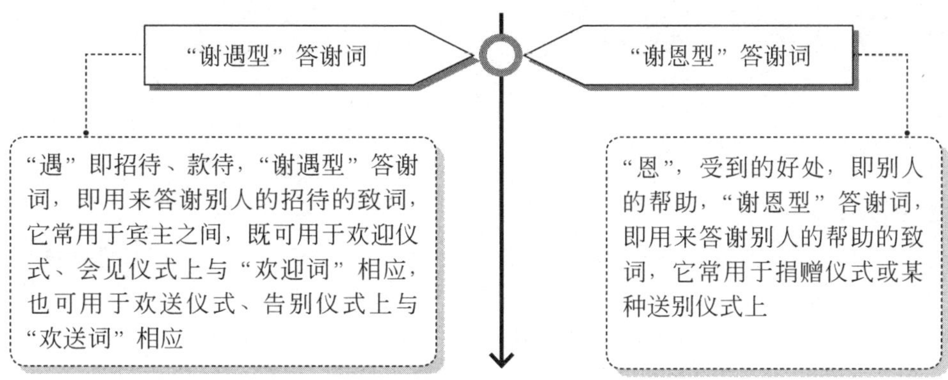

图8-8　答谢词的两种类型

3. 答谢词的格式

（1）标题。在第一行居中的位置上写上"答谢词（辞）"。

（2）称谓。另起一行顶格写致辞对方的姓名、头衔，既可以是广泛对象，也可以是具体对象。称呼后加"："以示引领全文。

（3）正文。答谢词的正文主要有4个要点，如图8-9所示。

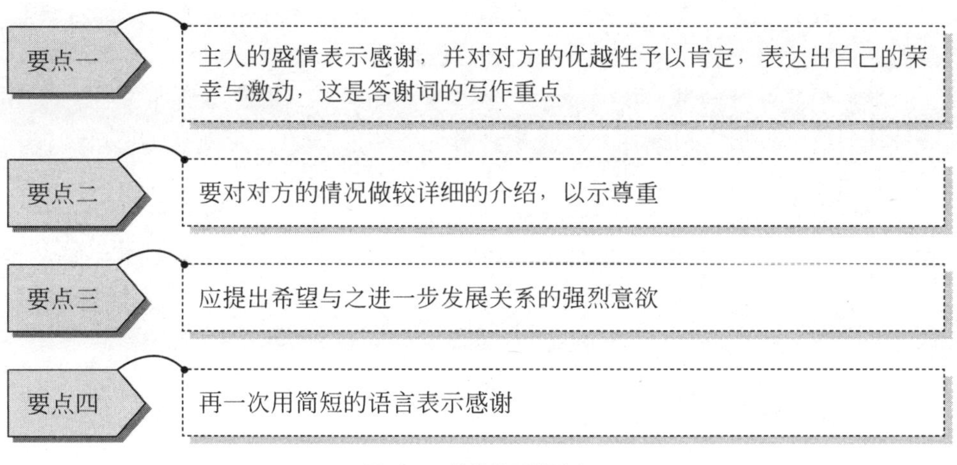

图8-9　答谢词的要点

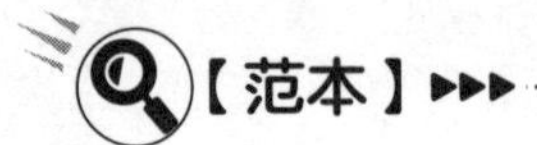

【范本】

酒店开业答谢词

尊敬的各位领导、各界嘉宾，女士们、先生们：

大家好！

8月的××吉星高照，长空溢彩，玉宇澄清，九州丽日，当这高远的天空和厚重的大地上勃发的喜气融合在一起之际，××又增加了一道亮丽的风景，从此打开了一扇通向世界的窗口，××餐厅隆重开业了！在这里我首先荣幸地代表酒店向今天前来祝贺开业庆典的各位领导、各界嘉宾、所有的朋友们致以深深的谢意和最热烈的欢迎！

龙腾四海，凤舞九天。今天可以说是喜鹊登枝，嘉宾盈门。××餐厅开张营业，离不开市委市政府的关爱，离不开社会各界的鼎力支持，得到了包括市委市政府有关领导和社会各界的热情祝贺，下面我向大家介绍前来祝贺的嘉宾名单：(略)。让我们以最热烈的掌声欢迎各位领导、各位嘉宾的到来！

××餐厅拔地而起茁壮成长的每一天，都凝聚着朋友们关爱的目光。××餐厅以海纳百川兼收并蓄的经营理念打造硬件设施和服务标准，已基本达到四星级标准、五星级服务。餐厅荟萃以本地菜、川湘菜、粤菜为主的各种菜系，可容纳600人同时就餐。衷心欢迎所有人来这里体验把酒临风、飞觞醉月的超值享受。我可以自豪地告诉大家，这里是美味的世界，这里是休闲的胜地，××餐厅将永远信守诚待天下客的理念迎候您的到来，用缤纷色彩展现××人多姿多彩的生活。我们相信××餐厅一定能得到消费者的认可和厚爱！

在××餐厅发展的道路上，我们将一如既往，进取开拓，我们相信前进的道路上只要有你、有我，有我们大家的努力，××餐厅一定会更好，祝愿我们的友谊天长地久，衷心感谢大家的光临，谢谢大家！

最后，我要特别感谢市领导于百忙之中莅临指导，再次感谢各位朋友的光临！祝愿所有的朋友们吉祥如意，事业发达！

尊敬的各位领导、各位来宾，××餐厅开业庆典到此结束，请各位领导和嘉宾到音乐餐厅参观、就餐，有请！

第三部分
活动策划

第九章　餐饮营销活动策划

第一节　餐饮企业活动内容

一、餐饮企业活动的概念及意义

餐饮企业活动是指餐饮经营者为了使顾客满意，并实现经营目标而展开的一系列有计划、有组织的活动，它是一个完整的过程，而不是一些零碎的推销活动或广告宣传。通过餐饮企业活动的定义可以看出，餐厅利益与顾客利益是对立统一的，而活动是两者利益的协调者。也就是说，餐饮企业活动是依靠餐厅一整套营销活动不断地跟踪顾客要求的变化，及时调整餐厅整体经营活动，努力满足顾客需要，获得顾客信赖，通过顾客的满意来实现餐饮经营目标，从而达到消费者利益与餐厅利益的一致。

在这样的背景下，餐饮企业的活动也需要因时制宜。餐饮消费通常是重复性、区域性、体验性的个性化过程，因而餐饮产品的销售活动不仅仅是依靠“口碑”来进行的，还需要餐饮企业人员根据外部不可控因素（主要由政治、经济、人口、技术、教育、法律、国际关系等）的变化，综合运用各种可控因素（主要指餐厅的人、财、物），建立起一种对外界，特别是市场动态需求具有自我适应能力及反馈销售控制系统，以保证餐厅主动适应外界的变化环境，趋利避害，及时捕捉市场机会，加上“口碑”效应的“一传十，十传百”，帮助餐饮企业提高品牌知名度，提高顾客的忠诚度和满意度，争取赢得回头客。因此，必须做足和做好餐饮企业活动，才能使餐厅得以顺利地生存发展。

二、餐饮企业的活动策划

在不断变化着的餐饮市场环境中，为了使自己的经营决策不致迷失航向，在激烈的竞争中生存和发展，任何餐饮企业都不得不对自己的业务活动进行系统的规划，识别有利的经营机会，制定有效的销售策略，创新方案，从而使餐饮企业或餐厅的发展不断占据市场的有利地位。

1. 自我定位

餐饮企业或餐厅根据自身的现状，分析影响企业的关键性因素及问题的所在。

（1）活动的环境。成功的餐饮从业员能够意识到环境的变化，而且随着其变化能够决定如何利用这些变化进行活动。

（2）潜在客户。根据市场的变化，对市场进行细分，在现有的客户群中寻找目标，加大力度，不断挖掘新客户。

（3）注重竞争对手。全面了解竞争对手的活动方法，分析对手的优势，这样可以从竞争对手那里学到很多东西来加强自己企业或餐厅的实力。竞争对手的优势在哪里、是什么？企业或餐厅不仅仅要从自身的角度回答这个问题，还应从餐饮从业人员以及顾客的角度来回答。竞争的优势在于企业方便的地理位置、良好的品牌声望和企业形象、优秀的销售和服务团队、雄厚的财务资金，为了能在竞争中处于优势地位，必须具备一种比竞争对手更好地满足顾客需要的竞争优势。

（4）体验。通过企业或餐厅的自我检查，并与竞争对手进行比较，便可反映出自身和竞争者的优势和劣势，诊断出自身的现况，并判断对自身的发展是机会还是威胁。

2.明确目标

餐饮企业活动目标是通过制定活动战略和活动计划来实现的。如何才能制定出一个好的目标呢，该从以下两个方面入手。

（1）明确活动目标。针对不同的活动目标，采用不同的活动方法，但不要盲目地制定活动方案。如果餐饮企业的目标是增加人气，那么也要制订一个如何来维持回头客的目标计划，这样不至于以影响或者牺牲现有回头客为代价来赢得新顾客；如果餐饮企业的目标是增加利润，推出美食节，那么也要制订出利润计划，否则会适得其反。

餐饮企业活动目标必须是看得到、摸得着的，而不能是不切实际的或者是模糊不清的。活动目标必须要有一个范围，要有时间性。

（2）战略行动。对于餐饮企业的每一个活动目标，都应有一个活动战略和活动计划，并且要详细地列出这个活动战略的行动步骤，让活动人员可以有章可循，不会盲目地、没有标准地去实施。

第二节　餐饮活动策划方案

以下提供餐饮活动策划范本，仅供参考。

××酒楼美食节活动方案

一、活动主题

（略）。

二、活动内容

（1）体验××风情——聚焦××摄影作品展。

（2）欣赏养生美食——精心制作并展示高档养生菜品系列。

（3）品味各系名菜——精心制作并展示鲁菜、浙菜、川菜、官府菜等经典菜式。

（4）点评××美食——邀请顾客参加美食节，点评××美食，品味美食盛宴，共享亲情服务。

三、活动时间

×月×日～×日。

四、活动形式

美食节期间，逢周六、周日包房宴席间有神秘礼品派送；包房和零点自助餐消费均有抽奖机会。

五、活动操作程序

1.准备工作

（1）加强对外联络，协调合作关系，采购好相关原料，确保向顾客提供原汁原味的菜品。

（2）确定美食节菜品品种、价格以及礼品派送、抽奖活动措施办法。

（3）通过报纸、电视、网络、传单、横幅、短信等方式发布传播“好客××”美食节信息，以引起消费者的强烈关注。

（4）××月底前向参加活动的顾客发送请柬并确定其是否出席。

2.工作分工

（1）楼面经理统一调控，组织制订相关计划与实施。

（2）菜品中心负责制定菜单及成本控制工作。

（3）采购部安排相关专员负责采购供应工作。

（4）服务员专人负责展台物品。

（5）促销人员负责向顾客传递促销信息。

3.正式举办

（1）××大酒楼企业文化展示。

（2）聚焦××摄影作品展。

（3）首届“好客××”美食节菜品（含高档菜和各菜系）现场制作及艺术形态展示。

（4）择地设置长方形展示台，用雕塑、鲜花点缀其中，展示更多款式的菜肴。

六、环境布置

（1）悬挂横幅7条，其中××路2条、××路2条、××街1条、××街

1条、酒楼正门1条。

（2）门前放置升空气球垂幅20条。

（3）酒楼门口前沿途车道插彩旗。

（4）大堂到二楼餐厅楼梯挂气球或是用彩布包裹。

（5）餐厅门口布置红灯笼、挂彩带等。

七、宣传策划

（1）印制首届“好客××”美食节广告彩页，随主流报纸附送。

（2）大堂放置美食节宣传广告牌。

（3）邀请媒体记者采访、报道美食节实况。

（4）短信群发活动消息。

八、费用预算

（1）摄影记者聚焦费用____元。

（2）媒体广告宣传费用____元，宣传单印刷夹报费用____元，短信群发费用____元。

（3）赠送礼品以及抽奖费用按每天____元计算，合计____元。

（4）装饰费用____元。

（5）菜肴原材料费用未计。

【范本】

××饭店龙虾美食节促销活动方案

一、活动背景

（略）。

二、活动目的

通过美食节活动，提升××饭店美食文化，扩大饭店在当地餐饮界的知名度，提升饭店档次，以便争取更多的消费群体，提高饭店的综合效益。

三、活动时间

×月×日～×日。

四、活动内容

1.开幕庆典

8:30准时在××广场举行美食节开幕庆典活动，由龙狮队和锣鼓队进行开场龙狮表演，相关人员上台讲话。邀请电视台节目主持人××进行现场主持，并邀请以下人员出席活动。

（1）市政府相关领导和饮食协会等相关单位人员。

（2）××集团总助级别以上领导。

（3）市相关媒体单位。

2.菜肴品尝

开幕庆典结束后，邀请相关人员在××饭店四楼宴会厅品尝龙虾大餐，并在用餐过程中开展相关活动，具体活动如下。

（1）龙虾知识趣味问答。

（2）各类龙虾菜式讲解（厨师负责）。

（3）文艺表演。

3.展销活动

活动期间，饭店门口大屏幕进行龙虾菜式宣传，并在一楼宴会厅进行菜式展示讲解。

4.酬宾活动

饭店在龙虾美食节期间举办一系列优惠活动，具体活动如下。

（1）龙虾价格优惠。

（2）消费送啤酒活动。

（3）抽奖活动，凡消费满______元的顾客可以参与抽奖，中奖率100%。

一等奖拟定为30名，奖项为“××一日游”；二等奖拟定为40名，奖项为100元消费券及礼品一份；其余为三等奖，奖项为50元消费券一张。

（4）评分活动。邀请消费顾客对所点菜肴进行评分，根据一定时间内的评分结果制作一个排行榜，推荐给消费者。

五、环境布置

（1）开幕当天在广场搭建小型表演舞台，背景墙为活动主题，放置立式话筒、音响等设施。

（2）在广场周围绿化带插上彩旗。

（3）活动期间，广场悬挂两个氢气球，并挂上宣传标语。

（4）饭店门口挂上活动主题横幅。

（5）在大厅内布置五米长台，进行龙虾菜式展示。

六、宣传报道

1.拟定标语

拟定大量美食节宣传的标语和口号。

2.媒体宣传

（1）在××市电视台综合频道和消费频道进行宣传报道并投放广告。

（2）邀请××栏目录制美食节目。

（3）在××日报相关版面进行为期一周的整版广告宣传。

（4）在××网站投放广告。

3.户外广告

（1）利用饭店外大屏幕进行宣传。

（2）在市区内繁华地段的广告牌上进行短期广告投放。

七、活动组织

（1）办公室负责邀请开幕庆典出席人员，并做好人员接待和车辆安排等工作。

（2）企划部报道组负责拟定宣传标语、口号和宣传方案，负责龙狮队和锣鼓队的排练和演出，并准备好相关文艺节目。

（3）后勤部负责庆典当天的现场安保工作。

八、费用预算

（略）。

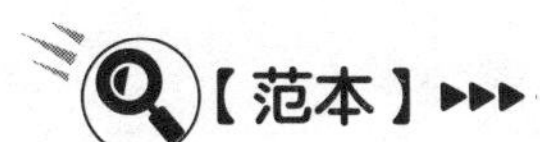

××酒楼夏季美食节促销活动方案

一、活动背景

（略）。

二、活动目的

为了进一步宣传××酒楼，扩大其知名度，营造夏季清凉畅快的饮食文化，拉动夏季餐饮消费，进一步挖掘潜在顾客以增加客源。

三、活动时间

7月20日至8月5日。

四、活动内容

1.准备工作

（1）采购菜肴原料，确定美食节的菜肴品种、价格以及优惠措施。

（2）通过报纸、传单、横幅、短信等传递美食节信息，引起消费者关注。

2.具体内容

（1）设置固定的展区，展示夏日特色菜品。

（2）确保服务员的服装、仪表、仪态等符合本次活动的主题。

（3）基于××酒楼的院落式布局，可在室外进行个性化布置，让消费者在一种良好的氛围下就餐。

3.活动促销

（1）以“夏日好乘凉，开怀享美食”为活动主题，开展啤酒买二赠一活动。夏季啤酒的消费量会很大，成为酒楼酒水消费的主力，通过开展买赠活动，可以吸引更多消费者。

（2）每日推出3～5款特色菜品，提高顾客对特色菜品的接受度。

（3）现场派发神秘礼品，给顾客多重惊喜、意外收获。

五、宣传策划

（1）印制美食节广告彩页，随××时报、××日报附送。

（2）利用夏季美食节户外幕布、活动主题海报、电梯间宣传海报、活动主题台卡以及大堂放置的美食节宣传广告牌宣传本次活动。

（3）短信群发活动消息。

六、费用预算

（1）媒体广告宣传费用____元，宣传单印刷夹报费用____元，短信群发费用____元。

（2）赠送礼品费用按每天____元计算，合计____元。

（3）装饰费用____元。

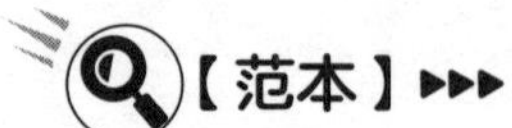

××餐厅金秋美食节促销活动方案

一、活动背景

（略）。

二、活动目的

通过美食节活动让市民进一步了解××、认识××、喜欢××，从而提升××餐厅的竞争力。

三、活动原则

实惠第一，大众参与，体验鲜、香、酸、辣的××特色菜肴和优质服务。

四、活动卖点

生态野味，与众不同；大众消费，高档享受。

五、活动主题

感受鲜香，人性服务，亲情接待，营造完美的“××金秋美食节”。

六、活动内容

1.筹备阶段

（1）确定美食节的菜肴品种、价格以及优惠措施。

（2）通过各种宣传手段传递××美食节的目的、原则、卖点、理念、主题等信息，引起市民的关注。

（3）加强对外联络，协调合作关系，解决食品原料来源，确保菜品的原汁原味。

2.举办阶段

（1）设置固定的展区，制作菜肴成品向顾客展示。

（2）××菜肴的实物艺术形态；××菜肴的文化展示；服务员的仪表姿态展示。

3.促销活动

（1）借节日开展促销，免费赠送酒水；举办现场抽奖活动，给顾客多重惊喜、意外收获。

（2）在××美食节期间，对消费者一律实行8.8折的价格优惠。

七、其他

（1）广告宣传费用。横幅6条，每条____元；传单2000张，每张____元；其他媒体宣传费用____元。

（2）增添设备费用。展台约____元，餐具____元，打包盒、打包袋____元。

（3）抽奖奖品费用____元，设一、二、三等奖。

（4）菜肴原材料费用另计。

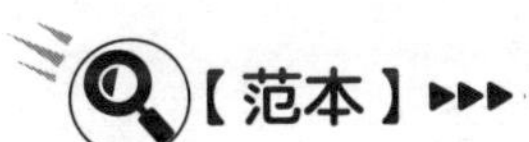

××饭店中餐茶文化周促销方案

一、活动背景

随着人们物质生活水平的提高，越来越多的人开始追求精神方面的享受。饮茶、品茶已成为一种时尚，茶文化日渐深入人心。在饭店中餐厅举办茶文化周，以茶会友，品茶韵道，让来饭店消费的客人一同感受茶文化，使茶文化周成为饭店的一大特色，以吸引更多的客人。

二、活动主题

淡淡一杯茶，香满御花园。

三、活动地点

××饭店××大厅。

四、活动时间

×月×日～×月×日。

五、人员安排

（1）安排布置会场人员三名，在茶话会之前一定要布置完。

（2）安排接待人员四名，茶话会开展时安排人员就坐，倒茶、拿东西等。

（3）安排一个主持人，主持会场谈话，提供一些交谈话题等。

（4）安排茶话会结束后收拾会场的人员五名。

（5）会场茶艺表演师五名。

六、场地布置

1.横幅

悬挂在大厅的横幅是点出茶话会主题的重要直观物，因此要精心设计，不同场合用不同的词句，文字要简练，字体要美观大方，如“××年××饭店茶文化周交流会”等。

2.坐席布置

（1）散席。在会场中设名茶或新产品的展示台。分设几处泡茶台，根据所泡茶的种类布置相应风格的环境，供应与茶性相配的茶食。由茶艺师作泡茶表演，并由客人自拿一次性杯子和碟子到各泡茶台观看表演和品尝茶汤，并自取相应的茶食（如蜜饯、糕点等）。为增加情趣，可安排室内现场音乐演奏或播放轻音乐。在沿墙的地方可散放一些椅子，让一些老弱客人小憩。

（2）固定席。适用于茶艺交流、名茶品尝。来宾都坐下来，一起观看茶艺表演，仅少部分人能品尝表演者泡的茶，其他人均由专供茶水的服务员奉茶。

七、促销活动

（1）凡来店客人用餐时可免费选择各种茶水，服务员根据客人所点茶品进行相应的免费茶艺表演（比如，客人选点铁观音，将进行铁观音泡制过程的展示）。

（2）活动期间凡在相应区域消费以下茶水的客人，饭店将在价格上给予8.8折优惠。

——特级观音王，原价168元（一道），现价148元，附赠：饭店纪念卡。

——顶级观音王，原价298元（一道），现价262元，附赠：饭店钥匙扣。

八、效果预测

通过举办饭店茶文化周，让客人体会到茶的文化魅力，让客人在每年的茶文化周都慕名而来，给饭店增添特色并带来利润。

第十章　餐饮企业庆典活动策划

第一节　庆典活动策划认知

一、庆典活动

庆典活动是餐饮企业利用自身或社会环境中的有关重大事件、纪念日、节日等所举办的各种仪式、庆祝会和纪念活动的总称，包括节庆活动、纪念活动、典礼仪式和其他活动。

二、庆典活动类型

1. 开业庆典

餐饮企业开业庆典，又称开张庆典，它不只是一个简单的程序化庆典活动，而是一个提升餐饮企业知名度的良好机会。

（1）通过餐饮企业开业庆典活动，传递餐饮企业隆重开业的消息，扩大知名度，提高美誉度，树立良好的企业形象，为今后的生存发展创造一个良好的外部环境。

（2）进一步加强与当地媒体的互动和交流，为在区域市场的销售和推广营造一个良好的舆论环境，同时扩大在本地餐饮企业行业内的知名度。

（3）餐饮企业开业的隆重运作，有利于增加员工对企业的信心，加强企业的凝聚力。

餐饮企业开业庆典也是餐饮业的一项传统风俗，从沿海到内陆都有着同样的风俗，觉得开业庆典能给之后的经营活动带来好运。

2. 周年庆典

一般在餐饮企业周年店庆时，会举办周年庆典活动，以此来提高酒店人流量，最终达到推广销售的目的。

三、庆典活动策划步骤

餐饮企业有关庆典活动策划大致可分为以下6个步骤。

1. 确定庆典活动主题思路并精心策划安排和进行适当的宣传

庆典是庆祝活动的一种方式，需要每一项具体活动都尽可能组织得炽热、兴奋而隆重，不论是举行庆典的具体场合、庆典进行过程中的某个具体步骤，乃至到会者的心境，都要体现出兴隆、炽热、兴奋、快乐的气氛，这样庆典的意图——描写酒店的出色形象、展示酒店的雄厚实力和远景、展示酒店员工的出色精神面貌和凝聚力及战斗力、扩大酒店在社会各界的影响力，才可以真实地得以贯彻落实。

2.拟定出席庆典仪式的宾客名单及发放请柬

来宾组成：政府官员、地方实力人物、知名人士、新闻记者、社区公众代表、客人代表或特殊人物等。总之，来宾要具有一定的代表性。发放请柬要求：请柬提前7～10天发放，重要来宾请柬发放后，组织者当天应电话致意，或庆典头晚再电话联系。

3.拟定庆典程序

庆典的一般程序如图10-1所示。

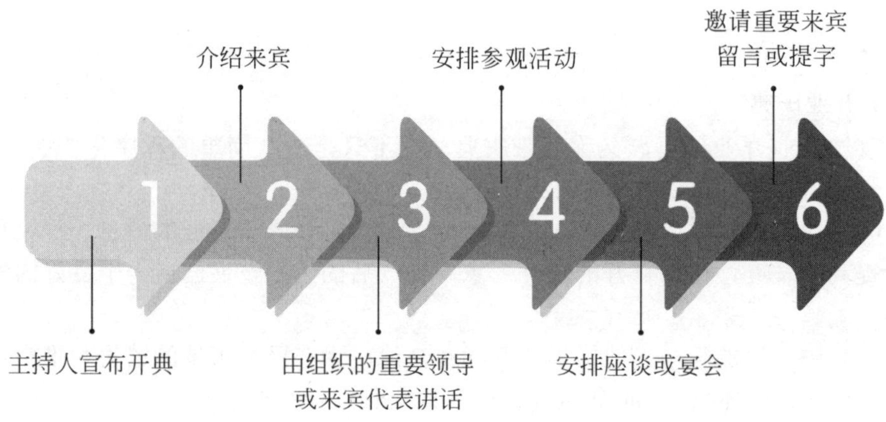

图10-1 庆典的一般程序

4.事先确定致贺词、答词的人名单且致辞人和剪彩人分己方和客方

己方为组织最高负责人，客方为德高望重、社会地位较高的知名人士；选择致辞人和剪彩人应征得本人同意，并拟好贺词、答词，贺词、答词都应言简意赅。

5.安排各项接待事宜

事先确定签到、接待、剪彩、摄影、录像、扩音等有关服务和礼仪人员，精心组织好来宾的招待作业。主办方热心翔实的招待作业，使来宾感受到主人真挚的尊重与敬意，从而使每位来宾都能心境舒畅。庆典的招待小组，原则上应由年青、精干、形象较好、口头表达能力和应变能力较强的青年员工组成。

6.形成策划方案

庆典活动的策划最终要形成策划方案。

第二节　餐饮企业庆典活动方案

以下提供3个餐饮企业开业庆典的范本，仅供读者参考。

××餐厅开业庆典策划方案

一、开业前期筹划

成立筹备小组，专职事前各项活动的落实工作，以确保××开业庆典仪式的水到渠成，不因前期工作的仓促准备而影响既定的实施效果。

（1）确定开业时间，向城管部门申请占道手续，获取开业当天的天气情况资料。

（2）落实出席庆典仪式的宾客名单、政府有关领导、企业单位的领导，并征集祝贺单位和供应商赞助。

（3）联系新闻媒体广告的制作与投放时间安排，拟定新闻采访邀请函，找准可供媒体炒作的切入点。

（4）确定各位领导讲话稿，和主持领导的主持稿、签词等讲话议程。

（5）落实现场停车位，各单位代表停车安排。

（6）落实电源位置并调试及其他相关事宜。

（7）落实典礼活动的应急措施。

（8）确定开业剪彩仪式宣传标语的内容，需提前4天交由广告公司制作。

（9）请相关新闻媒体记者到酒楼采写新闻稿。

二、现场设置

（一）宏观静态元素布设

整体布设效果要求：所设各种庆典元素和谐搭配，整体上注重点、线、面的完美结合，凸现立体感、空间层次感、色彩追求强烈的视觉冲击力，张扬喜庆展现隆重，使场面大气恢弘，不落俗套，热烈隆重且典雅有序。

1.剪彩区布设

（1）开业剪彩仪式设在××正门前，用红地毯铺就的剪彩舞台区，两边摆放两排花篮装饰。

（2）当剪彩开始时，乐队可在剪彩区旁边表演，作为后背景。

（3）彩虹门横跨剪彩区，设置高8米彩虹门1座，悬挂“热烈祝贺××盛大开业”。

（4）彩花12套，剪彩仪式进行时，由礼仪小姐整齐列队捧出。

（5）主题词为“××开业典礼”，舞台前方中间置立式话筒2对，以话筒为中心，右侧后方设一主持人立式讲话台。

（6）两侧各设音响1只，留3米宽的距离，以便于人群的流动，用红地毯把剪彩区连接起来。

2.周边环境布设

（1）彩虹门1座，从整体上渲染酒楼开业隆重的气氛。

（2）升空气球2个，形成立体高空宣传，来宾在很远即可看到，起到指示引导的作用。

（3）三角旗若干，悬挂在酒楼门口；条幅若干，按祝贺单位数量落实。

（4）花篮：按祝贺单位统计数量统一安排，客人也可自办送来。在剪彩区摆放两排花篮，表现出热烈、隆重的气氛。

（5）梦幻气球门：装饰入口处，大门处梦幻气球门让人感到耳目一新，增加人性化感觉。

3.迎宾区布设

签到处：置于××酒楼旁侧，备签到用品两套（笔、簿）。

（二）宏观动态元素布设

整体布设效果要求：通过动态元素的有机和谐配合，造成庆典场面大势磅礴、龙腾虎跃的欢腾场面。

（1）威风锣鼓队10人，采用男女两队搭配，仪式开始前演奏，烘托气氛聚集人气，仪式进行中间歇演。

（2）舞狮2对，烘托气氛聚集人气，预示酒楼今后生意的欣欣向荣，并可进行采青表演。

（3）礼仪小姐若干，由酒楼或礼仪公司提供，着玫瑰红色旗袍，落落大方，形象气质佳，负责接待、引领签到、为领导佩戴胸花、引领剪彩。

（4）手持礼炮10响，开始时释放，烘托气氛。

三、开业典礼工作日程和议程安排

地点：××酒楼。

时间：早晨9:30所有现场静态元素布设完毕，上午10:00开始迎宾。

1.开业典礼工作日程

筹备组成员共同到开业典礼现场，具体确定主席台位置及演出区，进行整体布局。

×月7日确定参加开业典礼的领导、嘉宾及讲话稿，提前发邀请函征集祝贺单位。

×月8日确定主题词、条幅标语，并交付礼仪公司制作。

×月9日店内布置全部完毕。

×月10日凌晨升空气球，签字台、舞台开始布设。

2.开业典礼仪式工作流程

×月10日开业典礼仪式工作流程见下表。

工作流程表

时间	内容
9:00	筹备组成员准时到场，检验现场静态元素布设状况，协调现场动态元素布设，做好最后整体协调，落实细节，做到万无一失
9:30	锣鼓队、主持人、签到处、贵宾花、音响、保安到位并进行现场秩序维护
	礼仪小姐到位，音响调试完毕，舞狮队开始表演
10:00	参加开业典礼的领导和嘉宾陆续到场，礼仪小姐开始负责接待、引领签到、为领导佩戴胸花等礼仪服务，并安排简单茶点供应

3.开业典礼仪式议程安排

×月10日上午11:18开业庆典剪彩仪式正式开始。具体流程见下表。

典礼流程表

时间	内容
11:10	参加开业典礼仪式的领导、嘉宾由礼仪小姐引领走上主席台
11:13	主持人介绍参加开业典礼仪式的领导、嘉宾
11:18	主持人宣布××开业典礼仪式开始（音响师伴奏、舞狮、军乐队奏乐）
11:20	请××总经理致答谢词（2分钟）（讲话结束后音响师伴奏）
11:22	请嘉宾代表致贺词（3分钟/位）（讲话结束后音响师伴奏）
11:25	请上级领导致贺词（3分钟/位）（讲话结束后音响师伴奏）
11:28	主持人宣布请上级领导、嘉宾、××总经理到剪彩区为××酒楼开业剪彩
11:28	此时，礼仪小姐引导上级领导、××总经理、嘉宾代表到剪彩区，礼仪小姐整齐列队，双手捧出剪彩花，稳步走上剪彩区
11:30	剪开红绸，宣告××隆重开业（此时，音响师伴奏，礼炮齐鸣，彩花彩带当空漫舞，如天女散花，姹紫嫣红、绚丽多彩、甚为壮观，舞狮、乐队动起来，仪式达到高潮）
11:35	剪彩完毕，主持人有请来宾进入酒楼参观并准备就餐

四、资金预算和制作项目

活动资金预算和制作项目见下表。

资金预算表

序号	项目	要求	价格	备注
1	祝贺布标	各供应商合作伙伴赠送20条左右		
2	拱门	租用2天		
3	空飘气球	租用1天×2个		
4	购买礼花筒	14只		
5	剪彩用红布花	购买		
6	招牌盖红布	购买		
7	剪刀	购买8把		
8	舞台	搭建长350厘米×高60厘米×宽250厘米		
9	红地毯	铺舞台和从人行道到店内		
10	气球和装饰品	购买气球制作，气球拱门和店内装饰		
11	音响设备	自备音响一对，话筒架2个，话筒3个		
12	三角彩旗	200米，装饰店外		
13	嘉宾胸花	10个		
14	主持人和礼仪小姐	请主持人1名，礼仪小姐10名		
15	舞狮队	请专业舞狮队		
16	背景墙	做舞台尺寸大小的喷绘为庆典背景		
17	广告投放	报纸或广告牌、电台、电视台		
		合计		

五、活动前期安排

（1）统计好需要邀请的客户及事业单位代表，发放请帖，统计好能到会的贵宾。

（2）分配好店内包房和客户安排区、散客接待区。

（3）安排好所有招待客户的包房、座位等。

（4）安排好贵宾菜肴，和自点餐项目、酒水供应品种等。

（5）联系好各合作伙伴、供应商布标及赠送产品。

（6）联系好庆典相关人员和组织。

（7）安排好当天人员的协调和调动。

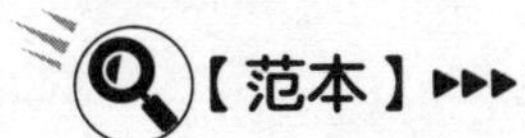

××酒店五周年庆典策划方案

一、活动举办单位

××酒店。

二、活动承办单位

××酒店。

三、活动目的

庆祝××酒店发展有限公司成立五周年，树公民酒店新形象，提高公民酒店美誉度，并借此机会回馈新老朋友。

四、活动主题

继往开来五周年，抒写××新篇章。

五、活动成员

（略）。

六、活动时间

××年11月8日至12月8日。

××年12月6日、7日、8日为××五周年庆欢乐日。

七、活动内容

1.餐饮

（1）活动期间一次消费满100元，赠送28元消费券。

（2）一次消费满300元，赠送88元消费券。

（3）一次消费满500元，赠送158元消费券。

（4）一次消费满800元，赠送268元消费券。

2.宴席

（1）宴席满5桌，每桌赠送28元消费券。

（2）宴席满10桌，每桌赠送38元消费券。

（3）宴席满20桌，每桌赠送48元消费券。

（4）活动期间酒店酒水、饮料与超市平价。

3.欢乐日

（1）届时将举办唱歌比赛、篮球比赛、台球比赛等节目，期间在××用餐的客人都可参加，比赛设有奖金、礼品等。

（2）××年12月8号晚上8点至10点，将举办幸运抽奖游戏。

八、准备

1.营销策划组

（1）礼品数量预算：吉祥兔每天30人×30天=900个×60%=540个；打火机200个；扑克牌100副。

（2）宣传资料：DM单页1000张、手册200份、X展架6个、光碟10张；电视播放内容、站台广告设计、车身广告等。

（3）联系宣传媒体途径：电视台、广告公司、车站、出租公交公司等。

（4）资金预算：（略）。

2.协调督导组

（1）及时补充活动各项目人员缺口。

（2）组织各项目小组开展会议讨论。

（3）协助各项目组长对下属人员进行战前岗位培训。

（4）拟订公司此次活动的激励政策。

（5）起草此次活动的活动规则。

3.物流采购组

（1）物资采购计划。

（2）礼品公司资料。

4.酒店布置组

（1）店内、外布置方案。

（2）布置所需的硬件、软件。

九、执行

（1）奖惩制度制定并签发。

（2）任务必须责任到每一个人。

（3）工作量一定要规划到每一个时间段。

（4）活动中心及各项目组长一定要及时合理的利用、调度好公司资源。

（5）活动督导小组一定要起到协助、监督作用。

（6）调整心态。

十、总结

（1）此次活动的效率。

（2）销售额。

（3）客人是否满意与认可。

（4）此次活动的亮点与不完善的地方。

（5）各部门在此次活动中的亮点与不完善的地方。

（6）此次活动中个人贡献与缺点。

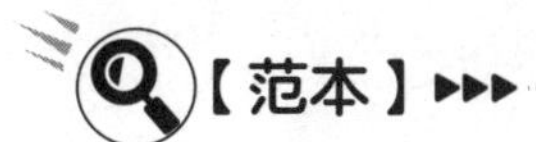

××餐厅十周年庆典活动策划方案

一、本次庆典活动目的

增加公司的品牌影响力，提升公司的知名度和美誉度；提升公司形象，增加企业竞争力；加强公司员工的企业忠诚度和向心力；提高全员服务意识、工作积极性；展现公司文化底蕴，进一步提升集团公司的企业文化；提升公司销售额，增加利润；为××年更好的发展打下良好的基础。

二、本次店庆活动时间

××年×月13日至22日，共计10天。

三、地点

××市××鱼馆。

四、参与人员

公司所有员工、前来就餐的顾客等。

五、营销主题

顾客满意、员工满意、管理提升、文化创新。

六、具体方案策划

1. SP方案

（1）“微笑服务”。在庆典期间，所有员工一律微笑服务，细致耐心，让顾客乘兴而来，满意而归，提高顾客的感觉消费价值。

策划如下：××月12日前各店召开动员大会；13日至22日服务员之间开展“服务大比武”竞赛，在大厅设立一个专门版面，每日评出“当日服务最优之星”，并给予物质奖励。

（2）特价。每日推出一款特价菜，每日不重样。

随顾客所点菜品加赠部分菜品，如当次消费满100元，加赠2碟凉菜；满200元加赠4碟凉菜等。

打折，这是一个迅速提高销售额的法宝，建议适当打折刺激消费。

（3）礼品、抽奖。有计划发放公司店庆纪念品、小礼物，增强与客人亲近感，扩大宣传面。公司统一印制部分店庆纪念品，要求小而实用、漂亮大方，如带有店庆标志的签字笔、气球、打火机、帽子等，按桌发放。

抽奖主题——“品全鱼宴，中大奖，游××”。

凡是于13日至22日店庆期间，当日当次消费满150元以上的顾客均可以参加。每店设立一等奖2名，奖励“××一日游”，公司统一组织，中奖顾客食宿行完全免费；二等奖11名，奖店庆红包1个，现金100元；三等奖100名，奖店庆红包1个，现金5元。

2.产品营销方案

（1）在推行传统餐饮的同时，推进情侣套餐、商务套餐、家庭套餐、孝心套餐等。如情侣套餐可推出18元、28元、38元、48元套餐等。

（2）绿色家宴。随着生活水平的提高，人们饮食已经不仅仅是为了解决温饱，而是吃“绿色”、吃“健康”，绿色家宴的推出，无疑会受到消费者的青睐。在原材料使用上，力推生鲜类绿色食品；烹饪方式上结合现代人的消费时尚，使菜肴风味化、营养化；在家宴的菜谱上，注重菜肴的营养搭配，平衡膳食，满足人们的健康要求。

（3）秋冬季节是滋补的好时候，建议引进高档营养滋补菜品。

3.文化营销方案

（1）借店庆10周年之机，向消费者宣传公司的企业文化，增强公司在目标消费者中的影响力。

策划如下：13日至22日店庆期间，设立大型宣传板，上面张贴公司的精神口号、××风光图片、鱼宴的制作流程、各分支公司的图片资料、公司员工的寄语等，让顾客把“吃”当作一种享受，使顾客乐而忘返。

（2）店堂现场气氛，包括灯光、音响、海报、POP等。

4.广告营销方案

作为公司本次庆典来说，可选媒体有《××晚报》、《××时报》、电视广告、电台广告、互联网广告。

硬广告和软广告相结合，软硬兼施，以取得更好的效果。具体发布可为：店庆前两天发布一次，13日发布一次，18日发布一次。利用媒体整合，实现小投入、大产出。

七、庆典现场布置

1.所用媒介

氢气球、条幅、公司吉祥物、大型宣传海报、宣传单、展板、POP（各种张贴画）、礼仪小姐、纪念品等。

2.店庆时酒店外观

氢气球带着条幅在空中飘飘欲飞；吉祥物热情向你招手；楼体外打出“10周年店庆”醒目标语和优惠项目的大条幅，以及供应商的祝贺单位的条幅；进门处设置一个高精度喷绘的店庆告示牌；礼仪小姐发放公司店庆纪念品。整体呈现出一种喜气洋洋的气氛，营造出简洁又有品位的节日氛围，消费者从门前一过，就会被这种气氛所吸引。

3.店内景观

服务员穿戴整齐，面带微笑，热情洋溢；总台服务细致耐心；地面光可鉴人；桌椅一尘不染；公司各种宣传资料随手览阅；灯光明亮柔和；音乐如高山流水；绿色盆景赏心悦目。

顾客从进店时刻起，即能享受到一流的服务和视、听、触、嗅觉的全方位感官体验。

进餐完毕，还可以参与抽奖，并赠送纪念品。

八、费用预算

费用预算具体见下表。

费用预算表

物品	费用/元
氢气球	1500
纪念品	1000
条幅	200
宣传资料海报	500
××一日游	2200
内部竞赛	1650
广告费用	10000
合计	17050

九、效果分析

（1）宣传造势，让消费者产生强烈的记忆感，引起良好的口碑宣传，提高公司的知名度和美誉度。

（2）店内外造型富有人情味，服务周到，能提升目标消费者的品牌忠诚度。

（3）极大地增强本公司员工的企业归属感和向心力，提高工作积极性。

（4）通过促销，提升公司营业额。

（5）本次活动规模大而费用相对低廉，能取得事半功倍的效果，形成大的轰动效应。

第十一章　餐饮企业企业文化活动策划

第一节　企业文化活动策划认知

一、企业文化活动的定义

企业文化活动是指企业根据经营、发展的需要，结合企业员工的需要和特点，所开展的各种文化活动。企业文化活动主要包括以下7种，具体如图11-1所示。

种类一　为提高企业员工的文化素质和劳动技能开展的学习培训活动

种类二　为开发企业员工智力，培养员工的创造性，开展的技术创新活动

种类三　为培养和提高企业员工艺术审美水平和艺术创造能力开展的文学艺术活动

种类四　为丰富企业员工的精神生活，陶冶员工情操开展的娱乐活动

种类五　为培养企业员工拼搏精神、增强体质开展的体育竞技活动

种类六　为使员工增强对企业的感情，加深对企业福利环境和文化氛围的依恋，开展的福利性活动

种类七　为使员工树立起主人翁意识，强化和确立共同理想与企业意识开展的思想性活动

图11-1　企业文化活动的种类

二、企业文化活动的特点

企业文化活动，总的来说具有功能性、开放性、社会性三个特点。

1. 功能性

不论是哪种形式的文化活动，一般说来，都是为了发挥其特定功能而开展的，并不是因为它们与企业生产有必然的、内在的联系。

2. 开发性

开发性包括三项内容，具体如图11-2所示。

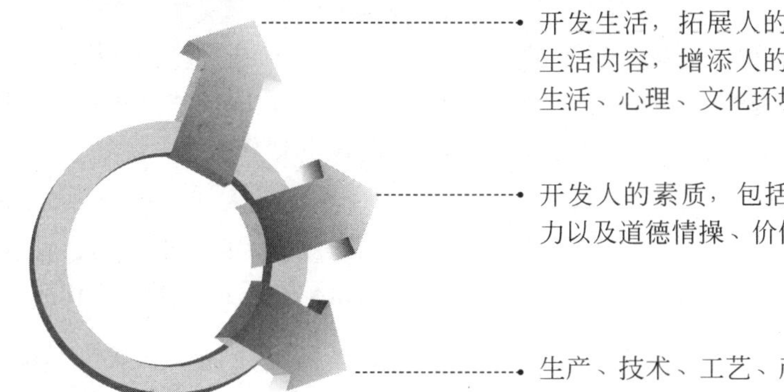

图11-2 企业文化活动开发性特点的内容

3. 社会性

通过企业搞的各种文化活动，如歌舞晚会、舞会、各种球赛、报告会等，同社会各界加强联系，相互交流信息，提高餐饮企业的社会声望。在与社会各界日益增多的接触中，可以更多地了解用户、消费者对餐饮企业产品、服务的意见和要求，提高产品（服务）质量，促进餐饮企业生产经营的发展。

三、企业文化活动的类型

企业文化活动大体上可分为文体娱乐性、福利性、技术性、思想性四大类型，如图11-3所示。

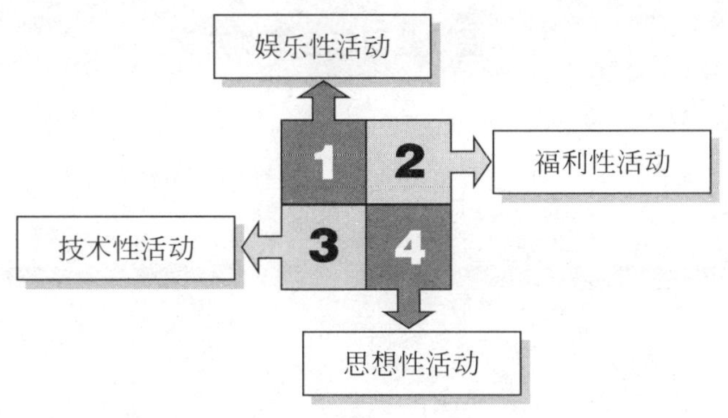

图11-3 企业文化活动的类型

1.娱乐性活动

这是企业内部（也包括部分以企业名义）开展和组织的文艺、体育等娱乐活动，如举办和组织员工之家、电影放映晚会、图书阅览、征文比赛、摄影比赛、书法比赛、周末舞会、文艺演出、运动会、各种球类比赛、射击打靶、游泳、滑冰、野游、游园、钓鱼比赛、自行车比赛等。

2.福利性活动

这主要是企业从福利方面关心员工的各种活动。餐饮企业通过这些活动，在员工中，在企业内外，造就浓厚的人情味，造就有利于企业发展的“人情场”，使员工加深对企业的感情，加深对这种福利环境和文化氛围的依恋感。

3.技术性活动

在餐饮企业经营过程中，由企业倡导或员工自发组织进行的技术革新、管理咨询、劳动竞赛、教育培训等活动。这类文化活动可以激发员工的创造欲和成就感，使员工看到自己的价值和责任。

4.思想性活动

思想性活动包括一些政治性的文化活动，如开展形势教育、法制教育、理想教育、道德教育、政治学习和其他有关的思想政治工作，其次，还有一些新书报告会、生活对话会、沙龙等。

第二节　企业文化活动策划方案

以下提供餐饮企业企业文化活动策划范本，仅供参考。

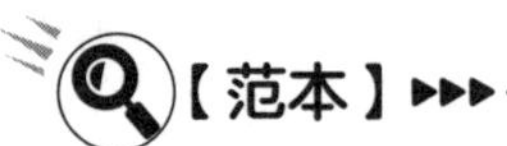

××餐饮公司年会策划方案

一、活动概述

1.活动目的

（1）对××年××餐饮公司发展成绩总结，以及制定××年公司总体规划，包括新年度计划、方向、目标等。

（2）表彰。××年××市顾客最喜爱的“十佳金牌厨师”、“十佳优秀服务员”，通过奖励方式，调动员工积极性，进一步提高公司整体水平与素质。

（3）加强公司与员工之间的互动交流，增强公司的内部凝聚力，加深员工对公司的感情，在同一舞台共同交流、联欢。

2.活动主题

××餐饮公司年度总结表彰暨××年年会——转型发展、再创辉煌。

3.活动时间

（1）年会策划及准备期。12月20日～1月20日，本阶段主要完成年会方案策划、通知发布、节目收集。

（2）年会协调及进展期。1月20日～2月1日，本阶段主要完成节目安排表、音响确定、物品购买。

（3）年会倒计时期。2月1日～2月10日，本阶段主要完成礼仪小姐、主持人、节目单等全过程确定。

（4）年会正式演出时间。3月15日。

4.活动地点

公司旗下××酒店。

5.参加人员

公司全体员工。

二、活动策划

1.年会节目要求

向各个部门收集、选拔节目。

2.活动流程设计

活动流程见下表。

活动流程表

时间	内容
14:00～15:00	迎宾签到
14:30～15:00	嘉宾入席，背景暖场音乐（飨宴）
15:00～15:20	开场
15:20～15:50	公司××年工作总结报告
15:50～16:10	领导致辞
16:10～16:50	优秀表彰
16:50～17:00	会议结束语
17:00～18:30	文艺演出（期间安插抽奖及颁奖环节）
18:30～20:30	晚宴时间
21:00	活动结束人员退场

三、会场布置

（1）在一楼大厅布置红地毯，放置公司宣传指示牌，安排2位礼仪接待人员，在四楼大厅位置设置签到。

（2）桌椅布置安排。按照就餐摆放圆桌，摆放茶、饮料、矿泉水，领导嘉宾桌摆放台签。

（3）讲台摆放装饰花与话筒。

（4）会场周边墙装饰布置（礼仪组负责彩色气球等）。

（5）设定相应的工作人员和礼仪人员进行相关的接待。

（6）会场门口布置红地毯。

（7）舞台布置。

——舞台背景播放PPT（公司理念、公司照片）。

——舞台四周墙壁挂烘托气氛的装饰（礼仪公司负责）。

——主持讲台放装饰花与话筒。

——舞台整合音响、射灯、追光、烟雾、影像播放，展现绚丽效果（礼仪公司负责）。

——布置红地毯，获奖人踏过红地毯来颁奖台领奖。

（8）奖品设置（略）。

四、活动工作安排

活动总指挥：××。

活动执行总负责人：××。

活动组委会下设6个工作小组，分别为宣传制作组、礼仪组、节目组、场地组、后勤组、安保组。

各组人员组成及职责分工：（略）。

五、活动经费预算

活动经费预算见下表。

活动经费预算表

项目	预算
礼仪公司费用	预计××～××元
条幅、台签、红地毯费用	预计××元
宣传指示牌、抽奖箱、抽奖便条、签到簿费用	预计××元
抽奖奖品、奖牌、奖杯、证书费用	预计××元
晚餐、烟酒、茶水费用	定××桌，备×桌，预计××元
总预算	××元

六、活动管理

1. 签到管理

（1）在会场入口布置专用签到桌，来宾在签到处签字留影。

（2）来宾签到之后填写抽奖便条（姓名、电话）。

（3）在醒目位置放置公司宣传指示牌。

2. 人员管理

（1）来宾管理。有专人负责接送指引工作；有专人负责人员分流及签到工作。

（2）主持人管理。要求服装得体，面带微笑；安排好主持人串词，提前彩排；要求主持人可以调动全场气氛。

（3）演员、乐队、礼仪管理。演员、礼仪服装统一，面带微笑；提前彩排，安排演出流程。

（4）AV及灯光技师管理。提前测试好所有设备；安排演出流程，配合每个环节的效果；提前培训，提出要求。

（5）会场及餐区管理。保持整体秩序及流程顺利进行，协调现场人员，控制好会场氛围；有序引导来宾就座，保证每个人都有座位，预留出相应的VIP座位区域；有序安排来宾用餐，保证用餐区域清洁。

（6）后期工作。摄影图片整理成册；提供年会活动剩余资料、礼品的清单；提供年会活动总结报告，从背景分析、策划和实施各方面进行全面细致的总结，分析成功与不足；制作多媒体回顾光盘。

七、应急预案

（略）。

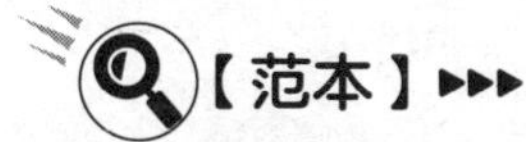

××酒店百科知识竞赛活动方案

一、活动时间

××月份下旬。

二、活动地点

酒店国际会议室。

三、参赛组队

共6支参赛队，每队3人。

其中房务部（客房+前厅）1支队，餐饮部（楼面+厨房）1支队，行政人事部（保安+人事）1支队，营销部（市场+商务）1支队，财务部1个队，工程部1个队。

四、竞赛知识

仪容仪表规范、姿态风度规范、礼貌待客规范、酒店服务意识、酒店职业道德规范、工作场所行为规范、酒店安全知识、各岗位职责及操作流程、酒店应知应会内容。

五、奖项设置

设一、二、三等奖各一名。

六、活动程序

（1）比赛开始前10分钟，各参赛队队员必须统一着装进入赛场。

（2）每支代表队出场答题顺序、座位，由各代表队领队在竞赛前抽签决定；比赛选手一经坐定，顺序不得更改，即观众左侧为一号选手，右侧为三号选手，余者类推。

（3）主持人介绍评委、参赛队，宣布赛场纪律、竞赛规则后比赛开始。

（4）主持人当场宣布竞赛结果及获奖名次。

（5）现场颁奖。

七、活动规则

1.总分分配

（1）形象题20分（工装、工号牌；举止得体、端庄、大方、亲切、自然；普通话标准、吐字准确、语言流畅，每个环节2分）。

（2）专业题100分。

（3）垫底100分。

2.参赛规则

（1）答题前每队均有100分垫底分，比赛答题得分累加后得总分。

（2）参赛队员必须站立答题，答题必须用普通话，声音洪亮清晰；每次答题结束后要向主持人报告“回答完毕”，选手回复“答题完毕”后不得再对所答内容进行补充或更改。选手答题错误、答题不完整或不能在规定时间内回答的视为答题错误，不能得分或部分得分。

（3）参赛队员回答完毕后，由主持人对照标准答案当场宣布对错以及是否加分或扣分；与标准答案存在争议，主持人不能确定的，提交评委裁定对错，并请评委当场说明是否加分、部分得分或扣分。参赛队员应严格服从评委的认定。

（4）选手答题时观众不得提示，否则视为违规；选手答错的题，观众抢答，抢答正确有奖。

（5）主持人读题一次，必要时可重复，参赛队员结束答题时应告知主持人“回答完毕”。

3.题型

题型包括必答题、共答题、抢答题三种题型。

（1）必答题规则。

——选手必答题共30题，每题10分；共进行3轮，每轮10题，每队按照出场顺序依次由一位队员答题；每题答对加10分，答错无分，答题不完整酌情扣分。

——第一轮由各代表队的第一号选手回答，第二轮由第二号选手回答，第三轮由第三号选手回答，余者类推。

——个人必答题由规定的选手独立回答，当一位队员回答时，其他队员不得有任何形式的提醒或补充，违者此题作废，不予记分，不予补题。

——在主持人读完题目后10秒内必须作答，开始答题后必须在90秒内回答完毕，超过时间作不答题处理，不予记分。

——具体问题由选手自由选择。

——答题不完整由所涉及部门评判、解答。

（2）共答题规则。

——共答题30题，参赛队共答题进行三轮，每个参赛队依次回答一题，每队按顺序分别作答，每题10分，答对加10分，答错无分，答题不完整不加分。

——参赛队共答题由每个代表队指定一名选手回答，其他队员可以进行提示和补充。

——在主持人读完题目后20秒内必须作答，开始答题后必须在90秒内回答完毕，超过时间作不答题处理，不予记分。

——具体题面由选手选择。

——答题不完整由所涉及部门评判、解答。

（3）风险抢答题规则。

——抢答题共40题，每题10分，答对加10分，答错扣10分。

——在主持人读完题目并宣布“开始”后，各代表队先行起立的方可抢答，另外2名选手可以提示或补充。以主持人发出“开始”指令后抢先，并经主持人认可为准。

——在主持人宣布抢答队后，选手必须在90秒内回答完毕，在90秒答题时间内如果队中其他队员发现有错或不全，可以纠正和补充，在90秒内回答不正确、未作答不得分。

——抢到答题权后放弃答题，其他队可继续抢答。

——主持人宣读完题目10秒后，如无参赛队抢答，此题作废。

（4）加时赛规则。

——抢答题比赛结束后，如有两队及以上积分相等而影响排名时，积分相等的参赛队分别进行加时赛。

——附加赛题型为抢答题，规则同前。

——若两队进行附加赛，加赛三题，若三队进行附加赛，加赛五题，以此类推直到决出名次。

——附加赛得分只计入第一名的总分内。附加赛因时间限制将视情况确定题目数量。

（5）观众题。观众题共5道，由观众席员工抢答，回答正确者可获得奖品一份。

八、注意事项

（1）各参赛队仔细参阅竞赛时间安排和竞赛规则，避免因规则不清楚使竞赛成绩出现问题。

（2）参加本次比赛的6支代表队必须服从竞赛组委会的领导，遵守各项比赛规则。

（3）服从竞赛组委会安排，遵守赛场纪律，不得缺席、迟到、早退，迟到10分钟视为弃权；竞赛过程中如发生争议，以评委裁决为准。

（4）比赛选手不得携带任何资料或者手机等通信工具进入赛场，观赛者将手机设定为振动状态。

××酒店员工生日会方案

一、活动目的

提升员工对酒店的归属感和认同度，凝心聚力，使广大员工真正地融入到酒店大家庭当中，更好地为酒店创造效益，并进一步丰富和加深酒店文化内涵。

二、活动时间

每季度一次，时间60分钟（15:00 ~ 16:00），具体日期视场地情况而定。

三、活动形式

小吃、联欢。

四、参加人员

当季度生日员工及所在部门经理、人力资源部所有人员。

五、活动地点

酒店××厅。

六、活动准备

（1）提前一周通知宴会销售部安排酒店宴会厅举办生日会并通报各部门，同时要求宴会服务部活动当天准备齐全活动所需幻灯片、幕布。

（2）提前两天通知西厨房准备符合生日人数的生日蛋糕。准备足够的饮料、水果及小吃。

（3）提前两天通知工程部准备活动当天的音响及投影仪。

（4）提前两天发放参加活动人员的名单并将相关名单张贴在布告栏。

七、活动流程

（1）开场白。

（2）总经理致辞。

（3）赠送贺卡。

（4）季度优秀员工颁奖。

（5）两位优秀员工致谢词并与相关部门经理及总经理合照。

（6）音乐响起，所有的灯光关闭，工作人员推点燃蜡烛的蛋糕车上场，蛋糕到位后，邀请过生日的员工上前吹蜡烛，蜡烛熄灭开灯。

（7）分享蛋糕，请领导与生日员工共同切生日蛋糕，拍照、摄影留念。

（8）分组游戏，分发奖品。

八、其他事项

将当季度生日员工姓名和生日祝福语制作成彩色宣传画，张贴在宣传栏内并附上祝福。举办生日会后，将活动摄影照片张贴在橱窗栏中并赠送给其本人留念。

九、费用预算

（略）。